中國学術思想 研究輯刊

七 編

林慶彰 主編

第13冊

《春秋》王魯說研究

張厚齊 著

《春秋繁露》的天道觀與治道思想

林明昌 著

花木蘭文化出版社

國家圖書館出版品預行編目資料

《春秋》王魯說研究　張厚齊　著／《春秋繁露》的天道觀與治
道思想　林明昌　著 — 初版 — 台北縣永和市：花木蘭文化出
版社，2010〔民99〕
目 2+128 面 + 目 2+120 面；19×26 公分
（中國學術思想研究輯刊 七編：第 13 冊）
ISBN：978-986-254-172-2（精裝）
1. 春秋（經書）　2. 春秋繁露　3. 研究考訂
621.7　　　　　　　　　　　　　　　　　99002367

ISBN - 978-986-254-172-2

9 789862 541722

中國學術思想研究輯刊
七 編 第十三冊　　　　　　　ISBN：978-986-254-172-2

《春秋》王魯說研究
《春秋繁露》的天道觀與治道思想

作　　　者	張厚齊／林明昌
主　　　編	林慶彰
總 編 輯	杜潔祥
出　　　版	花木蘭文化出版社
發 行 所	花木蘭文化出版社
發 行 人	高小娟
聯絡地址	台北縣永和市中正路五九五號七樓之三
	電話：02-2923-1455 ／傳眞：02-2923-1452
網　　　址	http://www.huamulan.tw 信箱 sut81518@ms59.hinet.net
印　　　刷	普羅文化出版廣告事業
封面設計	劉開工作室
初　　　版	2010 年 3 月
定　　　價	七編 24 冊（精裝）新台幣 40,000 元

《春秋》王魯說研究

張厚齊　著

作者簡介

張厚齊，民國五十二年生，東吳大學中國文學研究所碩士，現於博士班進修中，並兼任講師，研究主要領域為春秋學，曾發表〈郭店竹簡與鄒衍學派關係蠡探〉、〈建構中華文化版圖新著——評介《中華文化寶庫》〉、〈從歸有光的文學理論探討〈項脊軒志〉的文章特色與寫作技巧〉、〈兩漢章句之學歷史考源與發展例釋〉、〈陳柱《公羊家哲學》略論〉、〈《禮記·學記》「化民成俗章」鄭注孔疏商榷〉、〈神思說之特質與演變探析〉等學術論文。

提　　要

　　《春秋》王魯說乃董仲舒、何休一系公羊學之核心價值，所以建構《春秋》之理想國也。按春秋之世，禮崩樂壞，諸侯僭越，不統於王。王魯者，示夏、殷、周三代以來之王道，一統於魯也。故董仲舒《春秋繁露·三代改制質文》以孔子「親周、故宋、以《春秋》當新王」，乃擬魯當《春秋》之新王，以維繫道統於不墜耳。

　　王魯說之形成背景有三：一以周道衰廢不足觀，周禮盡在魯矣。二以三統循環說，董仲舒首倡之，乃道統遞嬗之論，異乎五德終始說之政統遞嬗論也。三以素王說，蓋素王者，無王爵而行王道者之謂也，不必定指為誰；孔子作《春秋》，乃行素王之事，又擬魯十二公為王，以行王道，俱《春秋》之素王也。

　　王魯說之書法有二：一以借事明義，蓋王魯說乃假行事以見素王之法也。二以文與而實不與，凡周王與諸侯之行，縱不合於禮，實不與之，有偶進於王道者，文猶與之，此王魯說重王道之義也。

　　至王魯說之價值有三：一以彰顯一統與尊王之理想，蓋行王道本周王之事，惟久不得而行矣，故《春秋》別立素王，代行周王之事。二以解決漢世道統與政統之糾葛，漢帝因行事而加乎王心，孔子世封殷紹嘉公，皆其例證也。三以垂示後世因時制宜與時俱進之法，蓋《春秋》乃為後世制法，不專為漢也。

　　按本文所創獲者，五德終始說與三統循環說之遞嬗系統不同，《春秋》乃素王之事，《春秋》「王正月」之王乃素王，王魯說「文與而實不與」之書法，俱發前人之所未發。雖云創獲，實一本《春秋》道統之義，不敢須臾離也。

目

次

第一章　緒　論

第一節　問題緣起

「王魯」一詞，首見於西漢董仲舒《春秋繁露・三代改制質文》：「故《春秋》應天，作新王之事，時正黑統，王魯，尙黑，絀夏、親周、故宋，樂宜親招武，故以虞錄親，樂制宜商，合伯、子、男爲一等。」〔註1〕《春秋》與《公羊傳》俱未之見。

迄東漢末年，何休《春秋公羊經傳解詁》（以下簡稱《解詁》）申王魯說，文中「王魯」一詞，凡十二見：隱公元年春三月：「《春秋》王魯，託隱公以爲始受命王。」〔註2〕同年秋七月：「《春秋》王魯，以魯爲天下化首。」〔註3〕二年春：「《春秋》王魯，明當先自詳正，躬自厚，而薄責於人。」〔註4〕三年秋八月庚辰：「《春秋》王魯，死當有王文。」〔註5〕七年春三月：「《春秋》王魯，託隱公以爲始受命王。」〔註6〕八年夏六月辛亥：「《春秋》王魯，以隱公爲始受命王。」〔註7〕十一年春：「《春秋》王魯，王者無朝諸侯之義。」〔註8〕

〔註1〕漢・董仲舒：《春秋繁露》（臺北：臺灣中華書局，1984年5月），卷七，頁3～4。
〔註2〕漢・何休：《春秋公羊經傳解詁》，清・阮元：《十三經注疏》（二冊本）（臺北：大化書局，1982年10月），頁2198。
〔註3〕同註2，頁2199。
〔註4〕同註2，頁2202。
〔註5〕同註2，頁2204。
〔註6〕同註2，頁2208。
〔註7〕同註2，頁2209。
〔註8〕同註2，頁2210。

莊公二十三年夏：「《春秋》王魯，因其始來聘，明夷狄能慕王化、脩聘禮、受正朔者，當進之。」〔註9〕三十一年夏六月：「《春秋》王魯，因見王義。」〔註10〕僖公三年冬：「《春秋》王魯，故言『蒞』，以見王義。」〔註11〕昭公三十一年春：「言『來』者，從王魯錄，諱亟取邑。」〔註12〕定公四年秋：「主之者，因上王魯文，故主之，張義也。」〔註13〕何休王魯說固承自董仲舒也。

何休云：「傳《春秋》者非一，本據亂而作，其中多非常異義、可怪之論。」〔註14〕蓋俗說不明《春秋》微言大義者，如嚴彭祖、顏安樂之徒，「見經、傳與奪異於常理」〔註15〕，致生疑惑，以為《春秋》多非常異義、可怪之論。何休《解詁》乃「略依胡毋生《條例》，多得其正，故遂隱括，使就繩墨焉。」〔註16〕胡毋生《條例》有無王魯說，今已不及見；惟後世儒者反指何休倡王魯說為非常異義、可怪之論。如陸淳云：

> 何氏所云，變周之文，從先代之質。雖得其言，用非其所。不用之於性情，而用之於名位，失指淺末，不得其門者也。……唯王為大，邈矣崇高，反云黜周王魯，以為《春秋》宗指。兩漢專門傳之于今，悖禮誣聖，反經毀傳，訓人以逆，罪莫大焉。〔註17〕

蘇軾云：

> 三家之《傳》，迂誕奇怪之說，《公羊》為多，而何休又從而附成之。後之言《春秋》者，黜周王魯之學，與夫讖緯之書者，皆祖《公羊》。《公羊》無明文，何休因其近似而附成之。愚以為，何休，《公羊》之罪人也。〔註18〕

〔註9〕同註2，頁2237。

〔註10〕同註2，頁2242。

〔註11〕同註2，頁2248。

〔註12〕同註2，頁2331。

〔註13〕同註2，頁2336。

〔註14〕漢·何休：〈春秋公羊經傳解詁序〉，同註2，頁2190。

〔註15〕唐·徐彥：《春秋公羊注疏》，清·阮元：《十三經注疏》（二冊本）（臺北：大化書局，1982年10月），頁2190。

〔註16〕同註14，頁2191。

〔註17〕唐·陸淳：《春秋集傳纂例》，《景印文淵閣四庫全書》（臺北：臺灣商務印書館，1986年7月），冊一四六，頁380。

〔註18〕宋·蘇軾：《東坡全集》，《景印文淵閣四庫全書》（臺北：臺灣商務印書館，1986年7月），冊一一○七，頁578。

晁說之云：

> 《公羊》家既失之舛雜矣，而何休者，又特負於《公羊》之學，徒
> 勤而功亦不除過矣。五始、三科、九旨、七等、六輔、二類、七缺
> 之設，何其紛紛邪！其最為害者有三：曰王魯，曰黜周，曰新周故
> 宋。無他焉，圖緯讖記之所蠱幻，而甘心於巫鬼譏祥，而不自寤
> 也。〔註19〕

葉夢得云：

> 《公羊》之學，其妖妄迂怪，莫大於黜周王魯，以隱公託新王受命
> 之論。……《春秋》本以周室微弱，諸侯僭亂，正天下之名分，以
> 立一王之法。若周未滅而黜之，魯諸侯而推以為王，則啓天下亂臣
> 賊子，乃自《春秋》始。孰謂其誣經敢至是乎！將正《公羊》之失，
> 莫大於此，學者不可以不察。〔註20〕

呂大圭云：

> 三《傳》要皆失實，而失之多者，莫如《公羊》。何、范、杜三家各
> 自為說，而說之謬者莫如何休。……元年春王正月，《公羊》不過曰：
> 「君之始年」爾，何休則曰：「《春秋》紀新王受命於魯。」滕侯卒
> 不名，不過曰：「滕，微國，而侯，不嫌也。」而休則曰：「《春秋》
> 王魯，託隱公以為始。」黜周王魯，《公羊》未有明文也，而休乃唱
> 之，其誣聖人也甚矣。……《穀梁》之義有未安者，輒曰：「甯未詳，
> 蓋讖之也。」而何休則曲為之說，適以增《公羊》之過耳。故曰：
> 范甯，《穀梁》之忠臣；何休，《公羊》之罪人也。〔註21〕

毛奇齡云：

> 何休說《公羊傳》，謂天子改元，諸侯無改元之例。其所稱元，當是
> 黜周王魯，尊魯為王者之義，則不特悖禮叛教，《春秋》必誅，且亦
> 不識周制矣。〔註22〕

〔註19〕宋・晁說之：《景迂生集》，《景印文淵閣四庫全書》（臺北：臺灣商務印書館，
　　　　1986 年 7 月），冊一一八，頁 236。

〔註20〕宋・葉夢得：《春秋公羊傳讞》，《景印文淵閣四庫全書》（臺北：臺灣商務印
　　　　書館，1986 年 7 月），冊一四九，頁 649～650。

〔註21〕宋・呂大圭：《春秋五論》，《景印文淵閣四庫全書》（臺北：臺灣商務印書館，
　　　　1986 年 7 月），冊一五七，頁 676～677。

〔註22〕清・毛奇齡《春秋毛氏傳》，《景印文淵閣四庫全書》（臺北：臺灣商務印書館，
　　　　1986 年 7 月），冊一七六，頁 14。

吳浩云：

> 魯惟太廟用王禮，非魯君皆得用也。周公用王禮，不追王，豈子孫
> 反得稱王乎？魯之秉禮，莫大于不稱王，而後儒顧誣之乎！〔註23〕
>
> 《傳》云：「王者孰謂？謂文王也。」《疏》乃云「藉位於魯以託王
> 義」乎！此正所謂「倍經、任意、反傳、違戾」者也。諸侯不得專
> 封，而《春秋》乃王魯乎！又云「奉天命而制作」，何以謙讓之有！
> 聖人氣象乃如此矜高乎！〔註24〕
>
> 魯獨書薨，不與外諸侯同，以己之君痛之，作小毀壞之辭，尊之也。
> 天子書崩，不與魯同，以君之君痛之，作大毀壞之辭，益尊之也。
> 名分秩然，邵公妄謂《春秋》王魯，《疏》乃曲狥之耶！〔註25〕

尤有甚者，如程敏政上書「黜祀」何休〔註26〕，王禕奏議何休「不當與於從
祀」〔註27〕之類是也。嘻！異哉！董仲舒倡王魯說，司馬遷猶以「名為明於
《春秋》」（《史記・儒林列傳》），亦未見厲斥或黜祀於後世。何休何獨至此
乎！

不信《春秋》王魯說者，理由安在？

其一，背乎事實。如杜預云：

> 《春秋》……所書之王，即平王也；所用之麻，即周正也；所稱之
> 公，即魯隱也。安在其黜周而王魯乎？〔註28〕

其二，害於識。如唐順之引鄭樵〈三傳各有得失〉云：

> 《公羊》善於識。……如論其短，以王正月為王魯，是《公羊》之

〔註23〕 清・吳浩：《十三經義疑》，《景印文淵閣四庫全書》（臺北：臺灣商務印書館，
　　　　 1986 年 7 月），冊一九一，頁 295。

〔註24〕 同註 23，頁 340。

〔註25〕 同註 23。

〔註26〕 廖道南云：「孝宗登極，……時詔議從祀孔子。敏政上言：『……孔子功德在
　　　　 萬世，必文與行兼，名與實副者，乃可以從祀。若……何休解《春秋》，黜周
　　　　 王魯，……類當黜祀。』」明・廖道南：《殿閣詞林記》，《景印文淵閣四庫全
　　　　 書》（臺北：臺灣商務印書館，1986 年 7 月），冊四五二，頁 231。

〔註27〕 王禕云：「何休註《公羊》而黜周王魯，王弼註《易》而專尚清虛，害道已甚，
　　　　 然在祀列。……何休、王弼之徒，有不當與於從祀者。」明・王禕：《王忠文
　　　　 集》，《景印文淵閣四庫全書》（臺北：臺灣商務印書館，1986 年 7 月），冊一
　　　　 一二六，頁 307～309。

〔註28〕 晉・杜預：〈春秋序〉，清・阮元：《十三經注疏》（二冊本）（臺北：大化書局，
　　　　 1982 年 10 月），頁 1709。

害。〔註29〕

其三，誤信班固之說。如姜宸英云：

> 孟子曰：「予豈好辯哉！予不得已也。」又曰：「孔子成《春秋》，而亂臣賊子懼。」孟子之好辯，即孔子作《春秋》之意也。使孔子自諱其辯，隱祕其書而不出，亂臣賊子何所見而知懼哉！作《春秋》，則禍非所避；欲畏禍，則《春秋》不如弗作。懼威權勢力而苟避之，是班氏以小人之心度量君子也。何休因班氏之說，遂誣《春秋》黜周王魯。又曰：「《春秋》黜杞、舊宋而新周。」引讖文云：「某覽史記，援引古圖，推集天變，爲漢帝制法，陳敘圖錄。」又云：「公羊五世，至漢胡毋生、董仲舒推衍其文，世人乃聞。」此言去孔子卒後三百歲矣，何不全身之有？何休之說，皆《公羊傳》所謂有也。其所云黜周王魯、爲漢制作，豈獨誣《春秋》哉，其爲《公羊》之累，亦已甚矣。況其解《傳》，不由《傳》意，滯凡一例，而前後矛盾，不可通者，難以枚舉。使《春秋》本義若此，學士家猶難於尋覓，彼亂臣賊子非盡讀書知文字者也，欲其一見而知懼，理所必無者矣。愚故謂何氏之從祀不可不廢，而十三經註家唯《公羊傳》不可存也。〔註30〕

其四，不明孔子作經之旨。如李如箎云：

> 孟子曰：「《春秋》，天子之事。」正謂定天下之邪正，成天下之事業，皆天子之事，非孔子欲身爲天子之事也。李厚作《春秋總要·序》，見孟子有此說，遂云孔子以天子之事爲己任。殊不知孔子只是思得明王以行，所蘊既終不可得，於是作《春秋》，見諸行事，以明己志耳，豈可以匹夫欲以天子之事爲己任哉！如先儒黜周王魯之說，孔子素王、丘明素臣之說，皆不明夫子作經之旨。〔註31〕

又如歐陽脩云：

> 仲尼以爲，周平雖始衰之王，而正統在周也，乃作《春秋》，自平王

〔註29〕 明·唐順之：《稗編》，《景印文淵閣四庫全書》（臺北：臺灣商務印書館，1986年7月），冊九五三，頁263。
〔註30〕 清·姜宸英：《湛園札記》，《景印文淵閣四庫全書》（臺北：臺灣商務印書館，1986年7月），冊八五九，頁634。
〔註31〕 宋·李如箎：《東園叢說》，《景印文淵閣四庫全書》（臺北：臺灣商務印書館，1986年7月），冊八六四，頁185。

> 以下，常以推尊周室，明正統之所在。……刺譏褒貶，一以周法，
> 凡其用意，無不在於尊周。而後之學者不曉其旨，遂曰黜周而王
> 魯。〔註32〕

其餘不一而足。然則，王魯說果爲非常異義、可怪之論乎？

又東漢末年，公羊學之學術地位日衰。何休以爲，乃嚴彭祖、顏安樂之徒不明《春秋》微言大義，而生「二創」。所謂「二創」，一爲「倍經任意，反傳違戾」，學者「講誦師言，至於百萬，猶有不解」〔註33〕；二爲「援引他經，失其句讀，以無爲有」〔註34〕。公羊先師「觀聽不決，多隨二創」〔註35〕，卒令《左傳》學者賈逵「緣隙奮筆」〔註36〕，「作《長義》四十一條，云《公羊》理短，《左氏》理長」〔註37〕，致公羊學「敗績失據」〔註38〕矣。何休雖「略依胡毋生《條例》，多得其正，故遂隱括，使就繩墨焉」〔註39〕，惟自魏、晉以降，公羊學一蹶不振，其受王魯說之累，較「二創」尤甚，恐非何休始料所及也。然則，王魯說果一無可取哉？董仲舒、何休何必倡王魯說耶？此乃撰寫本文之動機所在。

第二節　文獻探討

董仲舒雖治公羊學，惟持論頗異於《公羊傳》。《春秋》王魯說，董仲舒呼之於前，何休應之於後，俱見明文；惟《公羊傳》既無王魯明文，其說亦頗曖昧，不能驟斷，本文後當敘及之。何休《解詁》名爲《公羊傳》作注，輒離《傳》說義，其王魯說當非出自《公羊傳》文字之間。

魏、晉以降，《左傳》之學大盛，力詆公羊學，《春秋》王魯說，尤所不屑，已如前述。前人治公羊學者，本即屈指可數，其治《公羊傳》者，或亦蹈《左傳》學者詆斥王魯說。如前舉陸淳《春秋集傳纂例》「大旨陰主《公》、

〔註32〕宋・歐陽脩：《文忠集》，《景印文淵閣四庫全書》（臺北：臺灣商務印書館，1986年7月），冊一一〇二，頁453。

〔註33〕漢・何休：〈春秋公羊經傳解詁序〉，同註14，頁2190～2191。

〔註34〕同註33，頁2191。

〔註35〕同註33。

〔註36〕同註33。

〔註37〕唐・徐彥：《春秋公羊注疏》，同註15，頁2191。

〔註38〕漢・何休：〈春秋公羊經傳解詁序〉，同註14，頁2191。

〔註39〕同註38。

《穀》」〔註40〕，而斥王魯說爲「悖禮誣聖，反經毀傳，訓人以逆，罪莫大焉」；葉夢得《春秋公羊傳讞》申《公羊傳》之旨，而斥王魯說爲「妖妄迂怪」〔註41〕。其兼治董仲舒、何休之學者，亦儘迴避王魯說。例如孔廣森《春秋公羊通義》言必稱「《解詁》曰」，而「不守何氏義例，多采後儒之說，又不信黜周王魯科旨，以新周比新鄭，雖有篳路藍縷之功，不無買櫝還珠之憾」〔註42〕；張廣慶《何休春秋公羊解詁研究》以爲，「《公羊解詁》論孔子《春秋》微言大義，厥在三科九旨」〔註43〕，援引《春秋繁露‧三代改制質文》及《解詁》以證，而獨闕王魯文〔註44〕，似避之唯恐不及。然則，迴護王魯說者，寥寥無幾矣。清初常州學派以振興公羊學爲志，其論及王魯說者，亦僅劉逢祿、陳立二人而已。蓋王魯說者，實公羊學之核心，《春秋》微言大義存焉，治公羊學者或避之，或斥之，其於振興公羊學，又何益哉！

　　爲助研究，謹就古今迴護《春秋》王魯說者，概述如下：

一、專 書

（一）徐彥《春秋公羊注疏》

　　是書謹守《春秋說》及何休之學，其疏通王魯說，如《春秋》成公二年夏六月癸酉：「季孫行父、臧孫許、叔孫僑如、公孫嬰齊帥師，會晉郤克、衛孫良夫、曹公子手，及齊侯戰于鞌，齊師敗績。」《公羊傳》云：「曹無大夫，公子手何以書？憂內也。」《解詁》云：「《春秋》託王於魯，因假以見王法。明諸侯有能從王者征伐不義，克勝有功，當褒之，故與大夫。大夫敵君，不貶者，隨從王者，大夫得敵諸侯也。不從內言敵之者，君子不掩人之功，故從外言戰也。」徐彥云：「《注》云：『《春秋》託王於魯。戰者，敵文也。王者，兵不與諸侯敵，戰乃其已敗之文，故不復言師敗績矣。』然則，

〔註40〕 清‧紀昀等：《四庫全書簡明目錄》（臺北：世界書局，1975 年 11 月），頁 96。

〔註41〕 葉夢得云：「《公羊》之學，其妖妄迂怪，莫大於黜周王魯，以隱公託新王受命之論。……《春秋》本以周室微弱，諸侯僭亂，正天下之名分，以利一王之法。若周未滅而黜之，魯諸侯而推以爲王，則啓天下亂臣賊子，乃自《春秋》始。孰謂其誣經敢至是乎？將正《公羊》之失，莫大於此，學者不可以不察。」宋‧葉夢得：《春秋公羊傳讞》，同註 20。

〔註42〕 清‧皮錫瑞：《經學通論》（臺北：河洛圖書出版社，1974 年 12 月），頁 89。

〔註43〕 張廣慶：《何休春秋公羊解詁研究》（臺北：國立臺灣師範大學國文研究所碩士論文，1989 年 5 月），頁 47。

〔註44〕 同註 43，頁 51～58。

此戰之內有魯大夫，若從魯爲文，宜直云『季孫行父以下敗齊師于鞌』而已，但以君子不掩人功，故從外爲文，言『戰于鞌，齊師敗績』耳。何氏必如此解者，正以桓十三年春二月：『公會紀侯、鄭伯。』己巳：『及齊侯、宋公、衛侯、燕人戰，齊師、宋師、衛師、燕師敗績。』《傳》云：『內不言戰，此其言戰何？從外也。曷爲從外？恃外，故從外也。』何氏云：『明當歸功乎紀、鄭，言戰。』然則，此亦歸功于晉、衛，不掩其功，故從外言戰也。」﹝註45﹞其於王魯說附和何休，吳浩譏之爲「曲狗」﹝註46﹞；惟引注明注，會通彼此，頗有可觀者，誠有功於何休之學也。又何休在漢言漢，以爲《春秋》爲漢制法，徐彥從其說，失通經致用之義，本文於第五章第三節辨正之。

（二）劉逢祿《春秋公羊經何氏釋例》

是書歸納何休《解詁》之說，「尋其條貫，正其統紀，爲釋例三十篇」﹝註47﹞，利於檢索。其中，王魯說凡二十九例，篇末總釋其義，以「薪蒸之屬」爲喻，云：「聖人在位，如日之麗乎天，萬國幽隱，莫不畢照，庶物蠢蠢，咸得繫命；堯、舜、禹、湯、文、武是也。聖人不得位，如火之麗乎地，非假薪蒸之屬，不能舒其光、究其用；天不生仲尼，萬古如長夜，《春秋》是也。……《春秋》者，火也。魯與天王、諸侯，皆薪蒸之屬，可以宣火之明，而無與于火之德也。」﹝註48﹞其喻至當，是即借事明義之法也。惟劉逢祿率先直詁王魯之義，未盡其辭，本文於第二章詰究其疏略。至其《公羊春秋何氏解詁箋》從何休之說，誤以《公羊傳》之文王爲周文王；又以「通三統爲一統」，誤解天下一統之義，皆與王魯說不合，本文分別於第三章第三節及第五章第一節辨正之。

（三）陳立《春秋公羊義疏》

是書亦悉以何休《解詁》爲本，廣徵博引，資料詳贍；惟皮錫瑞以爲「太繁」﹝註49﹞。其疏通王魯說，同前引《春秋》成公二年夏六月癸酉爲例，陳

﹝註45﹞唐・徐彥：《春秋公羊注疏》，同註15，頁2290。

﹝註46﹞清・吳浩：《十三經義疑》，同註23。

﹝註47﹞清・劉逢祿：〈春秋公羊經何氏釋例敘〉，清・阮元：《皇清經解》（臺北：藝文印書館，年月份不詳），頁14026。

﹝註48﹞清・劉逢祿：《春秋公羊經何氏釋例》，同註47，頁14087。

﹝註49﹞清・皮錫瑞：《經學通論》，同註42。

立云：「桓五年：『蔡人、衛人、陳人從王伐鄭。』『其言從王伐鄭何？從王，正也。』注：『美其得正義也，故以從王征伐錄之。蓋起時天子微弱，諸侯背叛，莫肯從王者征伐，以善三國之君，獨能尊天子死節。』是諸侯從王征不義，克勝當美之事也。此託王於魯，諸侯能爲內憂，與從王者征伐無異，故假以見王法。桓五年是其事，此其義也。與彼同，亦得正，故與曹有大夫也。」〔註 50〕陳立舉《春秋》桓公五年諸侯從周王征伐之事，比於成公二年諸侯從魯君征伐之義，證成《春秋》王魯說，學者粲然明於假託之法矣，亦頗異於徐彥之疏也。惟陳立從何休之說，誤以《公羊傳》之文王爲周文王；又採徐彥之說，偏執《春秋》爲漢制法之義，本文分別於第三章第三節及第五章第三節辨正之。

（四）皮錫瑞《經學通論》

　　是書科條分明，立論有據，爲公羊學辨誣最力，學者多宗之。其論素王，則云「公羊有素王之義」〔註 51〕、「《春秋》素王不必說是孔子素王」〔註 52〕；論《春秋》爲後王制法，則云「不專爲漢」〔註 53〕、「非止用之以決獄」〔註 54〕；論孔子改制，則云「猶今人言變法」〔註 55〕、「《春秋》是素王改制」〔註 56〕；論借事明義，則云「借事明義是一部《春秋》大旨」〔註 57〕、「三統、三世是借事明義，黜周王魯亦是借事明義」〔註 58〕、「義本假借，與事不相比附」〔註 59〕。是皆精當之語，所以闡發王魯說也。本文立論，頗參酌其說。惟所引「文王之文，傳在孔子，孔子爲漢制文，傳在漢也。」〔註 60〕數語，及所舉數事證惟漢人能實行《春秋》爲後世立法之義〔註 61〕，俱襲自凌曙《公羊問答》，嫌據爲己說，是其微瑕。

〔註 50〕清・陳立：《公羊義疏》（臺北：臺灣商務印書館，1982 年 5 月），頁 1306～1307。
〔註 51〕清・皮錫瑞：《經學通論》同註 42，頁 10。
〔註 52〕同註 51，頁 10。
〔註 53〕同註 51，頁 11。
〔註 54〕同註 51，頁 15。
〔註 55〕同註 51，頁 12。
〔註 56〕同註 51，頁 14。
〔註 57〕同註 51，頁 21。
〔註 58〕同註 51，頁 22。
〔註 59〕同註 51，頁 23。
〔註 60〕同註 51，頁 11。
〔註 61〕同註 51，頁 14～15。

（五）康有為《春秋董氏學》

是書以董仲舒之學為宗，以為《春秋繁露‧俞序》「得《春秋》之本有數義焉，以人為天心。孔子疾時世之不仁，故作《春秋》，明王道，重仁而愛人，思患而豫防，反覆於仁不仁之間，此《春秋》全書之旨也。《春秋》體天之微，難知難讀。董子明其託之行事，以明其空言；假其位號，以正人倫；因一國以容天下，而後知素王改制，一統天下，《春秋》乃可讀，法堯、舜以待後聖。」〔註62〕蓋一語中的也。其論王魯，云：「緣魯以言王義。孔子之意，專明王者之義，不過言託於魯，以立文字。即如隱、桓，不過託為王者之遠祖；定、哀，為王者之考妣；齊、宋，但為大國之譬；邾婁、滕侯，亦不過為小國先朝之影。所謂其義則丘取之也。自偽《左》出，後人乃以事說《經》，於是，周、魯、隱、桓、定、哀、邾、滕，皆用考據求之，痴人說夢，轉增疑惑，知有事而不知有義；於是，孔子之微言沒，而《春秋》不可通矣。」〔註63〕又云：「蓋《春秋》之作，在義不在事，故一切皆託。不獨魯為託，即夏、商、周之三統，亦皆託也。」〔註64〕言「一切皆託」，得《春秋》之要矣。惟《春秋》託義於事，其事有變辭者，亦有實有者，未必俱不得以考據求之，本文第二章第一節所舉諸義例是也；而魯隱、桓、定、哀四公，非但託為王者之遠祖、考妣，乃託十二公俱為素王也。《春秋》素王之義，本文詳論於第三章第三節。其論「《春秋》一書，皆孔子明改制之事」〔註65〕，故設〈春秋禮〉，詳列《春秋》改元、授時、三正、即位、爵國、考績、度制、田賦、器械、宮室、章服、樂律、卜筮、學校、選舉、冠、昏、相見、喪、祭、郊、封禪、雩、星、宗廟、禘袷、時享、燕饗、朝、會盟、弔唁、戰役、田狩、刑罰諸制〔註66〕，一本董仲舒王魯說之意，頗有可觀者。至云：「三世為孔子非常大義，託之《春秋》以明之。」〔註67〕以文教論三世之進化，合於王魯說道統傳承之義，本文以為《春秋》為清制進化之法，詳論於第五章第三節。

〔註62〕 清‧康有為：《春秋董氏學》，《康南海先生遺著彙刊》（臺北：宏業書局，1976年9月），冊四，頁13。

〔註63〕 同註62，頁59。

〔註64〕 同註62，頁60。

〔註65〕 同註62，頁217。

〔註66〕 同註62，頁79～168。

〔註67〕 同註62，頁61。

（六）陳柱《公羊家哲學》

是書之作，首重闡發孔子之革命思想，開宗明義云：「《公羊傳》之說《春秋》，甚富於革命思想。漢何休注《公羊》，復立《春秋》新周王魯之說，革命之義益著。後世學者，咸大加詬病，以謂亂臣賊子所自出。于是乎習《春秋》者，或則以《公羊》為孔子罪人，孔子作《春秋》，決不提倡悖逆若是；或則以何休為《公羊》孟賊，《公羊》解《春秋》，實無此等妄語。然吾以謂，新周王魯是否為《公羊》微旨，要當別論，而《公羊》學說之富於革命思想，則顯而易見；革命之義是否為《春秋》條例，亦當別論，而孔子之富於革命思想，亦顯而易明，非可厚誣也。」〔註68〕故陳柱乃以「託詞見意」之法，變王魯說為革命說，蓋應乎清末以來中國衰弱之局勢，欲有以振之也。本文採其說，以為《春秋》為民國制革命之法，詳論見於第五章第三節。

（七）段熙仲《春秋公羊學講疏》

是書徵引經傳典籍，搜羅各家說公羊之義，分門別類，翻檢極為便利；又輒下己意，辯證然否。王魯說設有專節，繫乎〈義〉編〈通三統〉章下，按語多所發明，如云：「以《春秋》當新王者，即託王者于《春秋》。故曰『當』、曰『託』，非《春秋》果受命而王也。」〔註69〕「夫在漢言漢，謂漢當此一王之治可也，遂謂孔子逆睹，則幾于誣矣。何君于此未能自拔於流俗，效賈景伯漢為堯後之故智，則公孫弘所以見譏為曲學以阿世也。任城之學惟此為不可墨守者矣。」〔註70〕「魯非王者，正朔未改，故假之于實王者之周。周之王者，文王最先，故假以為受命之王者爾。其餘《解詁》之文不可一一言託王于魯，而或但言《春秋》王魯，從省文也。而後儒以此為何君病，雖孔異軒亦不免過矣。」〔註71〕「魯不言崩，明非時王也，託王之義，于此昭然明白。後儒猶以此為何君病，是未細繹其文也。」〔註72〕惟引文繁縟，按語雜廁，義多支離，尟能串講，是其憾也。

〔註68〕陳柱：《公羊家哲學》（臺北：臺灣中華書局，1980年11月），頁1。
〔註69〕段熙仲：《春秋公羊學講疏》（南京：南京師範大學出版社，2002年11月），頁469。
〔註70〕同註69，頁471。
〔註71〕同註69，頁472。
〔註72〕同註69，頁478。

（八）阮芝生《從公羊學論春秋的性質》

是書論《春秋》之志，則云：「欲傳其撥亂反正之道於後世」〔註73〕、「立一王之法」〔註74〕、「假周文王以爲文德之王」〔註75〕，以爲「《春秋》當以三世義爲宏綱」〔註76〕；又引《春秋繁露·三代改制質文》王魯文，云「此存三統之義」〔註77〕，以爲「《春秋》託王於魯，爲繼周者立法」〔註78〕。其論《春秋》之義，則云：「《春秋》金鑰匙──況、借事明義」〔註79〕，以爲《春秋》「所陳義理大都借比喻以明之，學者或不明其故，事事鑿求其實，以致攻訐詆諆，譏爲斷爛朝報，皆由不知《春秋》言況之故。」〔註80〕按王魯説藉張三世及通三統之義，垂示後世因時制宜與時俱進之法，本文詳論於第五章第三節。故阮芝生主三世説爲《春秋》宏綱，與本文主王魯説爲《春秋》核心，立論主從輕重或有不同，其義則會通無礙，有足資佐參者也。

（九）蔣慶《公羊學引論》

是書自許「爲公羊學著作，而非客觀研究公羊學之著作」〔註81〕，立論頗失之主觀。徐彥《疏》引戴宏〈序〉以爲《公羊傳》傳自子夏〔註82〕，蔣慶則斷言「必爲孔子所作」〔註83〕。公羊先師之學或與孟子、荀子、司馬遷之學相互會通、啓發者，蔣慶則斷言孟子傳公羊《春秋》當新王、張三世、託事明義、尊王、民貴君輕、君臣、改制諸義，荀子傳公羊通三統、大一統、譏世卿、民貴君輕、異內外、三代改制質文、禮制諸義，司馬遷傳公羊《春秋》當新王、通三統、大一統、大居正、大復仇、孔子爲王諸義〔註84〕。《春秋》王魯説統攝新王説及孔子改制説，蔣慶析爲三説，互不統屬〔註85〕；又

〔註73〕阮芝生：《從公羊學論春秋的性質》（臺北：國立臺灣大學文學院，1969 年 8 月），頁 61。
〔註74〕同註 73。
〔註75〕同註 73，頁 64。
〔註76〕同註 73，頁 66。
〔註77〕同註 73，頁 69。
〔註78〕同註 73。
〔註79〕同註 73，頁 123。
〔註80〕同註 73。
〔註81〕蔣慶：〈自序〉，《公羊學引論》（瀋陽：遼寧教育出版社，1997 年 4 月），頁 2。
〔註82〕唐·徐彥：《春秋公羊注疏》，同註 15，頁 2189。
〔註83〕蔣慶：《公羊學引論》，同註 81，頁 65。
〔註84〕同註 83，頁 73〜85。
〔註85〕同註 83，頁 91〜115、145〜187。

別立孔子爲王說〔註86〕，辯孔子爲文王〔註87〕，俱不合王魯說。其論三統循環說與五德終始說，則云：「通三統說是今文說，終始五德說是古文說。通三統說是要解決新王興起改制立法時新王之統與前王之統的關係問題，終始五德說則是要解決某一朝代興起其必然的宿命依據問題。三統說是爲孔子作《春秋》當新王改制立法作理論上的說明，五德說則是爲王莽篡漢作輿論上的準備。故通三統說是改制之說，終始五德說則是意識形態。」〔註88〕蓋悖於史實。其他失誤亦時有所見。本文於第二章、第三章第二節及其他諸章節隨機辨正之。

二、單　篇

（一）楊雅婷《公羊春秋家之革命改制思想》

是篇論公羊學之特點，爲「政治的儒學」〔註89〕、「批判的儒學」〔註90〕、「實踐的儒學」〔註91〕，乃襲蔣慶《公羊學引論》之說；論革命改制思想之內涵，爲「《春秋》新王說」〔註92〕、「王魯革命說」〔註93〕、「孔子改制說」〔註94〕，說同蔣慶；其中「王魯革命說」乃就蔣慶王魯說強冠「革命」二字而已。又以三統說論革命改制思想之政治哲學〔註95〕，以三世說論革命改制思想之歷史哲學〔註96〕，頗與孔子傳承《春秋》之道統哲學仳離，俱不合王魯說。

（二）曾志偉《春秋公羊傳三科九旨發微》

是篇引《春秋》成公十五年冬十一月「外吳殊會」之說，以爲《公羊傳》固有王魯之例〔註97〕，論據不足，本文於第二章第二節辨正之。其論

〔註86〕同註83，頁115～145。
〔註87〕同註83，頁363～365。
〔註88〕同註83，頁310。
〔註89〕楊雅婷：《公羊春秋家之革命改制思想》（臺北：私立東吳大學哲學研究所碩士論文，2002年），頁31～33。
〔註90〕同註89，頁33～34。
〔註91〕同註89，頁35～36。
〔註92〕同註89，頁37～42。
〔註93〕同註89，頁43～52。
〔註94〕同註89，頁52～58。
〔註95〕同註89，頁79～93。
〔註96〕同註89，頁94～109。
〔註97〕曾志偉：《春秋公羊傳三科九旨發微》（花蓮：國立東華大學中國語文學系碩

「王魯固假託之旨」〔註98〕，又論「王魯即《春秋》當新王之旨」〔註99〕，以爲「《春秋》託文王於隱元年之王正月，文王者，周始受命王」〔註100〕，毋乃自相齟齬也；蓋王魯說假託之旨，乃以《公羊傳》之文王爲《春秋》之素王，實非周文王也，本文詳論於第三章第三節。其論王魯說之王者當有王文，以爲「魯託爲王者，殷、周即見黜爲舊統，此《春秋》當新王，通三統爲一統之旨也」〔註101〕，乃承襲劉逢祿之瑕論，本文詳論於第五章第一節。其論何休三世說含王化漸進之義，以爲「《公羊》三世異辭固有此義」〔註102〕；按《公羊傳》「所見異辭，所聞異辭，所傳聞異辭」之說，何休變所傳聞爲衰亂之世，所聞爲升平之世，所見爲太平之世，所以託王化漸進之義，即皮錫瑞所云「三世是借事明義」〔註103〕，不得謂《公羊傳》固有此義也。然則，何休三科九旨未必《公羊傳》本義，曾志偉以「《公羊傳》」名篇，似非所宜。

（三）楊朝明〈公羊學派春秋王魯說平議〉

　　是篇力主王魯說深寓孔子微言大義，議論持平，如云：「後人常把這種『寓褒貶，別善惡』的寫法看成是《春秋》特有的『筆法』。其實，這是當時史官們約定俗成的慣例，魯人曹劌曾說的『書而不法，後嗣何觀』就是這個意思，這種書法原則爲當時許多史者所共同遵循。只是孔子作《春秋》表現得十分特殊並具有代表性，而且他還將自己的王道思想寄寓其中。」〔註104〕其論《春秋》所以託王於魯，則云：「魯乃周文薈萃之地，尙可一變而至于道，正是『《春秋》王魯』的根本原因所在。就是說，『《春秋》王魯』是因爲王義在魯，而既非因爲魯國資料完整，亦非因爲孔子運用魯國資料名正言順。」〔註105〕又輒引《詩經》、《左傳》之文，證成周道在魯，故云：「『《春秋》王魯』當然不是眞正以魯爲王，這是不言而喻的。孔子已說明說他是假

　　　　士論文，1995 年 7 月 29 日），頁 23。

〔註98〕同註 97，頁 90。

〔註99〕同註 97。

〔註100〕同註 97。

〔註101〕同註 97，頁 96。

〔註102〕同註 97，頁 139。

〔註103〕清・皮錫瑞：《經學通論》，同註 42，頁 22。

〔註104〕楊朝明：〈公羊學派春秋王魯說平議〉，《中國哲學史》1996 年第一～二期，頁 119～120。

〔註105〕同註 104，頁 120～121。

魯之史文而竊取其義，就是說他是假借有道之魯來說明王義的。」〔註106〕本文第三章第一節頗參酌其說。惟其云：「『《春秋》王魯』……不像公羊家所認定的憑依魯事以『立一新王之法』，而僅是借魯國以明義，即借魯國的史事來表現周的王道之義。」〔註107〕又云：「以前，公羊學者所言孔子王法有『《春秋》新王』說，又有『《春秋》王魯』說，而對于二者的解說往往含混不清。近有蔣慶先生《公羊學引論》一書出版，始將《春秋》王魯』說與『《春秋》新王』說區別開來。」〔註108〕蔣慶析王魯說與新王說為二，前已論及之，其說不可從。

（四）黃朴民〈公羊三統說與何休春秋王魯論〉

是篇概述三統說與王魯說之涵義，內容平實，無甚創見。至其駁蔣慶論三統循環說與五德終始說，則云：「把『三統說』與『五德終始說』兩者截然對立起來的看法是值得商榷的，它與兩種學說的基本性質不符，也和歷史上的情況相出入。」〔註109〕「『三統說』與『五德終始說』之間，性質上有其一致性，即都是統治階級思想家用來解釋朝代更迭、歷史變遷現象及其內在規律的歷史哲學理論型態。」〔註110〕「『三統說』與『五德終始說』作為闡發歷史循環進化運動的不同理論型態，性質沒有區別，不能以今古文經學的範疇來劃分其歸屬。」〔註111〕惟此說亦待商榷，不足以駁蔣慶，本文於第三章第二節辨正之。

三、散　論

（一）卓爾康《春秋辯義》卷首二

卓爾康云：「尊《春秋》者曰：『夫子黜周王魯，改正朔，命德討罪，進退二百四十年之君大夫，則是夫子代天秉柄，以作私史，見逆且躬為之乎？』非也。……蓋天下有貴賤之際，有聖賢之分，兩者可以相勝，而不可以相參。滕之貶為子也，杞之淪于夷也，楚子之主會中國也，議復議奪，惟周天子得

〔註106〕同註104，頁121。
〔註107〕同註104，頁123。
〔註108〕同註104，頁120。
〔註109〕黃朴民：〈公羊三統說與何休春秋王魯論〉，《管子學刊》1998年第四期，頁33～34。
〔註110〕同註109，頁34。
〔註111〕同註109。

而主之。天子不能主，亦付之無可奈何耳矣。夫子固不敢削，亦不欲削。削之，則無以徵實，而其罪反得以自掩。……凡天下無義朝、義聘、義會、義盟、義戰者，夫子之所悲也，是所論于《春秋》之外者也。以聖裁權一世，因天下之自然，就人情之必至，而猶有善朝、善聘、善會、善盟、善戰者，夫子之所恕也，是所論于《春秋》之內者也。論于《春秋》之外者，所以治《春秋》也；論于《春秋》之內者，《春秋》所以自治也。」〔註112〕此以孔子無可奈何而王魯，以《春秋》分治內外。《春秋》之外者，無義之世；《春秋》之內者，有義之治。其論粗疏，無以申說。

（二）惠士奇《春秋說》卷一

惠士奇云：「人皆知《春秋》尊宗周，莫知《春秋》尊宗國。《春秋》以魯爲列國之宗而尊之。故孟子曰：『《春秋》，天子之事也。』董仲舒亦謂《春秋》有王魯之文。諸儒聞之，群起而譁，嘵嘵讙咋，以爲王魯則誠不可，匹夫而行天子之事，可乎哉？且宗國之尊，非自《春秋》始也。古者，太史采風，獻之天子，而魯不陳詩，故魯詩列于〈頌〉，次〈周頌〉，而在〈商頌〉之上。宋爲上公，又王者之裔，故稱商，猶在宗國之後，則宗國之尊久矣。是以孔子獨尊之，以爲至尊。」〔註113〕此以《春秋》周、魯並尊，論王魯爲尊宗國，精義猶待深入闡發。

（三）馮友蘭《中國哲學史》第二篇第二章

馮友蘭云：「及董仲舒講《春秋》，於是所謂《春秋》之微言大義，乃有系統之表現；而孔子之地位，亦由師而進於王。董仲舒以爲，孔子受天命，救周之弊，立新王之制；西狩獲麟，即孔子受天命之徵也。……孔子託《春秋》，以立新王之制。董仲舒曰：……『湯受命而王，應天變夏，作殷號，時正白統，……制質禮以奉天。文王受命而王，應天變殷，作周號，時正赤統，……制文禮以奉天。』『《春秋》受天命，作新王之事。』繼周之正赤統，故爲正黑統。託王於魯，其色尙黑，所謂『有三而復者』也。『絀夏、親周、故宋』者，依上所說，一王者，必封其以前之二代之後，仍稱王號；絀二代以前之王，謂之帝。『《春秋》當新王』，故以周、宋爲前二王之後而存之；至夏則歸

〔註112〕明・卓爾康：《春秋辯義》，《景印文淵閣四庫全書》（臺北：臺灣商務印書館，1986 年 7 月），冊一七〇，頁 194～195。

〔註113〕清・惠士奇：《春秋說》，《景印文淵閣四庫全書》（臺北：臺灣商務印書館，1986 年 7 月），冊一七八，頁 655。

五帝之列矣。《春秋》繼周，當『主天法商而王』，與舜同，故云『樂宜親招武』等。」〔註114〕所謂孔子「由師而進於王」，蓋以哲學說經學，殊值翫味，抑亦王魯說之別論也。

　　綜觀諸家文獻之於王魯說，多申借事明義之書法，並為何休辨誣。或涉三統、三世諸說，則咸以歷史進化之論視之，尟著意於道統傳承遞嬗之關聯。其專治董仲舒與何休之學者，則未能體察王魯說乃公羊學之核心，即何休三科九旨亦為王魯說而設也，而偏執一端，謬論百出，雖云迴護王魯說，反加害之也。公羊學沒落二千年矣，本文以闡揚《春秋》王魯說為志，力圖撥除迷障，直探核心，彌綸群言，刊正謬誤；至前賢闕疑未論者，則以己意發之，雖云創獲，實一本《春秋》道統之義，不敢須臾離也。

〔註114〕馮友蘭：《中國哲學史》（臺北：臺灣商務印書館，1996 年 11 月），頁 538～539。

第二章　王魯說之意涵與演變

　　何謂王魯？自董仲舒以下，未見直詁者。迄劉逢祿始云：「王魯者，即所謂以《春秋》當新王也。孔子受命制作，以爲託諸空言，不如行事博深切明，故引史記而加乎王心焉。」〔註1〕試續詁究之：

　　何謂「以《春秋》當新王」？劉逢祿無說。惟蔣慶云：「《春秋》王魯說與《春秋》新王說有聯繫又有區別。所謂聯繫，二說都涉及到『當王』問題，都深寓孔子所制之新王法。所謂區別，二說所當王法的主體不同：一是以《春秋》這部經當王，一是以魯國這個諸侯國當王。並且二說所要說明的對象也不同：一是要說明孔子作經的目的是以《春秋》當新王，一是要說明孔子作經的方法是以魯國當王。」〔註2〕然則，《春秋》如何當王？當群經之王乎？魯諸侯國如何當王？孔子作經唆使魯叛周乎？魯爲王乎？爲諸侯乎？一惑未解，又生數惑，恐治絲益棼矣。

　　再者，何謂「王心」？劉逢祿亦無說。加乎王心者，孔子周遊列國，怨懟諸侯不能用，有自立稱王之心乎？《春秋繁露・俞序》云：「仲尼之作《春秋》也，……引史記，理往事，正是非，見王心〔註3〕。史記十二公之間，皆衰世之事，故門人惑，孔子曰：『吾因其行事，而加乎王心焉，以爲見之空言，不如行事博深切明。』……孔子曰：『吾因行事，加吾王心焉，假其位號，以

〔註1〕 清・劉逢祿：《春秋公羊經何氏釋例》，清・阮元：《皇清經解》（臺北：藝文印書館，年月份不詳），頁14087。

〔註2〕 蔣慶：《公羊學引論》（瀋陽：遼寧教育出版社，1997年4月），頁101。

〔註3〕 「王心」，原作「王公」。蘇輿云：「『王公』，疑緣上而誤，當作『見王心』。」從其校改。清・蘇輿：《春秋繁露義證》（北京：中華書局，1996年9月），頁159。

正人倫，因其成敗，以明順逆。」〔註4〕「王心」二字，凡三見。惟《史記‧太史公自序》引孔子曰：「我欲載之空言，不如見之於行事之深切著明也。」未見「王心」二字。《春秋繁露‧俞序》「王心」二字正待詁釋，劉逢祿徵引而無說，義益隱諱矣。

　　周繼殷而興，周王而殷不王矣。惟魯者，周之諸侯國也；王魯者，魯王則周不王乎哉！覈諸史實，魯何嘗繼周而興！魯既未嘗繼周而興，則王魯自非作如是解。按兩漢闡述《春秋》殷、周、魯之關係者，有司馬遷「據魯、親周、故殷」，董仲舒「親周、故宋、以《春秋》當新王」，及何休「託王於魯，因假以見王法」等語。為利申說，本章各節論次，以司馬遷為首，董仲舒居次，何休殿後。

第一節　司馬遷「據魯、親周、故殷」

　　司馬遷作《史記》，意在紹明世，正《易傳》，繼《春秋》，本《詩》、《書》、《禮》、《樂》之際。蓋自周公卒，五百歲而有孔子；孔子卒，五百歲而有司馬遷〔註5〕。「有孔子，而堯、舜藉以祖述，文、武藉以憲章；有太史公，而孔子列於世家，儒林表其經業。是孔子後不可無太史公，猶周公後不可無孔子也。」〔註6〕是以吾人欲沿波以溯源，通達《春秋》之義，《史記》當為一助。

　　按「據魯、親周、故殷」語出《史記‧孔子世家》：

> 子曰：「弗乎！弗乎！君子病沒世而名不稱焉。吾道不行矣，吾何以自見於後世哉？」乃因史記作《春秋》，上至隱公，下訖哀公十四年，十二公。據魯，親周，故殷，運之三代。約其文辭而指博。故吳、楚之君自稱王，而《春秋》貶之曰「子」；踐土之會實召周天子，而《春秋》諱之曰「天王狩於河陽」；推此類以繩當世。貶損之義，後有王者舉而開之。《春秋》之義行，則天下亂臣賊子懼焉。

春秋之世，道不行於天下，「臣弒其君者有之，子弒其父者有之，孔子懼，作

〔註4〕漢‧董仲舒：《春秋繁露》（臺北：臺灣中華書局，1984年5月），卷六，頁3～4。

〔註5〕《史記‧太史公自序》：「先人有言：『自周公卒五百歲而有孔子。孔子卒後至於今五百歲，有能紹明世，正《易傳》，繼《春秋》，本《詩》《書》《禮》《樂》之際？』意在斯乎！意在斯乎！小子何敢讓焉。」

〔註6〕清‧崔適：《史記探源》（臺北：廣文書局，1977年7月），頁282。

《春秋》」(《孟子·滕文公下》),使天下亂臣賊子知所懼。《春秋》本魯史記之名,孔子寓以貶損之義,雖仍名爲《春秋》,實乃制作一家之言,所謂「述而不作」(《論語·述而》),蓋謙辭耳。《春秋》之義,即孔子之道。《春秋》之義行,則孔子之道自見於後世矣。

　　茲據上引,《春秋》之體例有三:其一,「上至隱公,下訖哀公十四年,十二公」;其二,「據魯,親周,故殷,運之三代」;其三,「約其文辭而指博」。所舉貶例及諱例各一,俱合體例。爲回歸題旨,以下僅就「據魯、親周、故殷」一語分析之,庶明《春秋》之義。

一、「據魯」乃以魯爲主

　　司馬貞云:「夫子修《春秋》,以魯爲主,故云據魯。」〔註7〕蓋魯爲孔子父母之國,天下莫近於魯,且《春秋》本魯史記之名,孔子據魯史脩《春秋》,自以魯爲主。故《春秋》以魯史編年,「上至隱公,下訖哀公十四年,十二公」,凡二百四十二年,固不待多論。所欲論者,《春秋》據魯,乃張尊魯之義。

(一)尊魯君爲公

　　春秋時期,諸侯爵分公、侯、伯、子、男五等,公爵最尊。惟《春秋》諸侯稱公者有三:其一,葬稱公。侯爵葬稱公者,如蔡侯考父卒,葬稱蔡宣公〔註8〕;伯爵葬稱公者,如曹伯終生卒,葬稱曹桓公〔註9〕;子爵葬稱公者,如邾婁子華卒,葬稱邾婁悼公〔註10〕;男爵葬稱公者,如許男新臣卒,葬稱許繆公〔註11〕。其二,宋君稱公。蓋周武王封微子啟爲宋公〔註12〕,宋君世襲公爵。其三,魯君稱公。按周成王封周公之子伯禽爲魯侯〔註13〕,周公之子亦僅明保(明公)一代承襲公爵〔註14〕,後未再有稱公者。魯君葬稱公,

〔註7〕見《史記·孔子世家》注文。唐·司馬貞:《史記索隱》,《史記》(臺北:鼎文書局,1975年),頁1943。
〔註8〕見《春秋》隱公八年夏六月己亥及同年秋八月。
〔註9〕見《春秋》桓公十年春正月庚申及同年夏五月。
〔註10〕見《春秋》昭公夏六月丁巳及同年秋。
〔註11〕見《春秋》僖公四年夏及同年秋。
〔註12〕五代後蜀·馮繼先:《春秋名號歸一圖》(卷下),《春秋左氏傳杜氏集解》(臺北:臺灣中華書局,1985年11月),冊一,頁15。
〔註13〕同註12(卷上),冊一,頁4。
〔註14〕楊寬:《西周史》(臺北:臺灣商務印書館,1999年4月),頁322。

固爲《春秋》常例，惟生亦稱公，顯爲《春秋》尊魯之義。殆以魯君爲周公之後，周公嘗攝政稱王七年〔註15〕，《公羊傳》以爲「王者之後稱公」〔註16〕；且魯以周公之德，成王命得郊祭文王，並褒以天子禮樂〔註17〕，故尊魯君爲公。

（二）黜他國國君曰卒

《禮記·曲禮下》云：「天子死曰崩，諸侯曰薨，大夫曰卒，士曰不祿，庶人曰死。」《公羊傳》亦云：「天子曰崩，諸侯曰薨，大夫曰卒，士曰不祿。」〔註18〕按《春秋》書周王崩，凡九例〔註19〕；書魯君薨，凡十一例〔註20〕，皆與《公羊傳》合。又書魯君夫人薨，亦十一例〔註21〕。惟書卒者有九：其一，他國國君，凡一百二十五例；其二，他國國君之夫人，凡六例；其三，周室未逾年之君，凡一例；其四，魯國未逾年之君，凡三例；其五，魯國未逾年君之母，凡一例；其六，周大夫，凡三例；其七，魯大夫（含公弟、公子、公孫爲大夫者），凡三十一例；其八，魯女許嫁未適人者，凡二例；其九，魯昭公之夫人孟子（諱娶同姓）。故《春秋》黜他國國君，使與魯大夫同列，亦《春秋》尊魯之義也。又《春秋》「錄內而略外」〔註22〕，故他國大夫卒，均未見記載。

〔註15〕同註14，頁128。
〔註16〕《公羊傳》隱公五年秋九月。
〔註17〕《史記·魯周公世家》：「周公卒後，⋯⋯天動威以彰周公之德，⋯⋯於是成王乃命魯得郊祭文王。魯有天子禮樂者，以褒周公之德也。」裴駰云：「《禮記》曰：『諸侯不得祖天子。』鄭玄曰：『魯以周公之故，立文王之廟也。』」《史記》（臺北：鼎文書局，1975年），頁1522～1524。
〔註18〕《公羊傳》隱公三年春三月庚戌。
〔註19〕分見《春秋》隱公三年春三月庚戌、桓公十五年春三月乙未、僖公八年冬十二月丁未、文公八年秋八月戊申、宣公二年冬十月乙亥、成公五年冬十一月己酉、襄公元年秋九月辛酉、襄公二十八年冬十二月甲寅、昭公二十二年夏四月乙丑。
〔註20〕分見《春秋》隱公十一年冬十有一月壬辰、桓公十八年夏四月丙子、莊公三十二年秋八月癸亥、閔公二年秋八月辛丑、僖公三十三年冬十二月乙巳、文公十八年春二月丁丑、宣公十八年冬十月壬戌、成公十八年秋己丑、襄公三十一年夏六月辛巳、昭公三十二年冬十二月己未、定公十五年夏壬申。
〔註21〕分見《春秋》隱公二年冬十二月乙卯、莊公二十一年秋七月戊戌、僖公元年秋七月戊辰、文公四年冬十一月壬寅、文公十六年秋八月辛未、宣公八年夏戊子、襄公二年夏五月庚寅、襄公四年秋七月戊子、襄公九年夏五月辛酉、昭公十一年夏五月甲申、定公十五年夏壬申。
〔註22〕《公羊傳》隱公十年夏六月壬戌。

（三）序魯君於諸侯之先

　　《春秋》諸侯生稱公者，惟魯與宋耳。宋君稱「宋公」，魯君則單稱「公」。《春秋》常例，諸侯之會，先言主會者〔註23〕。如《春秋》桓公二年秋：「蔡侯、鄭伯會于鄧。」蔡侯主會，故先言蔡侯。然則，周王之使、宋君、魯君與會，序次如何？周王之使與會，序於主會者之先；宋君與會，則序於主會者之後，他國國君之先。如《春秋》莊公十四年冬：「單伯會齊侯、宋公、衛侯、鄭伯于鄄。」又如《春秋》莊公十五年春：「齊侯、宋公、陳侯、衛侯、鄭伯會于鄄。」齊侯主會，單伯為周王之使，序於齊侯之先；宋公則序於齊侯之後，他國國君之先。至於魯君與會，凡一百零二例，則又先於周王之使（王世子殊會〔註24〕不計），皆書「公會某等（于某地）」。如《春秋》僖公八年春正月：「公會王人、齊侯、宋公、衛侯、許男、曹伯、陳世子款、鄭世子華。」又如《春秋》僖公九年夏：「公會宰周公、齊侯、宋子〔註25〕、衛侯、鄭伯、許男、曹伯于葵丘。」齊侯主會，王人與宰周公為周王之使，魯公序於王人、宰周公、齊侯及諸侯之先，蓋尊魯也。此外，魯君與諸侯盟四十四例〔註26〕，遇（不期而遇）三例〔註27〕，入（以兵入他國而不居）一例〔註28〕，狩（田獵）一例〔註29〕，平（棄怨脩好）一例〔註30〕，序次皆與會例同。

（四）為魯諱

　　《春秋》「為尊者諱，為親者諱，為賢者諱」〔註31〕。據魯者，諱魯之惡，亦諱魯之恥，實即尊魯之義。姑舉數例，以見之。

〔註23〕《春秋》哀公十三年夏：「公會晉侯及吳子于黃池。」《公羊傳》云：「吳何以稱子？吳主會也。吳主會，則曷為先言晉侯？不與夷狄之主中國也。」

〔註24〕《春秋》僖公五年夏：「公及齊侯、宋公、陳侯、衛侯、鄭伯、許男、曹伯會王世子于首戴。」《公羊傳》云：「曷為殊會王世子？世子貴也。」

〔註25〕《穀梁傳》僖公九年夏云：「宋其稱子，何也？未葬之辭也。」蓋舊君於當年三月卒，未葬，新君即位稱子。

〔註26〕如《春秋》閔公元年秋八月：「公及齊侯盟于洛姑。」餘不一一。

〔註27〕如《春秋》隱公四年夏：「公及宋公遇于清。」莊公二十三年夏：「公及齊侯遇于穀。」莊公三十年冬：「公及齊侯遇于魯濟。」

〔註28〕如《春秋》隱公十一年秋七月壬午：「公及齊侯、鄭伯入許。」

〔註29〕如《春秋》莊公四年冬：「公及齊人狩于郜。」《穀梁傳》云：「齊人者，齊侯也。」《公羊傳》亦云：「齊侯也。」

〔註30〕如《春秋》宣公四年春正月：「公及齊侯平莒及郯。」

〔註31〕見《公羊傳》閔公元年冬。

1. 諱魯之惡

魯受鄭之邴邑，復許鄭以璧易許田，故《春秋》書「入」〔註32〕（以兵入他國而不居），諱魯受邴，避與鄭同罪；書「假」〔註33〕，諱魯許以邴邑易許田〔註34〕，避專地之惡。魯司空展無駭帥師滅極，為內大惡，故《春秋》書「入」〔註35〕（以兵入他國而不居），以諱滅國之惡。魯君入邾婁，又獲邾婁君，為內大惡，故《春秋》書「伐」〔註36〕，諱入其國，使若邾婁已服，魯君引兵而去〔註37〕；書「來」〔註38〕，諱魯獲之之惡，使若邾婁君自來。

〔註32〕《春秋》隱公八年三月：「鄭伯使宛來歸邴。」庚寅：「我入邴。」《公羊傳》云：「邴者何？鄭湯沐之邑也。天子有事于泰山，諸侯皆從泰山之下，諸侯皆有湯沐之邑焉。」《左傳》云：「鄭伯請釋泰山之祀而祀周公，以泰山之祊易許田。」（按：《左傳》「邴」作「祊」。）

〔註33〕《春秋》桓公元年春：「鄭伯以璧假許田。」《公羊傳》云：「其言以璧假之何？易之也。易之，則其言假之何？為恭也。曷為為恭？有天子存，則諸侯不得專地也。許田者何？魯朝宿之邑也。諸侯時朝乎天子，天子之郊，諸侯皆有朝宿之邑焉。此魯朝宿之邑也，則曷為謂之許田？諱取周田也。諱取周田，則曷為謂之許田？繫之許也。曷為繫之許？近許也。」《穀梁傳》云：「假不言以，言以，非假也。非假而曰假，諱易地也。禮，天子在上，諸侯不得以地相與也。……許田者，魯朝宿之邑也。邴者，鄭伯之所受命而祭泰山之邑也。」《左傳》云：「修好于鄭。鄭人請復祀周公，卒易祊田，公許之。鄭伯以璧假許田，為周公祊故也。」（按：《左傳》「邴」作「祊」。）

〔註34〕蓋周成王賜周公以許田，俾魯君朝見天子時，得以居宿，魯因立周公之廟而祀之。周宣王賜鄭桓公以邴邑，俾鄭君於天子祭泰山時，得以助祭湯沐。惟祭泰山之禮不行已久，邴邑遠而無用，許田距鄭則近。魯、鄭脩好，故鄭以復祀周公為由，以邴邑加璧易許田。邴邑與許田皆受於周王，諸侯不得專擅。

〔註35〕《春秋》隱公二年夏：「無駭帥師入極。」《公羊傳》云：「此滅也，其言入何？內大惡，諱也。」《穀梁傳》云：「入者，內弗受也。極，國也。」《左傳》云：「司空無駭入極，費庈父勝之。」

〔註36〕《春秋》哀公七年秋：「公伐邾婁。」八月己酉：「入邾婁。以邾婁子益來。」《公羊傳》云：「入不言伐，此其言伐何？內辭也，若使他人然。邾婁子益何以名？絕。曷為絕之？獲也。曷為不言其獲？內大惡諱也。」《穀梁傳》云：「以者，不以者也。益之名，惡也。……其言來者，有外魯之辭焉。」

〔註37〕《公羊傳》莊公十年春二月云：「牸者曰侵，精者曰伐，戰不言伐，圍不言戰，入不言圍，滅不言入。書其重者也。」《解詁》云：「牸，麤也。將兵至竟以過，侵責之，服，則引兵而去，用意尚麤。……精，猶精密也。侵責之，不服，推兵入竟，伐擊之益深，用意稍精密。……合兵血刃曰戰。……以兵守城曰圍。……得而不居曰入。……取其國曰滅。」漢‧何休：《春秋公羊經傳解詁》，清‧阮元：《十三經注疏》（二冊本）（臺北：大化書局，1982 年 10 月），頁 2231。

〔註38〕同註36。

魯伐莒取向，為內大惡，故《春秋》書莒人不肯平〔註39〕（棄怨脩好），以譏魯君伐國取邑之惡。魯君於一月之內取宋之郜，再取宋之防，毋乃太急切，為內大惡，故《春秋》書取郜於辛未，取防於辛巳，均未繫乎月〔註40〕，譏若取二邑非於一月之內。

2. 譏魯之恥

魯君受齊之脅而殺齊公子糾，《春秋》書「取」〔註41〕，譏受脅之恥。魯君欲邀衛君與會，衛君拒之，《春秋》書「弗遇」〔註42〕，譏見拒之恥。魯君使大夫公孫敖如京師弔周王之喪，不至，而奔莒，《春秋》書「復」〔註43〕，使若復命於魯君，而後奔莒，譏命不行於大夫之恥。魯君使大夫季孫行父會齊君，齊君不肯與盟，《春秋》書「齊侯弗及盟」〔註44〕，譏魯君不當使大夫

〔註39〕《春秋》宣公四年春正月：「公及齊侯平莒及郯。莒人不肯，公伐莒，取向。」《公羊傳》云：「此平莒也，其言不肯何？辭取向也。」《穀梁傳》云：「不肯者，可以肯也。公伐莒，取向，伐猶可，取向甚矣。莒人辭不受治也，伐莒，義兵也。取向，非也，乘義而為利也。」《左傳》云：「公伐莒取向，非禮也。平國以禮，不以亂。伐而不治，亂也。以亂平亂，何治之有？無治，何以行禮？」

〔註40〕《春秋》隱公十年夏六月壬戌：「公敗宋師于菅。」辛未：「取郜。」辛巳：「取防。」《公羊傳》云：「取邑不日，此何以日？一月而再取也。何言乎一月而再取？甚之也。內大惡諱。」《穀梁傳》云：「取邑不日，此其日，何也？不正其乘敗人而深為利。取二邑，故謹而日之也。」惟《公》、《穀》二傳之義嫌有未洽。

〔註41〕《春秋》莊公九年秋九月：「齊人取子糾殺之。」《公羊傳》云：「其取之何？內辭也，脅我，使我殺之也。」《穀梁傳》云：「外不言取，言取，病內也。取，易辭也，猶曰：『取其子糾而殺之。』云爾。十室之邑，可以逃難；百室之邑，可以隱死；以千乘之魯，而不能存子糾，以公為病矣。」《左傳》云：「鮑叔帥師來言曰：『子糾，親也，請君討之。管、召，讎也，請受而甘心焉。』乃殺子糾于生竇。」

〔註42〕《春秋》桓公十年秋：「公會衛侯于桃丘，弗遇。」《公羊傳》云：「其言弗遇何？公不見要也。」《穀梁傳》云：「弗遇者，志不相得也。弗，內辭也。」

〔註43〕《春秋》文公八年冬：「公孫敖如京師，不至復。」丙戌：「奔莒。」《公羊傳》云：「不至復者何？不至復者，內辭也，不可使往也。不可使往，則其言如京師何？遂公意也。何以不言出？遂在外也。」《穀梁傳》云：「不言所至，未如也。未如，則未復也。未如，而曰如，不廢君命也。未復，而曰復，不專君命也。其如，非如也。其復，非復也。唯奔莒之為信，故謹而日之也。」《左傳》云：「穆伯如周弔喪，不至，以幣奔莒。」惟《春秋》何以書「復」，三《傳》之義皆嫌有未洽。（按：《穀梁傳》與《左傳》「不至復」作「不至而復」。）

〔註44〕《春秋》文公十六年春：「季孫行父會齊侯于陽穀，齊侯弗及盟。」《公羊傳》

盟之恥。魯叔姬見出於杞〔註45〕，魯君脅杞君來逆喪以歸〔註46〕，《春秋》不
書叔姬見出，諱脅逆出妻喪之恥。以上皆以「內辭」（爲魯飾辭）書之。又魯
師失利，《春秋》書「戰」〔註47〕，諱敗績之恥。齊欲滅紀，紀求助於魯，魯
君出兵，畏而止，《春秋》書「次」〔註48〕，諱不能救之恥。魯大夫季孫宿受
君之命而救郲，又矯君之命而入莒之鄆，《春秋》書「遂」〔註49〕，諱魯君不
得爲政之恥。

二、「親周」乃以周爲宗

司馬貞云：「親周，蓋孔子之時周雖微，而親周王者，以見天下之有宗主
也。」〔註50〕蓋周王爲天下大宗，魯爲同姓之國，周、魯有血緣之親，天下
莫親於周。高士奇云：「昔周公夾輔兩朝，有大勳勞於王室。伯禽封魯，土
田附庸倍敦諸姬，號稱望國。王后、王女之歸，皆得主之。是周之最親莫
如魯，而魯所宜翼戴者莫如周也。」〔註51〕誠哉斯言。《春秋》以周爲宗，天
下一統於周，故《公羊傳》大一統〔註52〕也。《春秋》親周之義，莫若以下

云：「其言弗及盟何？不見與盟也。」《穀梁傳》云：「弗及者，內辭也。行父
失命矣，齊得內辭也。」《左傳》云：「及齊平，公有疾，使季文子會齊侯于
陽穀。請盟，齊侯不肯。曰：『請俟君間。』」

〔註45〕 按《春秋》成公四年春三月：「杞伯來朝。」《左傳》云：「歸叔姬故也。」又
《春秋》成公五年春正月：「杞叔姬來歸。」殆叔姬見出也。

〔註46〕 成公九年春正月：「杞伯來逆叔姬之喪以歸。」《公羊傳》云：「杞伯曷爲來逆
叔姬之喪以歸？內辭也，脅而歸之也。」《穀梁傳》云：「《傳》曰：『夫無逆
出妻之喪，而爲之也。』」《左傳》云：「杞桓公來逆叔姬之喪，請之也。杞叔
姬卒，爲杞故也。逆叔姬，爲我也。」

〔註47〕 《春秋》桓公十年冬十二月丙午：「齊侯、衛侯、鄭伯來戰于郎。」《公羊傳》
云：「郎者何？吾近邑也。……何以不言師敗績？內不言戰，言戰，乃敗矣。」
又《春秋》桓公十二年冬十二月：「及鄭師伐宋。」丁未：「戰于宋。」《公羊
傳》云：「何以不言師敗績？內不言戰，言戰，乃敗矣。」《穀梁傳》云：「內
不言戰，言戰則敗也。不言其人，以吾敗也。不言及者，爲內諱也。」

〔註48〕 《春秋》莊公三年冬：「公次于郎。」《公羊傳》云：「其言次于郎何？刺欲救
紀而後不能也。」《穀梁傳》云：「次，止也，有畏也，欲救紀而不能也。」

〔註49〕 《春秋》襄公十二年春：「季孫宿帥師救台，遂入運。」《公羊傳》云：「大夫
無遂事，此其言遂何？公不得爲政爾。」《穀梁傳》云：「遂，繼事也。受命
而救郲，不受命而入鄆，惡季孫宿也。」（按：《穀梁傳》「台」作「邰」、「運」
作「鄆」。）

〔註50〕 見《史記・孔子世家》注文。唐・司馬貞：《史記索隱》，同註7。

〔註51〕 清・高士奇：《左傳紀事本末》（臺北：德志出版社，1962年10月），頁3。

〔註52〕 《公羊傳》隱公元年春王正月云：「何言乎王正月？大一統也。」

數端。

（一）奉周正

　　相傳上古曆制，三正循環。夏正建寅，以正月（十三月）爲歲首；殷正建丑，以十二月爲歲首；周正建子，以十一月爲歲首〔註53〕。周王每年末頒定翌年曆書，諸侯奉而行之〔註54〕。及春秋之世，天下無道，或周王不頒朔〔註55〕，或諸侯不奉周正〔註56〕，而自行其正者〔註57〕。誠如楊伯峻云：「考之兩周彝銘，西周彝器大抵爲王朝卿士所作，記月日多言『隹（唯）王某月某日』，……悉用王曆。但東周彝器多爲列國諸侯或巨族所製，則有用本國之曆者，如郘公簠銘云『唯郘正二月初吉乙丑』，標明『郘正』，以別於『王正』；鄀國器有『鄀八月』、『鄀九月』。郘、鄀皆小國，俱不奉周曆。……魯爲周最親近之國，奉周曆唯謹。」〔註58〕《春秋》奉周正者，親周之義也。

　　惟《漢書‧律曆志上》云：「魯曆不正。」是否另有魯正？所謂「魯曆不正」者，乃「天子不能班朔」，致魯誤以「閏餘一之歲爲蔀首」而失其正〔註59〕，非另有其曆正也。

〔註53〕《史記‧曆書》：「夏正以正月，殷正以十二月，周正以十一月。蓋三王之正若循環，窮則反本。」《漢書‧楚元王傳》顏師古引張晏云：「周以十一月建子爲正，……殷以十二月建丑爲正，……夏以十三月建寅爲正。」《漢書》（臺北：鼎文書局，1974年10月），頁1951。

〔註54〕《周禮‧春官宗伯》：「頒告朔于邦國。」鄭玄云：「天子頒朔于諸侯，諸侯藏之祖廟。至朔，朝于廟，告而受行之。鄭司農云：『……以十二月朔布告天下諸侯。』」清‧阮元：《十三經注疏》（二冊本）（臺北：大化書局，1982年10月），頁817。《史記‧曆書》裴駰云：「鄭玄曰：『禮，人君每月告朔於廟，有祭，謂之朝享。』」《史記》（臺北：鼎文書局，1975年），頁1259。

〔註55〕《漢書‧律曆志上》：「周道既衰，幽王既喪，天子不能班朔，魯曆不正，以閏餘一之歲爲蔀首。」班固引孟康云：「當以閏盡歲爲蔀首，今失正，未盡一歲便以爲蔀首也。」《漢書》（臺北：鼎文書局，1974年10月），頁980～981。

〔註56〕《史記‧曆書》：「天下有道，則不失紀序；無道，則正朔不行於諸侯。幽、厲之後，周室微，陪臣執政，史不記時，君不告朔。」

〔註57〕蓋西周王室與諸侯之曆正輒爲並行，如杞、晉、鄭行夏正，宋、衛行殷正，俱並行周正。謝秀文云：「考夏、商、周各代雖有各代之正朔，但各代在曆正之實施上，輒有並行之現象，如周代自武王克商之後，雖頒建子之曆於天下，諸侯朝覲會同，用周之正朔，但各諸侯國，於其國內輒有不同於周正之曆法在。」謝秀文：〈春秋左傳記時差異探源〉，《春秋三傳考異》（臺北：文史哲出版社，1984年8月），頁130。

〔註58〕楊伯峻：《春秋左傳注》（臺北：洪葉文化事業有限公司，1993年），頁6。

〔註59〕《漢書‧律曆志上》，同註55。

（二）尊周王

周王爲諸侯之共主，天下之大宗。諸侯對周王有朝見之義務〔註60〕，故《春秋》再書「公朝于王所」〔註61〕，即尊周王之義也。

1. 諸侯不得僭號稱王

《史記・孔子世家》云：「吳、楚之君自稱王，而《春秋》貶之曰『子』。」吳本子爵，受封於周武王，至東周平王時，壽夢僭號稱王〔註62〕。楚本亦子爵，受封於周成王，至東周平王時，熊通僭號稱王〔註63〕。孔子曰：「天無二日，民無二王。」（《孟子・萬章上》）故《春秋》吳君皆書「吳子」，楚君皆書「楚子」，蓋諸侯不得僭號稱王，復其本爵耳。又《春秋》常例，諸侯葬稱公，然未見吳君與楚君葬文，《公羊傳》以爲「辟其號也」〔註64〕，蓋其葬必稱王號，《春秋》不書，以避贊其僭號。惟傅隸樸云：「《經》不書葬者，因楚子以王禮葬，必用天子葬器。改王爲子，是不假以名；不書葬，是不假以器。子曰：『唯名與器不可以假人。』〔註65〕蓋名可改，器不可改，故廢其葬。《公羊》知僭名當改，而不知僭器當廢，故其義不能謂全。」〔註66〕此說較《公羊傳》爲長。

2. 諸侯不得召周王

踐土之盟，晉君召周王與盟，《春秋》書「公朝于王所」，不書周王在踐土〔註67〕者，諱若周王在京師，未受諸侯之召然。溫之會，晉君再召周王與會，《春秋》書「天王狩于河陽」，不書周王在溫〔註68〕者，諱若周王自巡狩

〔註60〕 《禮記・王制》：「諸侯之於天子也，比年一小聘，三年一大聘，五年一朝。」《周官・大行人》：「侯服歲一見，藩服世一見。」《孟子・告子下》：「一不朝，則貶其爵；再不朝，則削其地；三不朝，則六師移之。」

〔註61〕 見《春秋》僖公二十八年夏五月、同年冬壬申。

〔註62〕 五代後蜀・馮繼先：《春秋名號歸一圖》（卷下），同註12，冊一，頁21。

〔註63〕 同註62，冊一，頁1。

〔註64〕 《春秋》宣公十八年秋甲戌：「楚子旅卒。」《公羊傳》云：「何以不書葬？吳、楚之君不書葬，辟其號也。」

〔註65〕 《左傳》成公二年冬作「唯器與名，不可以假人」。

〔註66〕 傅隸樸：《春秋三傳比義》（臺北：臺灣商務印書館，1983年5月），頁619～620。

〔註67〕 《春秋》僖公二十八年夏五月癸丑：「公會晉侯、齊侯、宋公、蔡侯、鄭伯、衛子、莒子，盟于踐土。公朝于王所。」《公羊傳》云：「曷爲不言公如京師？天子在是也。天子在是，則曷爲不言天子在是？不與致天子也。」《穀梁傳》云：「朝不言所，言所者，非其所也。」

〔註68〕 《春秋》僖公二十八年冬：「公會晉侯、齊侯、宋公、蔡侯、鄭伯、陳子、莒

〔註69〕，非受諸侯之召然。是皆《春秋》筆削之辭，不與諸侯召周王也。

3.諸侯不得專擅

周室班爵祿，皆有定制〔註70〕。《禮記・中庸》云：「非天子不議禮，不制度，不考文。」禮樂征伐，率自周王出〔註71〕。五霸「摟諸侯以伐諸侯」，孟子責爲三王之罪人〔註72〕。故非周王之命，諸侯不得專地、專封、專討。如魯君許鄭以璧易許田，《春秋》書「假」不書「易」〔註73〕，避魯、鄭二君專地之罪也。又如狄滅邢，齊君、宋君、曹君帥師不及救，《春秋》書「齊師、宋師、曹師」不書「齊君、宋君、曹君」〔註74〕；狄滅衛，齊君不能救而城

子、邾婁子、秦人于溫。天王狩于河陽。」《公羊傳》云：「狩不書，此何以書？不與再致天子也。」《穀梁傳》云：「全天王之行也，爲若將守而遇諸侯之朝也，爲天王諱也。」《左傳》云：「是會也，晉侯召王，以諸侯見，且使王狩。仲尼曰：『以臣召君，不可以訓。』故書曰：『天王狩于河陽。』言非其地也，且明德也。」然則，《史記・孔子世家》云：「踐土之會實召周天子，而《春秋》諱之曰：『天王狩於河陽』。」當據正爲：「溫之會實再召周天子，而《春秋》諱之曰：『天王狩於河陽』。」

〔註69〕《孟子・梁惠王下》：「天子適諸侯曰巡狩。巡狩者，巡所守也。」

〔註70〕《孟子・萬章下》：「天子一位，公一位，侯一位，伯一位，子、男同一位，凡五等也。君一位，卿一位，大夫一位，上士一位，中士一位，下士一位，凡六等。天子之制，地方千里，公侯皆方百里，伯七十里，子、男五十里，凡四等。不能五十里，不達於天子，附於諸侯，曰附庸。天子之卿受地視侯，大夫受地視伯，元士受地視子、男。大國地方百里，君十卿祿，卿祿四大夫，大夫倍上士，上士倍中士，中士倍下士，下士與庶人在官者同祿，祿足以代其耕也。次國地方七十里，君十卿祿，卿祿三大夫，大夫倍上士，上士倍中士，中士倍下士，下士與庶人在官者同祿，祿足以代其耕也。小國地方五十里，君十卿祿，卿祿二大夫，大夫倍上士，上士倍中士，中士倍下士，下士與庶人在官者同祿，祿足以代其耕也。耕者之所獲，一夫百畝。百畝之糞，上農夫食九人，上次食八人，中食七人，中次食六人，下食五人。庶人在官者，其祿以是爲差。」

〔註71〕《論語・季氏》：「天下有道，則禮樂征伐，自天子出。」《孟子・告子下》：「天子討而不伐，諸侯伐而不討。」

〔註72〕《孟子・告子下》：「五霸者，摟諸侯以伐諸侯者也。故曰：五霸者，三王之罪人也。」

〔註73〕同註33、34。

〔註74〕《春秋》僖公元年春：「齊師、宋師、曹師次于聶北，救邢。」《公羊傳》云：「救不言次，此其言次何？不及事也。不及事者何？邢已亡矣。孰亡之？蓋狄滅之。……曷爲先言次而後言救？君也。君則其稱師何？不與諸侯專封也。」《穀梁傳》云：「救不言次，言次非救也。非救而曰救，何也？遂齊侯之意也。……其不言齊侯，何也？以其不足乎揚，不言齊侯也。」

（脩築城池）之，《春秋》不書齊君城之〔註75〕；楚滅陳、蔡，復使二國之嗣子各歸主其國，《春秋》書「歸」〔註76〕；皆不與楚君專封也。再如陳卿夏徵舒弑其君，楚君伐陳亂，入而殺之，《春秋》貶楚君爲楚人〔註77〕，不與楚君專討也。

4.諸侯不得違逆周王之命

周王至尊，尊卑有序。諸侯伐秦，道經京師，猶不敢過而不朝〔註78〕，況逆命犯上乎！齊、宋、陳、蔡之君違逆周王之命，伐衛納（扶立）朔爲君，《春秋》書「齊人、宋人、陳人、蔡人」不書「齊君、宋君、陳君、蔡君」，書「伐衛」不書「納朔」〔註79〕者，貶諸侯違逆周王之命也。王子朝據周之

〔註75〕《春秋》僖公二年春正月：「城楚丘。」《公羊傳》云：「孰城？城衛也。曷爲不言城衛？滅也。孰滅之？蓋狄滅之。……孰城之？桓公城之。曷爲不言桓公城之？不與諸侯專封也。」《穀梁傳》云：「楚丘者何？衛邑也。……其不言城衛，何也？衛未遷也。其不言衛之遷焉，何也？不與齊侯專封也。其言城之者，專辭也。故非天子不得專封諸侯。」《左傳》云：「諸侯城楚丘而封衛焉。」

〔註76〕《春秋》昭公八年冬十月壬午：「楚師滅陳。」昭公十一年冬十一月丁酉：「楚師滅蔡。」昭公十三年秋：「蔡侯廬歸于蔡，陳侯吳歸于陳。」《公羊傳》云：「此皆滅國也，其言歸何？不與諸侯專封也。」《穀梁傳》云：「此未嘗有國也，使如失國辭然者，不與楚滅也。」《左傳》云：「（楚）平王即位，既封陳、蔡，而皆復之，禮也。隱大子之子廬，歸于蔡，禮也。悼大子之子吳，歸于陳，禮也。」

〔註77〕《春秋》宣公十年夏五月癸巳：「陳夏徵舒弑其君平國。」宣公十一年冬十月：「楚人殺陳夏徵舒。」《公羊傳》云：「此楚子也，其稱人何？貶。曷爲貶？不與外討也。不與外討者，因其討乎外而不與也。……諸侯之義，不得專討也。」《穀梁傳》云：「此入而殺也。……明楚之討有罪也。」

〔註78〕《春秋》成公十三年春三月：「公如京師。」同年夏五月：「公自京師，遂會晉侯、齊侯、宋公、衛侯、鄭伯、曹伯、邾婁人、滕人伐秦。」《公羊傳》云：「其言自京師何？公鑿行也。公鑿行奈何？不敢過天子也。」（按：鑿行者，謂更起意而朝王也。不敢過天子者，不敢過天子而不朝也。）《穀梁傳》云：「言受命，不敢叛周也。」《左傳》云：「公及諸侯朝王，遂從劉康公、成肅公會晉侯伐秦。」

〔註79〕《春秋》莊公五年冬：「公會齊人、宋人、陳人、蔡人伐衛。」莊公六年春正月：「王人子突救衛。」同年夏六月：「衛侯朔入于衛。」《公羊傳》云：「此伐衛何？納朔也。曷爲不言納衛侯朔？辟王也。」又云：「衛侯朔何以名？絕。曷爲絕之？犯命也。其言入何？篡辭也。」《穀梁傳》云：「是齊侯、宋公也，其曰人，何也？人諸侯，所以人公也。其人公，何也？逆天王之命也。」又云：「其不言伐衛納朔，何也？不逆天王之命也。」《左傳》云：「伐衛，納惠公也。」（按：衛惠公即衛侯朔。）

郊邑爲亂，晉師合王師而圍之，《春秋》書「郊」不書「周邑」〔註80〕者，不與晉師伐周王之邑也。晉敗王師于貿戎，《春秋》書「王師敗績」，不書晉敗之〔註81〕者，不與晉師敵王師也。

（三）內周室

《春秋》宣公十六年夏：「成周宣謝災。」〔註82〕《公羊傳》云：「成周者何？東周也。宣謝者何？宣宮之謝也。何言乎成周宣謝災？樂器藏焉爾。成周宣謝災，何以書？記災也。外災不書，此何以書？新周也。」〔註83〕《春秋》本是魯史，「錄內而略外」（《公羊傳》隱公十年夏六月壬戌），故以記魯災爲主；至於魯國以外之災，則不書，即所謂「外災不書」也。惟孔子尊周，周爲魯之宗主，周、魯有尊卑之分，而無內外之別，故「成周宣謝災」，書之者，《春秋》內周室也，非「外災」明矣。又自古「新」、「親」二字輒以形近致誤〔註84〕，「新周」當作「親周」。周、魯宗族血緣關係至親，《公羊傳》據實而言耳。

李光地云：「此言成周何？以王朝宗廟之重，言宣謝則疑魯，言京師則不親，故舉國號以書，若曰此非異代之謝也。《公羊》新周者，親周也。」〔註85〕此說甚得《春秋》內周室之義。至於《穀梁傳》云：「周災不志也。」《春秋》已志之，何言不志？楊士勛云：「徐邈所據本云：『周災至。』注云：『重王室

〔註80〕《春秋》昭公二十三年春：「晉人圍郊。」《公羊傳》云：「郊者何？天子之邑也。曷爲不繫于周？不與伐天子也。」《左傳》云：「正月壬寅朔，二師圍郊。……丁未，晉師在平陰，王師在澤邑，王使告閒。」

〔註81〕《春秋》成公元年秋：「王師敗績于貿戎。」《公羊傳》云：「孰敗之？蓋晉敗之。或曰：貿戎敗之。然則曷爲不言晉敗之？王者無敵，莫敢當也。」《穀梁傳》云：「不言戰，莫之敢敵也。……敗不諱敵，尊尊親親之義也。然則孰敗之？晉也。」

〔註82〕《公羊傳》作「成周宣謝災」，《穀梁傳》作「成周宣榭災」，《左傳》作「成周宣榭火」。何謂「宣謝」？《公羊傳》以爲「宣宮之謝也」（周宣王之廟），「樂器藏焉」。《穀梁傳》亦以爲「樂器之所藏」。晉·杜預以爲「宣榭，講武屋，別在洛陽者。」唐·孔穎達以爲「榭是講武屋也，名之曰宣，則其義未聞。」說法不一。本文採《公羊傳》之說。

〔註83〕同註12，頁2287。

〔註84〕如《尚書·金縢》：「惟朕小子其新逆。」（周成王將親迎周公）新逆，當作親逆。《韓非子·亡徵》：「親臣進而故人退。」親臣，當作新臣。《禮記·大學》：「在親民。」朱熹《大學章句》云：「程子曰：『親，當作新。』」親民，當作新民。

〔註85〕清·李光地：《榕村語錄》（北京：中華書局，1995年6月），頁283。

－31－

也。』今遍檢范本，並有『不』字，則不得解與徐同也。」〔註86〕鍾文烝云：
「疏『至』字，乃『志』之誤。謂徐本無『不』字耳，徐本是也。……徐云
『重王室』，其義允當。」〔註87〕然則，《穀梁傳》當云：「周災志也。」其義
與《公羊傳》固不相悖也。

三、「故殷」乃以殷爲本

張守節云：「殷，中也。又中運夏、殷、周之事也。」〔註88〕按《正義》
於義不可通。崔適云：「『運』，當爲『通』，形近致誤也。……通之三代也。
張守節以『故殷』屬下讀，而別爲作訓。豈有殷、周並稱，而殷非國名者乎！」
〔註89〕宜據正。蓋孔子乃殷人之後〔註90〕，殷爲孔子祖宗之邦。《春秋》故殷，
故者，本也〔註91〕；故殷者，以殷爲本也。宋奉殷祀，《春秋》重書宋事，亦
故殷故。

（一）為宋記災異

《春秋》「錄內而略外」（《公羊傳》隱公十年夏六月壬戌），「內其國而外
諸夏，內諸夏而外夷狄」（《公羊傳》成公十五年冬十一月），故「外災不書」
（「外災不志」）〔註92〕。惟非魯災而書者有四：其一，周災，凡一例（「成周
宣謝災」）〔註93〕，親周故，周、魯無內外之別，前嘗言之矣。其二，齊災，
凡一例〔註94〕，蓋齊大災而及魯，實以內錄之，據魯故。其三，陳災，凡一

〔註86〕唐・楊士勛：《春秋穀梁傳注疏》，清・阮元：《十三經注疏》（二冊本）（臺北：大化書局，1982年10月），頁2415。
〔註87〕清・鍾文烝：《春秋穀梁經傳補注》（北京：中華書局，1996年7月），頁461。
〔註88〕見《史記・孔子世家》注文。唐・張守節：《史記正義》，《史記》（臺北：鼎文書局，1975年），頁1944。
〔註89〕清・崔適：《史記探源》，同註6，頁194。
〔註90〕《史記・孔子世家》：「孔子生魯昌平鄉陬邑。其先宋人也，曰孔防叔。防叔生伯夏，伯夏生叔梁紇，紇與顏氏女野合而生孔子。」《禮記・檀弓上》：「夫子曰：『……丘也，殷人也。』」
〔註91〕如《荀子・性惡》：「凡禮義者，是生於聖人之僞，非故生於人之性也。」故者，本也。《史記・淮南衡山列傳》：「微子過故國而悲。」故國者，本國也，祖國也。
〔註92〕分見《公羊傳》莊公十一年秋、莊公二十年夏、宣公十六年夏、襄公九年春，《穀梁傳》莊公十一年秋、文公三年秋、襄公九年春。
〔註93〕見《春秋》宣公十六年夏。《公羊傳》作「成周宣謝災」。
〔註94〕《春秋》莊公二十年夏：「齊大災。」《公羊傳》云：「外災不書，此何以書？及我也。」《穀梁傳》云：「其志，以甚也。」

例〔註95〕，時陳已亡於楚〔註96〕，諸夏不與夷狄之滅中國，咸盼逐楚而建陳，孔子悲憫之，亦親周故。以上皆非故殷例。其四，宋災，凡三例：

例一，《春秋》莊公十一年秋：「宋大水。」《公羊傳》以其「及我」，惟《左傳》記魯使往弔，未見災及魯之文〔註97〕，則「及我」之說無據。《穀梁傳》以宋為「王者之後」，惟陳亦為王者之後，未見以此記災〔註98〕，不得為義例。記「宋大水」者，故殷故。

例二，《春秋》襄公九年春：「宋火。」（《穀梁傳》及《左傳》皆作「宋災」）《公羊傳》以為「為王者之後記災」，不得為義例，前已言之矣。《穀梁傳》以為「故宋」，即故殷故，甚得《春秋》之義。

例三，《春秋》襄公三十年夏五月甲午：「宋災。」同年多晉、齊、宋、衛、鄭、曹、莒、邾婁、滕、薛、杞、小邾婁諸國大夫會于澶淵，以謀濟宋〔註99〕。記「宋災」者，故殷故。

又《春秋》「外異不書」〔註100〕。除天文（日食等）及氣候（雨雪等）異象，為天下記異外，非魯異而書者有三：其一，晉異，凡二例（沙鹿崩、梁山崩）〔註101〕，前者「無崩道而崩」，後者「壅遏河三日不流」，乃「為天

〔註95〕　《春秋》昭公九年夏四月：「陳災。」（《公羊傳》及《穀梁傳》皆作「陳火」。）《公羊傳》云：「陳已滅矣，其言陳火何？存陳也。曰存陳，悕矣。」悕，悲憫也。《穀梁傳》云：「此何以志？閔陳而存之也。」《左傳》云：「今火出而火陳，逐楚而建陳也。」

〔註96〕　《春秋》昭公八年冬十月壬午：「楚師滅陳。」

〔註97〕　《左傳》莊公十一年秋云：「公使弔焉，曰：『天作淫雨，害於粢盛，若之何不弔！』對曰：『孤實不敬，天降之災，又以為君憂，拜命之辱。』臧文仲曰：『宋其興乎！禹、湯罪己，其興也悖焉。桀、紂罪人，其亡也忽焉。且列國有凶，稱孤，禮也。言懼而名禮，其庶乎！』既而聞之，曰公子御說之辭也。臧孫達曰：『是宜為君，有恤民之心。』」

〔註98〕　同註95。

〔註99〕　《春秋》襄公三十一年冬：「晉人、齊人、宋人、衛人、鄭人、曹人、莒人、邾婁人、滕人、薛人、杞人、小邾婁人會于澶淵。宋災故。」

〔註100〕　分見《公羊傳》僖公十四年秋八月、僖公十六年春正月、文公三年秋、成公五年夏、昭公十八年夏五月壬午。

〔註101〕　例一，《春秋》僖公十四年秋八月辛卯：「沙鹿崩。」《公羊傳》云：「沙鹿者何？河上之邑也。此邑也，其言崩何？襲邑也。沙鹿崩，何以書？記異也。外異不書，此何以書？為天下記異也。」《穀梁傳》云：「林屬於山為鹿。沙，山名也。無崩道而崩，故志之也。其日，重其變也。」例二，《春秋》成公五年夏：「梁山崩。」《公羊傳》云：「梁山者何？河上之山也。梁山崩，何以書？記異也。何異爾？大也。何大爾？梁山崩，壅河三日不流。外異不書，此何以書？為天下記異也。」《穀梁傳》云：「不日，何也？高者有崩道也。有崩

下記異」，親周故。其二，宋、衛、陳、鄭災，凡一例〔註102〕，以「異其同日而俱災」，乃「爲天下記異」，親周故；其中宋災，亦故殷故。其三，宋異，凡二例：

例一，《春秋》僖公十六年春正月戊申朔：「霣石于宋五。」同月：「六鶂退飛過宋都。」《公羊傳》以爲「爲王者之後記異」；按「爲王者之後記災」不得爲義例，前已言之矣，「異大乎災」（《公羊傳》定公元年冬十月），舉輕以包重，則「爲王者之後記異」亦不得爲義例也。《穀梁傳》不以爲異〔註103〕。記「五石六鶂」者，故殷故。

例二，《春秋》文公三年秋：「雨螽于宋。」《公羊傳》以爲「爲王者之後記異」，不得爲義例，前已言之矣。《穀梁傳》則以爲「災甚」，不以爲異。記「雨螽于宋」者，故殷故。

（二）尊宋襄公

春秋時代，五霸迭興。惟五霸之說，歷來不一，現行以「齊桓公、晉文公、秦穆公、宋襄公、楚莊王」〔註104〕爲通說。惟宋襄公敗齊于甗之後，不附者眾；盂之會，楚君執宋襄公以伐宋〔註105〕；泓之戰，宋襄公及楚人戰，不重傷，不禽二毛，不以阻隘，不鼓不成列〔註106〕，卒敗績，霸業未成。孔子以爲「晉文公譎而不正，齊桓公正而不譎。」（《論語·憲問》）孟子則以爲孔子取齊桓、晉文之事以治《春秋》〔註107〕。皆不及宋襄公。按《春秋》記

〔註102〕 道，則何以書也？曰梁山崩，壅遏河三日不流。」
《春秋》昭公十八年夏五月壬午：「宋、衛、陳、鄭災。」《公羊傳》云：「何以書？記異也。何異爾？異其同日而俱災也。外異不書，此何以書？爲天下記異也。」《穀梁傳》云：「其志，以同日也。」

〔註103〕 《穀梁傳》僖公十六年春正月云：「子曰：『石，無知之物。鶂，微有知之物。』……君子之於物，無所苟而已。石、鶂且猶盡其辭，而況於人乎？故五石、六鶂之辭不設，則王道不充矣。」「鶂」、「鶂」二字通。

〔註104〕 《白虎通義·號》五霸有三說：一爲「昆吾氏、大彭氏、豕韋氏、齊桓公、晉文公」，二爲「齊桓公、晉文公、秦穆公、楚莊王、吳王闔廬」，三爲「齊桓公、晉文公、秦穆公、宋襄公、楚莊王」。漢·班固：《白虎通義》（臺北：臺灣商務印書館，1968年3月），頁46、48、50。《荀子·王霸》則以「齊桓、晉文、楚莊、吳闔閭、越勾踐」爲五霸。

〔註105〕 見《春秋》僖公二十一年秋。「盂」，《公羊傳》作「霍」，《穀梁傳》作「雩」。

〔註106〕 見《左傳》僖公二十二年冬十一月己巳朔。

〔註107〕 《孟子·離婁下》：「孟子曰：『王者之跡熄，而《詩》亡；《詩》亡，然後《春秋》作。晉之《乘》，楚之《檮杌》，魯之《春秋》，一也。其事則齊桓、晉文，其文則史。孔子曰：「其義則丘竊取之矣。」』」

事，以事繫日，以日繫月，以月繫時，以時繫年，以輕重遠近為詳略；虘、泓之戰于僖公十八年、二十二年，與魯無關，時、事俱遠，援例記時或記月可也，惟《春秋》記虘之戰于「夏五月戊寅」，記泓之戰于「冬十一月己巳朔」。纂詳若此，何也？故宋故。本來霸不必五，《春秋》尊宋襄公若霸主然。

四、「據魯、親周、故殷」乃親親之義

　　綜據本節，「據魯、親周、故殷」乃司馬遷發明孔子脩《春秋》之本位立場。魯為孔子父母之國，據魯者，親親之義也。周為魯同姓之宗，親周者，親親之義也。殷為孔子祖宗之邦，故殷者，亦親親之義也。親親者，謂親其所當親也。《春秋》之義，一以貫之矣。阮元以《史記》「親周」一詞係「新周」之誤〔註108〕，於義反不可通矣。

　　親親之義，《公》、《穀》二傳因之。魯公子慶父、公子牙通乎莊公夫人，公子友（季子）不忍見而如陳，《公羊傳》以為親親〔註109〕，此其一也。牙謀弒莊公，季子酖之，《春秋》書「公子牙卒」，不稱季子以弟刺兄，《公羊傳》以為親親〔註110〕，此其二也。莊公病死，子般繼位，慶父使僕人鄧扈樂弒之，然後誅鄧扈樂而歸獄焉，季子不誅慶父，《公羊傳》以為親親〔註111〕，此其三也。閔公繼子般為君，慶父弒之，出奔莒，季子不誅慶父，緩追逸賊，《公羊

〔註108〕清・阮元：《春秋公羊注疏校勘記》，《十三經注疏》（二冊本）（臺北：大化書局，1982年10月），頁2289。

〔註109〕《春秋》莊公二十七年秋：「公子友如陳，葬原仲。」《公羊傳》云：「原仲者何？陳大夫也。大夫不書葬，此何以書？通乎季子之私行也。何通乎季子之私行？辟內難也。君子辟內難，而不辟外難，內難者何？公子慶父、公子牙、公子友，皆莊公之母弟也。公子慶父、公子牙通乎夫人，以脅公。季子起而治之，則不得與于國政；坐而視之，則親親，因不忍見也。故於是復請至于陳，而葬原仲也。」

〔註110〕《春秋》莊公三十二年秋七月癸巳：「公子牙卒。」《公羊傳》云：「何以不稱弟？殺也。殺則曷為不言刺？為季子諱殺也。曷為為季子諱殺？季子之過惡也。……莊公病，將死。……牙弒械成，季子和藥而飲之，……至乎王堤而死。……誅不得辟兄，君臣之義也。然則曷為不直誅而酖之？行誅乎兄，隱而逃之，使託若以疾死然，親親之道也。」

〔註111〕《春秋》閔公元年春正月。《公羊傳》云：「公何以不言即位？繼弒君，不言即位。孰繼？繼子般也。孰弒子般？慶父也。殺公子牙，今將爾，季子不免。慶父弒君，何以不誅？將而不免，過惡也。既而不可及，因獄有所歸，不探其情而誅焉，親親之道也。惡乎歸獄？歸獄僕人鄧扈樂。……慶父……使弒子般，然後誅鄧扈樂而歸獄焉，季子至而不變也。」

傳》以爲親親〔註112〕，此其四也。《公羊傳》數爲季子不誅慶父諱，即意在凸顯親親之義。又鄭伯殺弟段于鄢，《穀梁傳》雖賤段失子弟之道，而甚鄭伯之處心積慮，以爲鄭伯宜緩追逸賊〔註113〕，亦親親之義也。

孟子曰：「親親，仁也。」「親親而仁民，仁民而愛物。」（《孟子・盡心上》）《禮記・中庸》云：「仁者，人也，親親爲大。義者，宜也，尊賢爲大。親親之殺，尊賢之等，禮所生也。」又〈大傳〉云：「是故人道親親也，親親故尊祖，尊祖故敬宗，敬宗故收族，收族故宗廟嚴，宗廟嚴故重社稷，重社稷故愛百姓，愛百姓故刑罰中，刑罰中故庶民安，庶民安故財用足，財用足故百志成，百志成故禮俗刑，禮俗刑然後樂。」蓋春秋時期，禮崩樂壞，天下失序。《春秋》倡親親之義，先親其親，比親及疏，施仁安民，推近而遠，乃所以恢復禮治，重建倫理秩序也。

第二節　董仲舒「親周、故宋、以《春秋》當新王」

西漢景帝時，公羊壽與其弟子胡母子都著《公羊傳》於竹帛〔註114〕，胡母子都與董仲舒同爲最早之《春秋》公羊學博士〔註115〕。董仲舒「說《春秋》事得失，《聞舉》、《玉杯》、《蕃露》、《清明》、《竹林》之屬，復數十篇，十餘萬言，皆傳於後世。」（《漢書・董仲舒傳》）部分篇章彙集於今本《春秋繁露》中，與《公羊傳》並爲現存最早之公羊學著作。

《春秋繁露・三代改制質文》首見「王魯」一詞，有「親周、故宋、以《春秋》當新王」之語。是以關於王魯說意涵之演變，首當探究《春秋繁

〔註112〕《春秋》閔公二年秋八月辛丑：「公薨。」九月：「公子慶父出奔莒。」《公羊傳》云：「公薨何以不地？隱之也。何隱爾？弒也。孰弒之？慶父也。殺公子牙，今將爾，季子不免。慶父弒二君，何以不誅？將而不免，過惡也。既而不可及，緩追逸賊，親親之道也。」

〔註113〕《春秋》隱公元年夏五月：「鄭伯克段于鄢。」《穀梁傳》云：「段，弟也，而弗謂弟；公子也，而弗謂公子，貶之也。段失子弟之道矣，賤段而甚鄭伯也。何甚乎鄭伯？甚鄭伯之處心積慮，成於殺也。于鄢，遠也，猶曰取之其母之懷中而殺之云爾，甚之也。然則爲鄭伯者宜奈何？緩追逸賊，親親之道也。」

〔註114〕漢・何休：〈春秋公羊經傳解詁序〉，同註37，頁2190。

〔註115〕《史記・儒林列傳》云：「胡母生，齊人也，孝景時爲博士，以老歸教授。齊之言《春秋》者，多受胡母生。」「董仲舒，廣川人也。以治《春秋》，孝景時爲博士。」「言《春秋》，於齊、魯自胡母生，於趙自董仲舒。」

露》。

《春秋繁露‧三代改制質文》云：

> 王者必受命而後王，王者必改正朔，易服色，制禮樂，一統於天下，所以明易姓，非繼人，通以己受之於天也。……故湯受命而王，應天變夏，作殷號，時正白統，親夏、故虞、紬唐，謂之帝堯，以神農爲赤帝，作宮邑於下洛之陽，名相官曰尹，作濩樂、制質禮以奉天。文王受命而王，應天變殷，作周號，時正赤統，親殷、故夏、紬虞，謂之帝舜，以軒轅爲黃帝，推神農以爲九皇，作宮邑於豐，名相官曰宰，作武樂、制文禮以奉天。武王受命，作宮邑於鄗，制爵五等，作象樂，繼文以奉天。周公輔成王受命，作宮邑於洛陽，成文武之制，作汋樂以奉天。殷湯之後稱邑，示天之變反命，故天之命[註116]無常，唯德是慶[註117]。故《春秋》應天，作新王之事，時正黑統，王魯，尚黑，紬夏、親周、故宋，樂宜用招舞[註118]，故以虞錄親，制爵[註119]宜商，合伯、子、男爲一等。……《春秋》作新王之事，變周之制，當正黑統，而殷、周爲王者之後，紬夏，改號禹謂之帝，錄其後以小國，故曰：紬夏、存周，以《春秋》當新王。[註120]

或謂《公羊傳》固有王魯之例，引《春秋》成公十五年冬十一月「外吳殊會」[註121]之說，以爲「《公羊》明言王者欲一乎天下當自近者始，此《春秋》內外之辭，亦三科九旨一內外之義，故魯大夫序於最前，諸夏其次，夷狄最末。謂內其國者，假魯國爲京師也，京師王者之所在，故知《公羊》稱欲一乎天

[註116]「天之命」，原作「天子命」。蘇輿云：「『子』，疑作『之』。」從其校改。同註3，頁187。

[註117]「唯德是慶」，原作「唯命是德慶」。蘇輿云：「疑作『唯德是慶』。」從其校改。慶，賞賜也。同註117。

[註118]「樂宜用招舞」，原作「樂宜親招武」。蘇輿云：「上『親』字，疑『用』之誤。」從其校改。招舞，即韶舞；「招」、「韶」二字通。同註117，頁191。

[註119]「制爵」，原作「樂制」。蘇輿引盧文弨云：「『樂制』，疑當作『制爵』。」從其校改。同註117。

[註120]漢‧董仲舒：《春秋繁露‧三代改制質文》，同註4，卷七，頁2～6。

[註121]《春秋》成公十五年冬十一月：「叔孫僑如會晉士燮、齊高無咎、宋華元、衛孫林父、鄭公子鰍、邾婁人，會吳于鍾離。」《公羊傳》云：「曷爲殊會吳？外吳也。曷爲外也？《春秋》內其國而外諸夏，內諸夏而外夷狄。王者欲一乎天下，曷爲以外內之辭言之？言自近者始也。」

下之『王者』，即主會之魯國是也。」〔註122〕按魯大夫序於最前者，《春秋》
據魯故；內其國者，亦《春秋》據魯故。《公羊傳》因《春秋》據魯，以申親
親之義，非關王魯。又以內外之辭爲以魯爲京師，乃何休後起之說，非《公
羊傳》之義也。「外吳殊會」固不得爲《公羊傳》王魯說之義例也。《公羊傳》
雖無其例，是否有其說，亦甚隱晦，尚難驟斷，可參閱本文第三章第三節。
據今所見文獻，則王魯說當倡自董仲舒，而非《公羊傳》也。

一、「親周、故宋」乃擬魯繼周而興

（一）擬魯而王

《春秋》應天，作新王之事，改正朔、易服色、制禮樂，明異姓受命。《春
秋繁露・三代改制質文》書「王魯」者，蓋董仲舒擬魯以爲新號。

1. 制爵變五等為三等

新王之事，以制爵爲例，「周爵五等，《春秋》三等」〔註123〕。周武王爲
周之新王，魯君爲《春秋》之新王，皆有制爵之事，即董仲舒所謂武王「制
爵五等」，《春秋》制爵「合伯、子、男爲一等」者也。故周爵有公、侯、伯、
子、男五等；《春秋》改周爵之制，公一等，侯一等，「伯、子、男」一等，
凡三等。

《春秋繁露・爵國》云：「《春秋》曰：『會宰周公。』又曰：『公會齊侯、
宋公、鄭伯、許男、滕子。』又曰：『初獻六羽。』《傳》曰：『天子三公稱公，
王者之後稱公，其餘大國稱侯，小國稱伯、子、男。』凡五等，故周爵五等，
士三品，文多而實少；《春秋》三等，合伯、子、男爲一爵，士二品，文少而
實多。」〔註124〕考董仲舒所引，魯君會宰周公于葵丘，事見《春秋》僖公九
年夏，與會者尚有齊侯、宋子、衛侯、鄭伯、許男、曹伯，《左傳》以爲，此
會在「尋盟且脩好」；魯君會齊侯、宋公、鄭伯、許男、滕子，同盟于幽，事
見《春秋》莊公十六年多十二月，與會者尚有陳侯、衛侯、曹伯、滑伯，《左
傳》以爲，此盟乃由「鄭成」（諸侯懲鄭背鄄之盟，因鄭服而成幽之盟）；「初
獻六羽」，事見《春秋》隱公五年秋九月，《公羊傳》以爲，《春秋》書其事者，

〔註122〕曾志偉：《春秋公羊傳三科九旨發微》（花蓮：國立東華大學中國語文學系碩
士論文，1995年7月29日），頁23。
〔註123〕漢・董仲舒：《春秋繁露・三代改制質文》，同註4，卷七，頁6。
〔註124〕漢・董仲舒：《春秋繁露・爵國》，同註4，卷八，頁2。

「譏始僭諸公也」。據此，《公羊傳》與《左傳》實俱未見王魯說《春秋》制爵三等之義。

　　《春秋繁露・三代改制質文》云：「《春秋》鄭忽何以名？《春秋》曰：『伯、子、男一也，辭無所貶。』何以為一？曰：『周爵五等，《春秋》三等。』」〔註125〕按所引「《春秋》曰」者，《公羊傳》之文也。《春秋》桓公十一年秋「鄭忽出奔衛。」《穀梁傳》云：「鄭忽者，世子忽也。其名，失國也。」鄭忽繼君位而遭廢斥，《春秋》書其名不書其爵者，《穀梁傳》以為「失國也」；有新君立，故改稱「世子忽」。《公羊傳》則云：「忽何以名？《春秋》伯、子、男一也，辭無所貶。」鄭為伯爵，忽失國稱名，非貶之也，蓋子爵、男爵失國亦然，《公羊傳》之義也。《公羊傳》以伯、子、男失國俱稱名，董仲舒變以為「合伯、子、男為一爵」，所謂「周爵五等，《春秋》三等」，殆離《傳》而說擬魯新王改制之義也。

2. 制禮救文以質

　　孔子曰：「周監於二代，郁郁乎文哉！吾從周。」（《論語・八佾》）邢昺云：「《正義》曰：『此章言周之禮文猶備也。』『周監於二代，郁郁乎文哉』者，監，視也；二代，謂夏、商；郁郁，文章貌。言以今周代之禮法文章，迴視夏、商二代，則周代郁郁乎有文章哉。『吾從周』者，言周之文章備於二代，故從而行之也。」〔註126〕故孔子所謂「文」者，即典章制度也。周之典章制度備於夏、商，故孔子從而行之。惟董仲舒以為，殷「制質禮以奉天」，周「制文禮以奉天」〔註127〕；周文之弊，在功利與虛偽，是故《春秋》「救文以質」〔註128〕，「立新王之道，明其貴志以反利〔註129〕，見其好誠以滅偽。」〔註130〕蓋董仲舒所謂「文」者，乃與「質」相對，指典章制度之屬性，非典章制度之本身也，未可與前引孔子之語混為一談。

　　《春秋繁露・玉杯》云：「《春秋》之論事，莫重於志。」〔註131〕蓋「志

〔註125〕同註123。
〔註126〕宋・邢昺：《論語注疏解經》，清・阮元：《十三經注疏》（二冊本）（臺北：大化書局，1982年10月），頁2467。
〔註127〕漢・董仲舒：《春秋繁露・三代改制質文》，同註4，卷七，頁3。
〔註128〕漢・董仲舒：《春秋繁露・王道》，同註4，卷四，頁6。
〔註129〕「利」，原作「和」。蘇輿云：「『和』，疑『利』之誤，『誠』、『偽』對文可證。」從其校改。同註3，頁30。
〔註130〕漢・董仲舒：《春秋繁露・玉杯》，同註4，卷一，頁7。
〔註131〕同註130，頁6。

為質，物為文，文著於質，質不居文，文安施質；質、文兩備，然後其禮成。……寧有質而無文。」〔註132〕志即質，質即內容、實質；物即文，文即文飾、表象。實質與表象二者，以實質為重。如《春秋》文公二年冬「公子遂如齊納幣。」《公羊傳》云：「納幣不書，此何以書？譏。何譏爾？譏喪娶也。娶在三年之外，則何譏乎喪娶？三年之內不圖婚。」按古代喪法之制，父喪三年（二十五月）內不得婚娶，文公於其父僖公喪四十一月，使公子遂迎娶齊女，《春秋》仍書而譏之，何也？蓋圖婚於三年喪期之內。〈玉杯〉亦云：「取必納幣，納幣之月在喪分，故謂之喪取也。」〔註133〕惟「《春秋》之序道也，先質而後文」〔註134〕，文公迎娶齊女，乃先文而後質，非《春秋》之序道也，故為《春秋》所不容，說與《公羊傳》貌同而實異也。

又《春秋繁露·王道》云：「宋伯姬曰：『婦人夜出，傅母不在，不下堂。』〔註135〕曰：『古者，周公東征，則西國怨。』〔註136〕桓公曰：『無貯粟，無鄣谷，無易樹子，無以妾為妻。』〔註137〕宋襄公曰：『不鼓不成列，不阨人。』〔註138〕莊王曰：『古者，杅不穿，皮不蠹，則不出。君子篤於禮，薄於利；要其人，不要其土；告從不赦，不祥；強不陵弱。』〔註139〕齊頃公弔死視疾〔註140〕。孔父正色而立於朝，人莫過而致難乎其君〔註141〕。齊國佐不辱君命，而尊齊侯。」〔註142〕凡八例〔註143〕，以為俱見《春秋》擬魯新王改

〔註132〕同註130，頁6～7。

〔註133〕同註130，頁6。

〔註134〕同註130，頁7。

〔註135〕見《公羊傳》襄公三十年秋七月。

〔註136〕見《公羊傳》僖公四年夏。

〔註137〕見《公羊傳》僖公三年秋。

〔註138〕見《公羊傳》僖公二十二年冬十一月己巳朔。

〔註139〕見《公羊傳》宣公十二年夏六月乙卯。

〔註140〕《春秋》成公八年春：「晉侯使韓穿來言汶陽之田，歸之于齊。」《公羊傳》云：「來言者何？內辭也，脅我使我歸之也。曷為使我歸之？鞍之戰，齊師大敗。齊侯歸，弔死視疾，七年不飲酒、不食肉。晉侯聞之，曰：『嘻！奈何使人之君，七年不飲酒、不食肉。請皆反其所取侵地。』」

〔註141〕《春秋》桓公二年春正月戊申：「宋督弒其君與夷，及其大夫孔父。」《公羊傳》云：「孔父可謂義形於色矣。其義形於色奈何？督將弒殤公，孔父生而存，則殤公不可得而弒也，故於是先攻孔父之家。殤公知孔父死，己必死，趨而救之，皆死焉。孔父正色而立於朝，則人莫敢過，而致難於其君者。孔父可謂義形於色矣！」

〔註142〕《春秋》成公二年秋七月：「齊侯使國佐如師。」己酉：「及國佐盟于袁婁。」《公羊傳》云：「晉郤克與臧孫許同時而聘于齊。……二大夫歸，相與率師為

制，救文以質之義。

（二）擬魯存續殷周王者之後

　　《荀子‧王制》云：「王者之制，道不過三代，法不二後王。」孟子以夏、殷、周為三代〔註144〕，《公羊傳》、《穀梁傳》以宋為王者之後〔註145〕，皆與「王者之制」合。董仲舒擬魯代興，演荀子之說，合殷、周為三代，存續殷、周二王之後〔註146〕，親周、故宋而絀夏。親，當作新〔註147〕。故者，舊也。絀者，退也。周新為王者之後，故曰親周。宋仍舊為王者之後，故曰故宋。夏退於三代之外，故曰絀夏。又「天子不能奉天之命，則廢而稱公，王者之後是也。」〔註148〕故「王者之後稱公」〔註149〕。《春秋》固稱宋君為公矣，惟周實未見黜，周王不得廢而稱公，蓋「義不訕上，智不危身」〔註150〕。「義不訕上」者，《春秋》有不妄毀君上之義也；「智不危身」者，孔子有不危及自身之智也。「故遠者以義諱，近者以智畏，畏與義兼，則世逾近，而言逾謹。」〔註151〕至於杞為夏王之後，惟《春秋》稱杞君為伯〔註152〕，不稱公者，絀夏故，「弗同王者之後也」〔註153〕；又稱子〔註154〕者，「見殊之小國也」

　　　鞍之戰，齊師大敗。齊侯使國佐如師。郤克曰：『與我紀侯之甗，反魯、衛之侵地，使耕者東畝，且以蕭同姪子為質，則吾舍子矣。』國佐曰：『與我紀侯之甗，請諾。反魯、衛之侵地，請諾。使耕者東畝，是則土齊也。蕭同姪子者，齊君之母也；齊君之母，猶晉君之母也，不可，請戰。壹戰不勝，請再；再戰不勝，請三；三戰不勝，則齊國盡子之有也，何必以蕭同姪子為質！』揖而去之。郤克眣魯、衛之使，使以其辭而為之請，然後許之。逮于袁婁而與之盟。」

〔註143〕漢‧董仲舒：《春秋繁露‧王道》，同註4，卷四，頁6。

〔註144〕《孟子‧滕文公上》：「夏曰校，殷曰序，周曰庠，學則三代共之。」

〔註145〕見《公羊傳》僖公十六年春正月戊申朔、文公三年秋、襄公九年春、《穀梁傳》莊公十一年秋。

〔註146〕漢‧董仲舒：《春秋繁露‧三代改制質文》云：「《春秋》上絀夏，下存周，以《春秋》當新王。……《春秋》作新王之事，變周之制，當正黑統，而殷、周為王者之後。」同註4，卷七，頁5～6。

〔註147〕「新」、「親」二字輒以形近致誤，見註84。

〔註148〕漢‧董仲舒：《春秋繁露‧順命》，同註4，卷十五，頁6。

〔註149〕漢‧董仲舒：《春秋繁露‧三代改制質文》，同註4，卷七，頁5。

〔註150〕漢‧董仲舒：《春秋繁露‧楚莊王》，同註4，卷一，頁4。

〔註151〕同註150。

〔註152〕《春秋》莊公二十七年冬：「杞伯來朝。」

〔註153〕漢‧董仲舒：《春秋繁露‧三代改制質文》，同註4，卷七，頁6。

〔註154〕《春秋》僖公二十三年冬十一月：「杞子卒。」

〔註155〕（由大國之君改封爲小國之君）。

　　錢穆云：「親周者，《公羊》宣十六年『成周宣榭災。』《傳》云：『外災不書，此何以書？新周也。』此『新』字明係『親』字之訛。蓋外災不書，因周與魯最親，故書其災，文義至昌明。至『親』誤爲『新』，漢儒不解其詞，遂有新周之謬説。故宋者，左氏稱孔丘聖人之後，而滅於宋。穀梁子聞其説，故於宋督弑其君夷及其大夫孔父《傳》曰：『其不稱名，蓋爲祖諱也。孔子故宋也。』《公羊》誤讀《穀梁》之文，復於『成周宣榭災』下，發新周之文以偶之，由是有黜周王魯之謬説。黜杞者，以其用夷禮也，明見於《左傳》，而公羊家引爲黜夏之義，誤又甚矣。」〔註156〕錢穆以公羊家「黜周王魯」爲誤讀或誤解所致，蓋不明董仲舒擬制之義。王魯説擬魯繼周而興，魯非實興，周亦未實黜也。

二、「以《春秋》當新王」乃後聖繼孔子受命爲擬魯之新王

（一）孔子始受命制作《春秋》而未王

　　《春秋》十四年春：「西狩獲麟。」《公羊傳》云：「麟者，仁獸也，有王者則至，無王者則不至。有以告者曰：『有麕而角者。』孔子曰：『孰爲來哉！孰爲來哉！』反袂拭面，涕沾袍。……西狩獲麟，孔子曰：『吾道窮矣！』……君子曷爲爲《春秋》？撥亂世，反諸正，莫近諸《春秋》。……制《春秋》之義，以俟後聖。以君子之爲，亦有樂乎此也。」春秋之世，周室衰微，諸侯僭越，周王名存而實亡，故《公羊傳》屢書「上無天子」〔註157〕。麟至，而天下無王者，嘉瑞無應，故孔子傷道窮而泣，制《春秋》撥亂反正之義，俟後聖以行道。

　　惟《春秋繁露・符瑞》云：「有非力之所能致而自至者，西狩獲麟，受命之符是也，然後託乎《春秋》正不正之間，而明改制之義，一統乎天子，而加憂於天下之憂也。」〔註158〕〈俞序〉云：「仲尼之作《春秋》也，上探正天端，王公之位，萬民之所欲，下明得失，起賢才，以待後聖。」〔註159〕周德

〔註155〕漢・董仲舒：《春秋繁露・三代改制質文》，同註4，卷七，頁6。

〔註156〕錢穆：《國學概論》（臺北：臺灣商務印書館，1966年5月），頁98～99。

〔註157〕見《公羊傳》莊公四年夏、僖公元年春、僖公二年春正月、僖公十四年春、宣公十一年冬十月。

〔註158〕漢・董仲舒：《春秋繁露・符瑞》，同註4，卷六，頁2。

〔註159〕漢・董仲舒：《春秋繁露・俞序》，同註4，卷六，頁3。

既衰，天下無王，故董仲舒以為，獲麟者，乃孔子受命之符；孔子以麟至，制作《春秋》，以應嘉瑞。《論衡・指瑞》云：「《春秋》曰：『西狩獲死麟。』人以示孔子，孔子曰：『孰為來哉！孰為來哉！』反袂拭面，泣涕沾襟。儒者說之，以為天以麟命孔子，孔子不王之聖也。」〔註160〕然則，孔子受命而未王，必待後聖繼起，以為擬魯之新王，以行《春秋》之道。

（二）擬魯新王據《春秋》改制不改道

　　《春秋》新王者，擬魯受命之王也。孔子受命，制作《春秋》，以待後聖；擬魯代興，後聖繼起，受命為新王，則據《春秋》以改制。新王必改制，為董仲舒之重要主張。《春秋繁露・楚莊王》云：「王者必改制。……今所謂新王必改制者，非改其道，非變其理，受命於天，易姓更王，非繼前王而王也，若一因前制，修故業，而無有所改，是與繼前王而土者無以別。受命之君，天之所大顯也；事父者承意，事君者儀志，事天亦然；今天大顯已，物襲所代，而率與同，則不顯不明，非天志，故必徙居處，更稱號，改正朔，易服色者，無他焉，不敢不順天志，而明自顯也。若夫大綱，人倫道理，政治教化，習俗文義盡如故，亦何改哉！故王者有改制之名，無易道之實。」〔註161〕據此，擬魯新王改制之目的，在於彰顯天志。蓋王者，天命之，不敢不順；新王改制，以示受命於天，非承繼前王也。

　　王者改制而不易道，故新王受命後，「託乎《春秋》正不正之間，而明改制之義，一統乎天子。」〔註162〕徙居處，更稱號，改正朔，易服色者，皆所謂改制也。至於人倫道理，政治教化，習俗文義者，則所謂道也。推董仲舒之意，殷湯受命繼夏而王，周文王受命繼殷而王，擬魯新王受命繼周而王，皆但改其制耳，其道則傳承不絕，未嘗易也。

三、「親周、故宋、以《春秋》當新王」乃擬制以明王道之義

　　擬魯代興，是否昧於史實？豈董仲舒以魯為實繼周而奄有天下乎？否也。按《春秋繁露・堯舜不擅移湯武不專殺》云：「夏無道而殷伐之，殷無道而周伐之，周無道而秦伐之，秦無道而漢伐之。」〔註163〕繼周而興者，秦也；

〔註160〕漢・王充：《論衡》（臺北：中國子學名著集成編印基金會，1978 年 12 月），頁 1173。

〔註161〕漢・董仲舒：《春秋繁露・楚莊王》，同註 4，卷一，頁 4～5。

〔註162〕漢・董仲舒：《春秋繁露・符瑞》，同註 4，卷六，頁 2。

〔註163〕漢・董仲舒：《春秋繁露・堯舜不擅移湯武不專殺》，同註 4，卷七，頁 12。

繼秦而興者，周也。董仲舒固未昧於史實耳。然擬魯代興奈何？〈奉本〉云：
「《春秋》緣魯以言王義。」〔註164〕《春秋》據魯，董仲舒擬魯代興，乃所以
明王道之義，非竄亂史實也。

　　春秋時期，王道不行。《史記·十二諸侯年表》云：「或力政，彊乘弱，
興師不請天子。然挾王室之義，以討伐爲會盟主，政由五伯，諸侯恣行，淫
侈不軌，賊臣篡子滋起矣。……是以孔子明王道，……西觀周室，論史記舊
聞，興於魯而次《春秋》，……以制義法，王道備，人事浹。」故孔子明王道
而次《春秋》，首書「元年春王正月」，開宗以明王道之義。董仲舒云：「《春
秋》之文，求王道之端，得之於正。正次王，王次春。春者，天之所爲也；
正者，王之所爲也。其意曰，上承天之所爲，而下以正其所爲，正王道之端
云爾。然則王者欲有所爲，宜求其端於天。」（《漢書·董仲舒傳》）擬魯新王
既受命於天，必正其所爲，乃藉新王以行王道也。「王正，則元氣和順，風雨
時，景星見，黃龍下；王不正，則上變天，賊氣并見。」〔註165〕此王者或正
或不正之應驗也。

　　錢穆云：「《史記》言：『孔子據魯、親周、故宋。』據魯者，以魯爲主
也。……『據』字音義近於『主』，西漢初年鈔胥者誤『主』爲『王』，儒生
以訛傳訛，遂有王魯之謬說。」〔註166〕此說截斷王魯說意涵演變之脈絡，不
知所據，恐屬臆辭。

第三節　何休「託王於魯，因假以見王法」

　　何休據《春秋說》「三科九旨」之義，以「新周、故宋、以《春秋》當新
王」爲一科三旨〔註167〕，又上承董仲舒公羊學思想，倡《春秋》王魯說。何
休云：

　　　　《春秋》託王於魯，因假以見王法。〔註168〕

其義如何？

〔註164〕漢·董仲舒：《春秋繁露·奉本》，同註4，卷九，頁9。
〔註165〕漢·董仲舒：《春秋繁露·王道》，同註4，卷四，頁1。
〔註166〕錢穆：《國學概論》，同註156，頁98。
〔註167〕唐·徐彥：《春秋公羊注疏》，清·阮元：《十三經注疏》（二冊本）（臺北：大
　　　　化書局，1982年10月），頁2195。
〔註168〕漢·何休：《春秋公羊經傳解詁》，同註37，頁2290。

一、黜杞、新周而故宋

董仲舒擬魯代興，合殷、周爲三代；夏退於三代之外，故《春秋繁露・三代改制質文》有「紬夏」之文。《春秋》莊公二十七年冬：「杞伯來朝。」《公羊傳》無說。《春秋繁露・三代改制質文》云：「王者之後稱公，杞何以稱伯？《春秋》上紬夏，下存周，以《春秋》當新王。」〔註169〕所謂「以《春秋》當新王」，乃後聖繼孔子受命爲擬魯之新王，前嘗言之矣。何休承董仲舒擬魯代興之說，故《解詁》亦云：「杞，夏後，不稱公者，《春秋》黜杞、新周而故宋，以《春秋》當新王。」〔註170〕惟所謂「以《春秋》當新王」，乃假託魯繼周受命，新爲《春秋》之王。

（一）黜　杞

董仲舒以爲，《春秋》爵制，公一等，侯一等，伯、子、男一等，凡三等；杞君爲王者之後，《春秋》稱伯不稱公者，黜杞故。然則，杞君既不稱公，當降一等稱侯，何以又不稱侯？《解詁》云：「黜而不稱侯者，方以子貶杞伯爲黜，說在僖二十三年。」〔註171〕按《春秋》僖公二十三年冬十一月：「杞子卒。」《解詁》云：「卒，獨稱子者，微弱，爲徐、莒所脅，不能死位。《春秋》伯、子、男一也，辭無所貶。貶稱子者，《春秋》黜杞不明，故以其一等貶之，明本非伯，乃公也。」〔註172〕徐、莒脅杞，事見《公羊傳》僖公十四年春。何休以爲，《春秋》黜杞，杞君本當降稱侯，又杞滅，不能死位，故再降一等，貶而稱子；「杞伯來朝」，杞君稱伯者，追貶之也，以《春秋》伯、子、男一也，故稱伯未加尊，稱子未加貶也。

（二）新　周

夏既見黜於三代之外，周乃新爲王者之後。《春秋》宣公十六年夏：「成周宣謝災。」《公羊傳》云：「成周者何？東周也。宣謝者何？宣宮之謝也。何言乎成周宣謝災？樂器藏焉爾。成周宣謝災，何以書？記災也。外災不書，此何以書？新周也。」自古「新」、「親」二字輒以形近致誤，「新周」當作「親周」；《春秋》內周室而書之，親周故，前嘗言之矣。惟《解詁》云：「孔子以《春秋》當新王，上黜杞，下新周，而故宋。因天災中興之樂器，示周不復

〔註169〕漢・董仲舒：《春秋繁露・三代改制質文》，同註4，卷七，頁5。
〔註170〕漢・何休：《春秋公羊經傳解詁》，同註37，頁2239。
〔註171〕同註170。
〔註172〕同註170，頁2259。

興。故繫宣謝於成周，使若國文，黜而新之，從為王者後記災也。」〔註173〕宣王者，西周中興之主也。樂器藏於宣王之廟，乃周禮樂王化之所在。何休「託王於魯」，因天災中興之樂器，示周不復興，乃假託魯將繼周而起，新為禮樂王化之所在。所謂「黜而新之」者，即以周新為王者之後，新周之義也。

（三）故　宋

周既新為王者之後，宋為王者之後彌遠矣。《春秋》襄公九年春：「宋火。」《公羊傳》云：「外災不書，此何以書？為王者之後記災也。」《春秋》為宋記災，故殷故。《公羊傳》以為「為王者之後記災」，不得為義例，前嘗言之矣。惟何休是《公羊傳》之說。《解詁》云：「是時周樂已毀，先聖法度浸疏遠，不用之應。」〔註174〕所謂「周樂已毀」，即「成周宣謝災」例。徐彥云：「然則，宣公十六年時，周樂已毀，而宋是王者之後，先聖法度所存，今復災之，是法度浸疏遠，不用之應也。」〔註175〕此故宋之義也。

二、假託魯君為王

（一）變辭使魯君當《春秋》之王

1.變魯君「一年」為「元年」

《春秋》隱公「元年春王正月。」《公羊傳》云：「元年者何？君之始年也。」按《春秋》本為魯史之名，編年以記事；元年者，魯君之始年也。惟何休以為，《春秋》書「元年」不書「一年」者，變辭以託王魯之義也。《解詁》云：「《春秋》……變『一』為『元』。元者，氣也，無形以起，有形以分，造起天地，天地之始也。故上無所繫，而使『春』繫之也。不言公，言君之始年者，王者、諸侯皆稱君，所以通其義於王者，惟王者然後改元立號。」〔註176〕「元年」雖為魯君之始年，惟何休以為，王與諸侯皆可稱君，書「君之始年」者，乃申「魯君之始年」即「王之始年」，以魯君當《春秋》之王也；又「元」為天地之始，王者受命於天，「改元立號」，故《春秋》變「一年」為「元年」，假託魯君始起為《春秋》之王也。

〔註173〕同註170，頁2287。
〔註174〕同註170，頁2303。
〔註175〕唐・徐彥：《春秋公羊注疏》，同註167，頁2303。
〔註176〕漢・何休：《春秋公羊經傳解詁》，同註37，頁2196。

2. 變「來」為下對上之辭，「涖」為上對下之辭

《春秋》據魯。董仲舒變以爲「《春秋》緣魯以言王義」〔註177〕，故擬魯代興，以明王道之義。何休承董仲舒之說，以爲「《春秋》據魯爲王」〔註178〕。故《春秋》書諸侯「來朝」于魯，凡三十四例〔註179〕，《解詁》云：「《春秋》王魯，王者無朝諸侯之義。」〔註180〕變「來朝」于魯爲「來朝」于王。《春秋》書諸侯與諸侯之大夫「來盟」于魯，凡六例〔註181〕，《解詁》云：「從內，爲王義，明王者當以至信先天下。」〔註182〕變「來盟」于魯爲「來盟」于王。《春秋》書魯君遣使「涖盟」，凡四例〔註183〕，《解詁》云：「《春秋》王魯，故言『涖』，以見王義，使若王者遣使臨諸侯盟，飭以法度。」〔註184〕變魯君遣使「涖盟」爲王者遣使「涖盟」。按《春秋》書「來朝」、「來盟」、「涖盟」者，本諸侯平等往來之書法；何休則以爲，《春秋》變「來」爲下對上之辭，「涖」爲上對下之辭，俱假託魯君當《春秋》之王也。

《春秋繁露‧觀德》云：「諸侯與盟者眾矣，而儀父獨漸進〔註185〕；鄭僖公方來會我，而道殺，《春秋》致其意，謂之如會〔註186〕；潞子離狄而歸

〔註177〕漢‧董仲舒：《春秋繁露‧奉本》，同註4，卷九，頁9。
〔註178〕唐‧徐彥：《春秋公羊注疏》，同註167，頁2219。
〔註179〕見《春秋》隱公十一年春、桓公二年春及秋七月、桓公六年冬、桓公七年夏、桓公九年冬、桓公十五年夏、莊公五年秋、莊公二十七年冬、僖公五年春、僖公七年夏、僖公十四年夏六月、僖公二十年夏、僖公二十七年春、文公十一年秋、文公十二年春正月及秋、文公十五年夏、宣公元年秋、成公四年春三月、成公六年夏六月、成公七年夏五月、成公十八年秋、襄公元年秋九月、襄公六年秋、襄公七年春及夏、襄公二十一年冬十月、襄公二十八年夏、昭公三年秋、昭公十七年春及秋、定公十五年春正月、哀公二年夏。
〔註180〕漢‧何休：《春秋公羊經傳解詁》，同註37，頁2210。
〔註181〕見《春秋》桓公十四年夏五月、閔公二年冬、僖公四年夏、文公十五年春三月、宣公七年春、襄公二十九年夏。
〔註182〕漢‧何休：《春秋公羊經傳解詁》，同註37，頁2221。
〔註183〕見《春秋》僖公三年冬、文公七年冬、昭公七年春三月、定公十一年冬。
〔註184〕漢‧何休：《春秋公羊經傳解詁》，同註37，頁2248。
〔註185〕《春秋》隱公元年春三月：「公及邾婁儀父盟于眛。」《公羊傳》云：「曷爲稱字？褒之也。曷爲褒之？爲其與公盟也。與公盟者眾矣，曷爲獨褒乎此？因其可褒而褒之。此其爲可褒奈何？漸進也。」
〔註186〕《春秋》襄公七年冬十二月：「公會晉侯、宋公、陳侯、衛侯、曹伯、莒子、邾婁子、于鄬。鄭伯髡原如會，未見諸侯。」丙戌：「卒于操。」《公羊傳》云：「操者何？鄭之邑也。諸侯卒其封內不地，此何以地？隱之也。何隱爾？弒也。孰弒之？其大夫弒之。曷爲不言其大夫弒之？爲中國諱也。曷爲爲中國諱？鄭伯將會諸侯于鄬，其大夫諫曰：『中國不足歸也，則不若與楚。』鄭

黨，以得亡，《春秋》謂之子，以領其意〔註187〕；包來、首戴、洮、踐土與操之會，陳、鄭去我，謂之逃歸〔註188〕；鄭處而不來，謂之乞盟〔註189〕；陳侯後至，謂之如會〔註190〕；莒人疑我，貶而稱人〔註191〕。諸侯朝魯者眾矣，而滕、薛獨稱侯〔註192〕；州公化我，奪爵而無號〔註193〕；吳、楚國先聘我者見賢〔註194〕；曲棘與鞌之戰，先憂我者見尊。」〔註195〕凡十四例〔註196〕，董

伯曰：『不可。』其大夫曰：『以中國爲義，則伐我喪；以中國爲彊，則不若楚。』於是弒之。鄭伯髡原何以名？傷而反，未至乎舍而卒也。未見諸侯，其言如會何？致其意也。」

〔註187〕《春秋》宣公十五年夏六月癸卯：「晉師滅赤狄潞氏，以潞子嬰兒歸。」《公羊傳》云：「潞何以稱子？潞子之爲善也，躬足以亡爾。雖然，君子不可不記也。離于夷狄，而未能合于中國。晉師伐之，中國不救，狄人不有，是以亡也。」

〔註188〕《春秋》僖公五年夏：「公及齊侯、宋公、陳侯、衛侯、鄭伯、許男、曹伯會王世子于首戴。」秋八月：「諸侯盟于首戴。鄭伯逃歸不盟。」《公羊傳》云：「其言逃歸不盟者何？不可使盟也。不可使盟，則其言逃歸何？魯子曰：『蓋不以寡犯眾也。』」又襄公七年冬十二月：「公會晉侯、宋公、陳侯、衛侯、曹伯、莒子、邾婁子于鄬。陳侯逃歸。」（按：《春秋繁露・觀德》書操之會，陳侯逃歸，當據正爲鄬之會。）

〔註189〕《春秋》僖公八年春正月：「公會王人、齊侯、宋公、衛侯、許男、曹伯、陳世子款、鄭世子華，盟于洮。鄭伯乞盟。」《公羊傳》云：「乞盟者何？處其所而請與也。」

〔註190〕《春秋》僖公二十八年夏五月癸丑：「公會晉侯、齊侯、宋公、蔡侯、鄭伯、衛子、莒子，盟于踐土。陳侯如會。」《公羊傳》云：「其言如會何？後會也。」

〔註191〕《春秋》隱公八年秋九月辛卯：「公及莒人盟于包來。」《公羊傳》云：「公曷爲與微者盟？稱人則從，不疑也。」

〔註192〕《春秋》隱公十一年春：「滕侯、薛侯來朝。」

〔註193〕《春秋》桓公六年春正月：「寔來。」《公羊傳》云：「寔來者何？猶曰：『是人來』也。孰謂？謂州公也。曷爲謂之寔來？慢之也。曷爲慢之？化我也。」《解詁》云：「行過無禮謂之化。齊人語也。」

〔註194〕《春秋》襄公二十九年夏：「吳子使札來聘。」《公羊傳》云：「吳無君無大夫，此何以有君有大夫？賢季子也。何賢乎季子？讓國也。」（按：《公羊傳》以季札讓國見賢，董仲舒以季札先聘魯見賢。）又莊公二十三年夏：「荊人來聘。」《公羊傳》云：「荊何以稱人？始能聘也。」

〔註195〕《春秋》昭公二十五年冬十有一月己亥：「宋公佐卒于曲棘。」《公羊傳》云：「曲棘者何？宋之邑也。諸侯卒其封內不地，此何以地？憂內也。」（按：憂內，謂憂魯也。）《解詁》云：「時宋公聞昭公見逐，欲憂納之，至曲棘而卒，故恩錄之。」又成公二年春：「齊侯伐我北鄙。」夏六月癸酉：「季孫行父、臧孫許、叔孫僑如、公孫嬰齊師師，會晉郤克、衛孫良夫、曹公子手，及齊侯戰于鞌，齊師敗績。」《公羊傳》云：「曹無大夫，公子手何

仲舒以爲俱見王魯之義。惟其中僅儀父、滕侯（薛侯）、州公與奄之戰四例，
何休之說與董仲舒同，俱詳下文；餘十例，何休未以爲王魯之義。

3. 變周之文而從殷之質

董仲舒擬魯代興，以爲《春秋》「救文以質」〔註197〕，以濟周文之弊。
何休承董仲舒之說，以爲「《春秋》變周之文，從殷之質」〔註198〕。《春秋》
隱公七年夏：「齊侯使其弟年來聘。」《公羊傳》云：「其稱弟何？母弟稱弟，
母兄稱兄。」《解詁》云：「母弟，同母弟。母兄，同母兄。不言『同母』，言
『母』弟者，若謂『不如』爲『如』矣。……分別同母者，《春秋》變周之文，
從殷之質。質家親親，明當親厚，異於群公子也。」〔註199〕年係齊君之同母
弟，《春秋》不書「同母弟」三字，又不書「母弟」二字，而書「弟」一字。
何休以爲，《春秋》不書三字、二字，而書一字者，乃變文而從質也；蓋周文
而殷質，《春秋》假託魯君爲王，故云：「《春秋》變周之文，從殷之質。」質
家親親者，謂親當自至親始；同母弟親於群公子，故《春秋》親親，自同母
弟始也。董仲舒亦以「篤母弟」爲親親之義〔註200〕，殆係何休之所本。

又《春秋》隱公十一年春：「滕侯、薛侯來朝。」《解詁》云：「滕序上者，
《春秋》變周之文，從殷之質。質家親親，先封同姓。」〔註201〕滕君序於薛
君之上，原委見於《左傳》。《左傳》云：「滕侯、薛侯來朝，爭長。薛侯曰：
『我先封。』滕侯曰：『我，周之卜正也。薛，庶姓也。我不可以後之。』公
使羽父請於薛侯曰：『君與滕君，辱在寡人。周諺有之曰：「山有木，工則度
之。賓有禮，主則擇之。」周之宗盟，異姓爲後。寡人若朝于薛，不敢與諸
任齒，君若辱貺寡人，則願以滕君爲請。』薛侯許之。乃長滕侯。」滕，姬
姓。薛，任姓。滕君與薛君皆爲侯爵，朝禮無長次先後之分。兩君朝魯爭長，
魯君乃引宗盟之制以決，滕與魯同姓，薛與魯異姓，故以滕君爲長，序於薛

〔註196〕漢・董仲舒：《春秋繁露・觀德》，同註4，卷九，頁6～7。
〔註197〕漢・董仲舒：《春秋繁露・王道》，同註4，卷四，頁6。
〔註198〕漢・何休：《春秋公羊經傳解詁》，同註37，頁2209。
〔註199〕同註198，頁2209。
〔註200〕《春秋繁露・三代改制質文》云：「王者以制，一商一夏，一質一文，商質者
　　　　主天，夏文者主地，春秋者主人，故三等也。主天法商而王，其道佚陽，親
　　　　親而多仁樸；故立嗣予子，篤母弟，妾以子貴。……主天法質而王，其道佚
　　　　陽，親親而多質愛，故立嗣予子，篤母弟，妾以子貴。」同註4，卷七，頁6。
〔註201〕漢・何休：《春秋公羊經傳解詁》，同註37，頁2210。

君之上。薛侯曰「我先封」者，謂薛受封於夏，先於滕受封於周也。《公羊傳》
與《春秋繁露》俱無異説。惟何休變以爲，《春秋》假託魯君爲王，滕君與薛
君來朝魯君，爭先受封於魯，故薛侯曰「我先封」；質家親親者，謂滕以同姓
親於薛，故魯先封滕君。

4. 變從魯君征伐爲從王者征伐

　　成公二年春，齊伐魯北鄙；同年夏六月癸酉，魯四大夫帥師會晉、衛、
曹師復讎於齊。《春秋》成公二年夏六月癸酉：「季孫行父、臧孫許、叔孫僑
如、公孫嬰齊帥師，會晉郤克、衛孫良夫、曹公子手，及齊侯戰于鞌，齊師
敗績。」《公羊傳》云：「曹無大夫，公子手何以書？憂內也。」無大夫者，
無賢大夫也。按《春秋》常例，曹無賢大夫，但書「曹手」耳，因憂恤魯難，
助魯復讎，故以大夫之例書之。惟何休云：「《春秋》託王於魯，因假以見王
法。明諸侯有能從王者征伐不義，克勝有功，當褒之，故與大夫。」〔註202〕
蓋假託魯君爲王，視齊伐魯爲犯上不義，魯復讎乃王者征伐不義，曹公子手
帥師助魯，乃從王者征伐，因褒其有克勝之功，故以大夫之例書之。又云：「大
夫敵君，不貶者，隨從王者，大夫得敵諸侯也。」〔註203〕魯、晉、衛、曹四
國大夫帥師，與齊君（齊頃公）敵對而戰，《春秋》不貶稱「魯人」、「晉人」、
「衛人」、「曹人」者，蓋託魯君爲王，大夫受王者之命，得與諸侯敵對而戰，
無踰矩犯上之虞。

　　惟《春秋繁露·竹林》云：「齊頃公，親齊桓公之孫，國固廣大，而地勢
便利矣，又得霸主之餘尊，而志加於諸侯，以此之故，難使會同，而易使驕
奢，即位九年，未嘗肯一與會同之事，有怒魯、衛之志，而不從諸侯于清丘、
斷道，春往伐魯，入其北郊，顧返伐衛，敗之新築；當是時也，方乘勝而志
廣，大國往聘，慢而弗敬其使者，晉、魯俱怒，內悉其眾，外得黨與衛、曹，
四國相輔，大困之鞌，獲齊頃公，斳逢丑父。深本頃公之所以大辱身，幾亡
國，爲天下笑，其端乃從懾魯勝衛起；伐魯，魯不敢出；擊衛，大敗之；因
得氣而無敵國，以興患也。故曰：得志、有喜，不可不戒。」〔註204〕董仲舒
之意，乃在藉魯、晉、衛、曹四國相輔而困齊君之例，戒得志之君子、有喜
之人慎勿驕慢，以避禍患、安家國，既未見尊魯君爲王，亦未書諸國受魯君

〔註202〕漢·何休：《春秋公羊經傳解詁》，同註37，頁2290。
〔註203〕同註202。
〔註204〕漢·董仲舒：《春秋繁露·竹林》，同註4，卷二，頁4。

之命而征伐，遑論大夫得否敵諸侯，異於何休之説。是董仲舒與何休雖俱倡王魯説，義例猶或殊異。

（二）假託魯君之居為京師

京師者何？「天子之居」〔註205〕也。《春秋》及《公羊傳》所稱京師，乃周王之居，如魯君如京師〔註206〕、魯大夫如京師〔註207〕、紀女歸于京師〔註208〕、晉執諸侯與諸侯之大夫歸于京師〔註209〕是也。故晉執戎曼君歸于楚，《公羊傳》以爲《春秋》譏晉以楚爲京師〔註210〕。董仲舒亦以周王之居爲京師，如《春秋繁露・精華》云：「公子遂受命使京師。」〔註211〕説與《公羊傳》同。

至於何休所稱京師之義有二：其一，周王之居，例同《春秋》及《公羊傳》；其二，魯君之居，凡四例：

例一，《春秋》桓公六年春正月：「寔來。」《公羊傳》云：「寔來者何？猶曰：『是人來』也。孰謂？謂州公也。曷爲謂之寔來？慢之也。曷爲慢之？化我也。」州，小國也。化我者，州君過魯而不朝，無禮之謂也。《春秋》書「寔來」（是人來）不書「州公來」者，以其無禮也。惟《解詁》云：「諸侯相過，至竟必假塗，入都必朝，所以崇禮讓、絕慢易、戒不虞也。今州公過魯都，不朝魯，是慢之爲惡，故書『寔來』，見其義也。」〔註212〕蓋何休以爲，《春秋》變「來」爲下對上之辭，又以魯都（魯君之居）逕代京師之義，州君來魯都而不朝魯君，猶如來京師而不朝王，故《春秋》以簡慢之詞書之。

例二，《春秋》僖公三年冬：「公子友如齊莅盟。」《公羊傳》云：「莅盟者何？往盟乎彼也。其言來盟者何？來盟于我也。」按此《春秋》爲「莅盟」

〔註205〕《公羊傳》桓公九年春。
〔註206〕見《春秋》僖公夏五月、成公十三年春三月及夏五月。
〔註207〕見《春秋》僖公三十年冬、文公元年夏、文公八年冬、文公九年春二月、宣公九年夏、襄公二十四年冬、昭公二十二年夏六月。
〔註208〕見《春秋》桓公九年春。
〔註209〕見《春秋》僖公二十八年冬、成公十五年春三月癸丑、成公十六年秋、定公元年春三月。
〔註210〕《春秋》哀公四年夏：「晉人執戎曼子赤歸于楚。」《公羊傳》云：「赤者何？戎曼子之名也。其言歸于楚何？子北宮子曰：『辟伯晉而京師楚也。』」
〔註211〕漢・董仲舒：《春秋繁露・精華》，同註4，卷三，頁8。事見《春秋》僖公三十年冬。
〔註212〕漢・何休：《春秋公羊經傳解詁》，同註37，頁2216。

例，未書「來盟」。《公羊傳》前段因《春秋》「莅盟」例設問，正也；後段忽以「來盟」設問，不知所本，恐係錯簡，當另移置「來盟」例之下。《春秋》書「來盟」于魯者，凡六例〔註213〕，如宣公七年春「衛侯使孫良夫來盟」是也。所謂「來盟」，《解詁》云：「因魯都以見王義，使若來之京師盟，白事于王。不加『莅』者，來就魯，魯已尊矣。」〔註214〕蓋何休以為，《春秋》書「莅盟」或「來盟」者，俱尊魯之辭，乃假託魯君之居為京師。徐彥云：「此《經》既有『莅盟』之文，故引『來盟』以對之。……言『莅』者，見尊魯為王之義。今此來盟者，已是就魯之文，足見尊魯矣，何勞言『莅』以見之乎！若其加『莅』，宜直云『莅孫良夫盟』也。」〔註215〕此語頗得何休之旨；至於《公羊傳》後段以「來盟」設問，無乃未以為錯簡乎！

例三，《春秋》成公十五年冬十一月：「叔孫僑如會晉士燮、齊高無咎、宋華元、衛孫林父、鄭公子鰍、邾婁人，會吳于鍾離。」《公羊傳》云：「曷為殊會吳？外吳也。曷為外也？《春秋》內其國而外諸夏，內諸夏而外夷狄。」《解詁》云：「內其國者，假魯以為京師也。諸夏，外土諸侯也。」〔註216〕吳亦諸夏之國也，《春秋》何獨外吳？《公羊傳》與何休俱無說。《左傳》云：「始通吳也。」杜預云：「始與中國接。」〔註217〕蓋諸夏自此始與吳交通，前此不相往來，故外之。《春秋繁露·觀德》云：「吳、魯同姓也，鍾離之會，不得序而稱君，殊魯而會之，為其夷狄之行也。」〔註218〕董仲舒以為，吳有夷狄之行，故諸夏外之。《左傳》與董仲舒之說，大致不悖。何休乃假託魯君之居為京師，變內魯為王魯，以吳有夷狄之行，故內諸夏而獨外吳也。

例四，《春秋》定公十四年秋：「邾婁子來會公。」三《傳》與《春秋繁露》俱無說。《解詁》云：「書者，非邾婁子會人於都也。古者，諸侯將朝天子，必先會間隙之地，考德行，一刑法，講禮義，正文章，習事天子之儀，尊京師，重法度，恐過誤。言公者，不受于廟。」〔註219〕徐彥云：「受朝之禮，禮當在廟，孝子歸美于先君，不敢以己當之。若不於廟，則言公，即『蕭叔

〔註213〕同註182。
〔註214〕漢·何休：《春秋公羊經傳解詁》，同註37，頁2248。
〔註215〕唐·徐彥：《春秋公羊注疏》，同註167，頁2249。
〔註216〕漢·何休：《春秋公羊經傳解詁》，同註37，頁2297。
〔註217〕晉·杜預《春秋經傳集解》，清·阮元：《十三經注疏》（二冊本）（臺北：大化書局，1982年10月），頁1915。
〔註218〕漢·董仲舒：《春秋繁露·觀德》，同註4，卷九，頁4。
〔註219〕漢·何休：《春秋公羊經傳解詁》，同註37，頁2343。

朝公』是也。今此會禮，不在廟，魯侯受之於外，故言『來會公』矣。言公者，不受於朝也。」〔註220〕郑婁君究係來朝或來會？若係來朝，魯君受之於廟，當書「郑婁子來朝」；受之於外，當書「郑婁子朝公」。若係來會，則魯君受之於外，書「郑婁子來會公」是也。故徐彥以爲，郑婁君係來會；然則《春秋》書「郑婁子來會公」，直書其事耳，故三《傳》與《春秋繁露》俱無說。惟何休假託魯君之居爲京師，郑婁君係來朝，禮當先會於外（間隙之地），再朝於都（京師），《春秋》書「來會」不書「來朝」者，郑婁君先會魯君於京師，譏非禮也。

何休既以魯君之居爲京師，又以周王之居爲京師，二者何以並存？按《春秋》及《公羊傳》明文，皆以周王之居爲京師，乃史實也，何休作注，自不得悖之。至以魯君之居爲京師者，乃擬制於未來，非現世之制也。誠如皮錫瑞云：「《春秋》……有現世主義，有未來主義。聖人作《春秋》，因王靈不振，夷狄交橫，尊王攘夷，是現世主義，不得不然者也。而王靈不振，不得不爲後王立法；夷狄交橫，不能不思用夏變夷。爲後王立法，非可託之子虛烏有，故託王於魯以見義；思用夏變夷，非可限以種族不同，故進至于爵而後止，此未來主義，亦不得不然者也。《春秋》兼此二義。」〔註221〕蓋以周王之居爲京師者，即所謂現世主義也；假託魯君之居爲京師者，乃所謂未來主義也。二者固得並存矣。

（三）假託隱公以爲始受命王

周室自平王東遷後，魯孝公傳於惠公，再傳於隱公；《春秋》記事，何以始於隱公，不始於孝公或惠公？《公羊傳》哀公十四年春云：「祖之所逮聞也。」《解詁》云：「託記高祖以來事，可及問聞之者。猶曰：『我但記先人所聞。』辟制作之害。」〔註222〕此何休藉申孔子「述而不作」（《論語·述而》）之語，以說《公羊傳》三世說之義。《解詁》又云：「所見者，謂昭、定、哀，己與父時事也。所聞者，謂文、宣、成、襄，王父時事也。所傳聞者，謂隱、桓、莊、閔、僖，高祖、曾祖時事也。」〔註223〕隱公以下，至哀公，凡十二君，何休劃爲「所見」、「所聞」、「所傳聞」三世，是爲《公羊傳》三世說。隱公

〔註220〕唐·徐彥：《春秋公羊注疏》，同註167，頁2343。
〔註221〕清·皮錫瑞：《經學通論》（臺北：河洛圖書出版社，1974年12月），頁25。
〔註222〕漢·何休：《春秋公羊經傳解詁》，同註37，頁2353。
〔註223〕同註222，頁2200。

為高祖時事也，故謂「託記高祖以來事」。

　　惟何休之本意，實異乎《公羊傳》。《解詁》云：「所以二百四十二年者，取法十二公，天數備足，著治法式。」〔註224〕徐彥云：「考諸舊本，皆作『式』字。言取十二公者，法象天數，欲著治民之法式也。若作『戒』字，言著治亂之法，著治國之戒矣。」〔註225〕蓋讖緯學說大盛於東漢之世，何休法象天數十二之說，託始於隱公，止於哀公，正合《春秋》記魯十二君之事，兼可呼應孔子於獲麟後受命制作之說〔註226〕，終則在於「著治法式」；取讖緯之說者，殆順應時勢，借題發揮而已。

　　何休所謂《春秋》「託隱公以為始受命王」者，義例如何？

1. 先與隱公盟者褒之

　　《春秋》隱公元年春三月：「公及邾婁儀父盟于眛。」《公羊傳》云：「曷為稱字？褒之也。曷為褒之？為其與公盟也。與公盟者眾矣，曷為獨褒乎此？因其可褒而褒之。此其為可褒奈何？漸進也。」《春秋》常例，遠國與盟者書「人」〔註227〕。邾婁乃偏遠小國，其君與隱公會盟，《春秋》獨尊稱其字儀父，不書「邾婁人」者，何也？《公羊傳》以為邾婁漸進於王化，故特稱其字以褒揚之。《春秋繁露·王道》亦云：「諸侯來朝者得褒，邾婁儀父稱字，……王道之意也。」〔註228〕說與《公羊傳》同。

　　惟《解詁》云：「《春秋》王魯，託隱公以為始受命王。因儀父先與隱公盟，可假以見褒賞之法，故云爾。」〔註229〕又云：「漸者，物事之端，先見之辭。去惡就善曰進。譬若隱公受命而王，諸侯有倡始先歸之者，當進而封之，以率其後。」〔註230〕何休訓「漸」為倡始，異乎《公羊傳》之義；又假託隱公為王，邾婁君倡始先歸隱公，故謂《春秋》稱字而褒之。

〔註224〕同註222。

〔註225〕唐·徐彥：《春秋公羊注疏》，同註167，頁2200。

〔註226〕何休云：「得麟之后，天下血書魯端門，曰：『趨作法，孔聖沒。周姬亡，彗東出。秦政起，胡破術。書記散，孔不絕。』子夏明日往視之，寫書飛為赤鳥，化為白書，署曰：『演孔圖』，中有作圖制法之狀。孔子仰推天命，俯察時變，卻觀未來，豫解無窮，知漢當繼大亂之后，故作撥亂之法以授之。」漢·何休：《春秋公羊經傳解詁》，同註37，頁2354。

〔註227〕《春秋》僖公二年秋九月：「齊侯、宋公、江人、黃人盟于貫澤。」《公羊傳》云：「江人、黃人者何？遠國之辭也。」

〔註228〕漢·董仲舒：《春秋繁露·王道》，同註4，卷四，頁4。

〔註229〕漢·何休：《春秋公羊經傳解詁》，同註37，頁2198。

〔註230〕同註229。

迨《春秋》桓公十五年夏：「邾婁人、牟人、葛人來朝。」《公羊傳》云：「皆何以稱人？夷狄之也。」《解詁》云：「桓公行惡，而三人俱朝事之。三人為眾，眾足責，故夷狄之。」〔註231〕蓋「隱賢而桓賤」（《公羊傳》桓公二年春三月），邾婁君不當率牟君、葛君朝桓公，故以夷狄之例，皆貶稱「人」。至《春秋》桓公十七年春二月丙午：「公及邾婁儀父盟于趡。」《解詁》云：「本失爵，在名例。中朝桓公稱人。今此不名者，蓋以為儀父最先與隱公盟，明元功之臣，有誅而無絕。」〔註232〕桓公之行雖惡，朝之者當受誅罰，貶而稱「人」，第以邾婁君「最先與隱公盟」，《春秋》不以中朝桓公而絕其進，仍稱其字。

2. 先與隱公交接者褒之

《春秋》隱公八年夏六月辛亥：「宿男卒。」《公羊傳》無說。《解詁》云：「宿本小國，不當卒。所以卒而日之者，《春秋》王魯，以隱公為始受命王。宿男先與隱公交接，故卒褒之也。」〔註233〕按宿男先與隱公交接者，或即《春秋》隱公元年秋九月：「及宋人盟于宿。」《公羊傳》云：「孰及之？內之微者也。」《解詁》云：「內者，謂魯也。微者，謂士也。不名者，略微也。……宋稱『人』者，亦微者也。」〔註234〕魯、宋與盟者，俱微者，非其君也。盟于宿，宿為第三國，交接者，魯之微者也。何休謂「宿男先與隱公交接」，實未與隱公交接，惟除此亦無跡可尋矣。蓋與盟者，受命於隱公，交接於宿男，何休為託隱公為始受命王，乃有此例。

3. 嗣子先朝隱公者褒之

《春秋》隱公七年春三月：「滕侯卒。」《公羊傳》云：「何以不名？微國也。微國，則其稱侯何？不嫌也。《春秋》貴賤不嫌同號，美惡不嫌同辭。」《春秋》不嫌微國。滕本子爵，雖微國，其君卒，猶得稱侯也。惟《解詁》云：「滕，微國，所傳聞之世未可卒。所以稱侯而卒者，《春秋》王魯，託隱公以為始受命王。滕子先朝隱公，《春秋》褒之以禮，嗣子得以其禮祭，故稱侯，見其義。」〔註235〕隱公為所傳聞之世。何休離《傳》說義，以為所傳聞

〔註231〕同註229，頁2221。
〔註232〕同註229，頁2222。何休以為，邾婁君本當稱其名，因與隱公會盟，《春秋》尊稱其字。異於《公羊傳》以為遠國稱「人」。
〔註233〕同註229，頁2209。
〔註234〕同註229，頁2199。
〔註235〕同註229，頁2208。

之世，微國之君卒者，《春秋》不書；第以滕君之嗣子於隱公十一年春先朝隱公〔註236〕，《春秋》追記其卒，進稱侯爵，嗣子得以侯爵之禮祭之，蓋變其例而褒之。

4. 先朝隱公者褒之

《春秋》隱公十一年春：「滕侯、薛侯來朝。」《公羊傳》云：「其兼言之何？微國也。」《解詁》云：「略小國也。稱侯者，《春秋》託隱公以爲始受命王。滕、薛先朝隱公，故褒之。……儀父盟，功淺；滕、薛朝，功大。」〔註237〕滕本子爵，薛本伯爵。何休以爲，滕君與薛君先朝隱公，功大於邾婁君先與隱公盟。邾婁君先與隱公盟，《春秋》稱字而褒之，已見前例（隱公元年春三月：「公及邾婁儀父盟于眛。」）；滕君與薛君功大於邾婁君，故《春秋》皆進稱侯爵而褒之。

迨《春秋》莊公三十一年夏四月：「薛伯卒。」《解詁》云：「卒者，薛與滕俱朝隱公，桓弒隱而立，滕朝桓公，薛獨不朝，知去就也。」〔註238〕徐彥云：「所傳聞之世，小國卒，例不合書。今書之，故解之耳。……言之去就者，謂知去惡就善矣。」〔註239〕按何休離《傳》說義，以爲所傳聞之世，微國之君卒者，《春秋》不書，已見前例（隱公七年春三月：「滕侯卒。」）。隱公與桓公俱爲所傳聞之世，薛與滕俱爲微國。桓公弒隱公而立，薛君朝隱公而不朝桓公，知就善去惡，故《春秋》變其例，記其卒而褒之；滕君朝桓公，不知去惡，故《春秋》仍其例，不記其卒。

（四）疾犯《春秋》之始者

《公羊傳》以爲，《春秋》以前之事，不及書之，故孔子託始於《春秋》，以寓褒貶之義，詳見下例。董仲舒以爲，《春秋》「弒君三十六，亡國五十二，細惡不絕之所致也。」〔註240〕故《春秋》「誅犯始者，省刑絕惡，疾始也。」〔註241〕誅罰犯始者，令姦宄不敢競逐，則細惡得絕，刑罰得省，蓋《春秋》之本義也，說與《公羊傳》類。惟何休之說，異乎《公羊傳》。《解詁》云：「《春

〔註236〕《春秋》隱公十一年春：「滕侯、薛侯來朝。」

〔註237〕漢・何休：《春秋公羊經傳解詁》，同註37，頁2210。

〔註238〕同註237，頁2242。

〔註239〕唐・徐彥：《春秋公羊注疏》，同註167，頁2242。

〔註240〕漢・董仲舒：《春秋繁露・王道》，同註4，卷四，頁4。《春秋繁露・盟會要》，同註4，卷五，頁4。

〔註241〕漢・董仲舒：《春秋繁露・王道》，同註4，卷四，頁5。

秋》託王者始起。」〔註242〕又云：「孔子以《春秋》當新王。」〔註243〕新王者，擬魯之君新爲《春秋》之王也。何休既以爲，《春秋》假託魯君爲王，疾犯始者，乃託始於魯君也。

1. 疾始滅國

《春秋》隱公二年夏：「無駭帥師入極。」《公羊傳》云：「無駭者何？展無駭也。何以不氏？貶。曷爲貶？疾始滅也。始滅，昉於此乎？前此矣。前此，則曷爲始乎此？託始焉爾。曷爲託始焉爾？《春秋》之始也。此滅也，其言入何？內大惡，諱也。」又《春秋》隱公八年冬十二月：「無駭卒。」《公羊傳》云：「此展無駭也，何以不氏？疾始滅也，故終其身不氏。」《公羊傳》以爲，魯司空展無駭帥師滅極，乃《春秋》滅國之首例，故終其身不氏，疾之也。若宋滅郜，亦滅國之例，不書者，在《春秋》之前，不及書之也。〔註244〕

惟《解詁》云：「《春秋》託王者始起，所當誅也。言『疾始滅』者，諸滅復見不復貶。皆從此取法，所以省文也。」〔註245〕蓋何休以爲，魯司空展無駭帥師滅極，乃《春秋》假託魯君始起爲王之首例，不書其氏者，貶而誅之也。至如《春秋》定公四年夏四月庚辰：「蔡公孫歸姓帥師滅沈。」定公六年春正月癸亥：「鄭游遨帥師滅許。」俱滅國之例，復見不復貶者，非不誅罰之，蓋省略其文辭，貶義一也；第以非《春秋》假託魯君始起爲王之首例，故不略其氏。

2. 疾始取邑

《春秋》隱公四年春二月：「莒人伐杞，取牟婁。」《公羊傳》云：「牟婁者何？杞之邑也。外取邑不書，此何以書？疾始取邑也。」按《春秋》常例，他國相伐取邑不書。莒取杞邑，乃《春秋》取邑之首例，故《春秋》疾而書之。若楚伐宋取彭城〔註246〕，亦取邑之例，第以非《春秋》假託魯君始起爲

〔註242〕漢・何休：《春秋公羊經傳解詁》，同註37，頁2202。

〔註243〕同註242，頁2239、2287。

〔註244〕徐彥云：「桓二年夏四月『取郜大鼎于宋。』《傳》云：『此取之宋，其謂之郜鼎何？器從名。』彼注云：『從本主名名之。宋始以不義取之，故謂之郜鼎。』是也。然則宋滅郜在《春秋》前。」唐・徐彥：《春秋公羊注疏》，同註167，頁2202。

〔註245〕漢・何休：《春秋公羊經傳解詁》，同註37，頁2202。

〔註246〕見《公羊傳》襄公元年春。

王之首例，故不書。

　　比於疾始滅國例，何不發《傳》云：「取邑，昉於此乎？前此矣。前此，則曷爲始乎此？託始焉爾。曷爲託始焉爾？《春秋》之始也。」按《解詁》云：「《傳》不託始者，前此有滅，不嫌無取邑。當託始明，故省文也。」〔註247〕何休以爲，《春秋》外取邑猶書之，託始之義甚明，蓋假託魯君始起爲王，當疾始取邑；《公羊傳》因前疾始滅國例，滅國必取其邑，故不復爲託始發《傳》；《春秋》未見託始之書法（如展無駭不氏）者，省略其文辭也。

3. 疾始以火攻

　　《春秋》桓公七年春二月己亥：「焚咸丘。」《公羊傳》云：「焚之者何？樵之也。樵之者何？以火攻也。何言乎以火攻？疾始以火攻也。咸丘者何？邾婁之邑也。」此《春秋》以火攻之首例，故《春秋》疾而書之。

　　比於疾始滅國例，何不發《傳》云：「以火攻，昉於此乎？前此矣。前此，則曷爲始乎此？託始焉爾。曷爲託始焉爾？《春秋》之始也。」按《解詁》云：「征伐之道，不過用兵。服，則可以退；不服，則可以進。火之盛炎，水之盛衝，雖欲服罪，不可復禁，故疾其暴而不仁也。不託始者，前此未有，無所託也。」〔註248〕何休以爲，火攻咸丘，暴而不仁，《春秋》假託魯君始起爲王之首例，固當疾之；惟《公羊傳》以前此未有，實爲首例，毋須託始，故不發《傳》。

　　至如《春秋》隱公五年秋九月：「考仲子之宮。初獻六羽。」魯以六佾之舞獻祭仲子，始僭諸公之禮，《公羊傳》未見託始於《春秋》，《解詁》亦未見託始於魯君，何也？《公羊傳》云：「考宮者何？考，猶入室也，始祭仲子也。桓未君，則曷爲祭仲子？隱爲桓立，故爲桓祭其母也。然則何言爾？成公意也。初者何？始也。六羽者何？舞也。初獻六羽，何以書？譏。何譏爾？譏始僭諸公也。六羽之爲僭奈何？天子八佾，諸公六，諸侯四。……始僭諸公，昉於此乎？前此矣。前此，則曷爲始乎此？僭諸公，猶可言也；僭天子，不可言也。」惠公卒，桓公貴而幼，隱公恐諸大夫不能相，爰爲桓公攝位。桓公之母仲子卒，隱公爲仲子築宮入祀，以六佾之舞獻祭。《公羊傳》以爲，祭仲子當獻以諸侯四佾之舞，六佾乃始僭諸公之禮，故《春秋》譏之。惟前此已有以天子八佾之舞獻祭魯君者，而《春秋》譏六佾不譏八佾者，誠如《解

〔註247〕漢・何休：《春秋公羊經傳解詁》，同註37，頁2205。
〔註248〕同註247，頁2218。

詁》云：「《傳》云爾者，解不託始也。前僭八佾於惠公廟，大惡不可言也，還從僭六羽譏。本所當託者，非但六也，故不得復傳上也。」〔註249〕蓋《春秋》「內大惡諱，小惡書」（《公羊傳》隱公十年夏六月壬戌）。僭八佾爲大惡，諱而不得託始；僭六佾實非僭禮之始，故譏之而已，不託始也。

三、假託義例以制王法

王者受命必改制，何也？董仲舒以爲，示新王「受命於天」也。《春秋繁露・楚莊王》云：「王者必改制。……今所謂新王必改制者，非改其道，非變其理，受命於天，易姓更王，非繼前王而王也，若一因前制，修故業，而無有所改，是與繼前王而王者無以別。受命之君，天之所大顯也；事父者承意，事君者儀志，事天亦然；今天大顯已，物襲所代，而率與同，則不顯不明，非天志，故必徙居處，更稱號，改正朔，易服色者，無他焉，不敢不順天志，而明自顯也。」〔註250〕何休承董仲舒之說，故《解詁》亦云：「王者受命，必徙居處，改正朔，易服色，殊徽號，變犧牲，異器械，明受之於天，不受之於人。」〔註251〕何休申《春秋》假託義例以制王法，如下：

（一）制立嫡之法

《公羊傳》隱公元年春正月云：「隱長又賢，何以不宜立？立適以長，不以賢；立子以貴，不以長。」《解詁》云：「禮：嫡夫人無子，立右媵；右媵無子，立左媵；左媵無子，立嫡姪娣；嫡姪娣無子，立右媵姪娣；右媵姪娣無子，立左媵姪娣。質家親親，先立娣；文家尊尊，先立姪。嫡子有孫而死，質家親親，先立弟；文家尊尊，先立孫。其雙生也，質家據見，立先生；文家據本意，立後生。皆所以防愛爭。」〔註252〕此何休離《傳》而說義也。

（二）制送死之法

《春秋》隱公元年秋七月：「天王使宰咺來歸惠公仲子之賵。」《公羊傳》云：「喪事有賵。賵者，蓋以馬，以乘馬束帛。」《解詁》云：「此道周制也。」〔註253〕《公羊傳》又云：「車馬曰賵，貨財曰賻，衣被曰襚。」《解詁》云：「此

〔註249〕同註247，頁2207。
〔註250〕漢・董仲舒：《春秋繁露・楚莊王》，同註4，卷一，頁4～5。
〔註251〕漢・何休：《春秋公羊經傳解詁》，同註37，頁2196。
〔註252〕同註251，頁2197。
〔註253〕同註251，頁2199。

者，《春秋》制也。」〔註254〕贈以送死者。何休以《公羊傳》增減一「車」字，乃謂周制送死者以馬，《春秋》制送死者以車馬，獨創之見也。

（三）制田獵之法

《春秋》桓公四年春正月：「公狩于郎。」《公羊傳》云：「春曰苗，秋曰蒐，冬曰狩。」《解詁》云：「不以夏田者，《春秋》制也。以爲飛鳥未去於巢，走獸未離於穴，恐傷害於幼稚，故於苑囿中取之。」〔註255〕按四時田獵，各有其名，惟名或殊異。如《左傳》隱公五年春云：「春蒐，夏苗，秋獮，冬狩。」《春秋繁露・深察名號》云：「春苗，秋蒐，冬狩，夏獮。」〔註256〕未審《公羊傳》所以未書夏田之名者，或乃闕文也。何休乃謂《春秋》制夏不田獵，亦獨創之見也。

（四）制班爵之法

《春秋》桓公十一年秋：「鄭忽出奔衛。」《公羊傳》云：「忽何以名？《春秋》伯、子、男一也，辭無所貶。」鄭爲伯爵，忽爲鄭君之名，失國稱名，非貶辭，子爵、男爵失國亦然，《公羊傳》之義也。《春秋》伯、子、男失國一律稱名，董仲舒變以爲「合伯、子、男爲一爵」，所謂「周爵五等，《春秋》三等」，前嘗言之矣。《解詁》云：「《春秋》改周之文，從殷之質，合伯、子、男爲一。一，辭無所貶，皆從子，夷狄進爵稱子是也。忽稱子，則與諸侯改伯從子辭同，於成君無所貶損，故名也。」〔註257〕何休之說同董仲舒。

（五）制納幣之法

《春秋》莊公二十二年冬：「公如齊納幣。」《解詁》云：「《禮》言納徵，《春秋》言納幣者，《春秋》質也。」〔註258〕按《儀禮・士昏禮》有「納徵」之文，凡六見；《禮記・昏義》有「納徵」之文，〈曾子問〉有「納幣」之文，各一見。殆「納徵」與「納幣」通用，並無殊義。何休乃以《春秋》書「納幣」不書「納徵」，判爲質文之別，以託新王之制。

（六）制稱氏之法

《春秋》成公十五年春三月乙巳：「仲嬰齊卒。」《公羊傳》云：「仲嬰齊

〔註254〕同註251。
〔註255〕同註251，頁2215。
〔註256〕漢・董仲舒：《春秋繁露・深察名號》，同註4，卷十，頁1。
〔註257〕漢・何休：《春秋公羊經傳解詁》，同註37，頁2220。
〔註258〕同註257，頁2236～2237。

者何？公孫嬰齊也。公孫嬰齊，則曷爲謂之仲嬰齊？爲兄後也。爲兄後，則曷爲謂之仲嬰齊？爲人後者，爲之子也。爲人後者，爲其子，則其稱仲何？孫以王父字爲氏也。然則嬰齊孰後？後歸父也。歸父使於晉而未反。」嬰齊本爲歸父之弟，公子遂之子；以公子之子，稱公孫嬰齊。嬰齊過繼歸父，變爲歸父之子，遂之孫；公子之孫，不得復稱公孫，爰以祖父遂之字爲氏，遂字仲遂，故以仲爲氏，稱仲嬰齊。故《解詁》云：「《經》云『仲』者，明《春秋》質家當積於『仲』。」〔註259〕何休以爲，嬰齊以祖父之字爲氏，稱仲嬰齊者，《春秋》之制也。另按徐彥疏：「此《經》何故不連其父歸父之字，而單言『仲』者？欲明《春秋》當質正得積於『仲』，是以不得更以『佗』字連之。」〔註260〕嬰齊之父歸父字佗，何以不稱仲佗嬰齊？稱氏者，止於祖父之字，不以父之字，蓋亦《春秋》之制也。

又同年月日《公羊傳》云：「叔仲惠伯。」《解詁》云：「叔仲者：叔，彭生氏也，文家字積於『叔』；叔仲，有長幼，故連氏之。……惠，諡也。」〔註261〕此段文字，斷句不易，且與上段嬰齊之例錯落難辨，稍一差池，輒不得其解。按《春秋》文公十一年夏書「叔彭生」，叔彭生即叔仲惠伯。何以《經》單言「叔」，而《傳》連言「叔仲」？彭生之氏，究係「叔」或「叔仲」？何休以爲，「叔」爲彭生之氏，「仲」爲彭生之長幼排行。故徐彥疏：「彭生之祖，生於叔氏；其父武仲，又長幼當仲。是以彭生連而言之。雖非正禮，要是當時之事。是以傳家，述其私稱，連言『仲』矣。」〔註262〕故何休所謂「連氏」者，「仲」連於氏之後，明氏止於「叔」，「仲」非氏也。

何休以嬰齊、彭生二例並舉者，何也？所以明嬰齊單以祖父之字爲氏，不以其他連之，乃《春秋》所制稱氏之法；彭生以祖父之字爲氏，連言長幼排行，非《春秋》之制。如是而已。

（七）制用郊之法

《春秋》成公十七年秋九月辛丑：「用郊。」《公羊傳》云：「用者何？用者，不宜用也。九月，非所用郊也。然則郊曷用？郊用正月上辛。」九月何以非所用郊？《公羊傳》無說。《穀梁傳》云：「夏之始，可以承春。以秋之

〔註259〕同註257，頁2296。
〔註260〕唐・徐彥：《春秋公羊注疏》，同註167，頁2296。
〔註261〕漢・何休：《春秋公羊經傳解詁》，同註37，頁2296。
〔註262〕唐・徐彥：《春秋公羊注疏》，同註167，頁2296。

末，承春之始，蓋不可矣。」此説於理可通。惟《解詁》云：「三王之郊，一用夏正。言正月者，《春秋》之制也。」〔註263〕雖曰《春秋》之制，其實夏、殷、周三王郊祭之制皆然，特以成公用郊失時耳。

（八）制命名之法

《春秋》定公六年冬：「季孫斯、仲孫忌帥師圍運。」《公羊傳》云：「此仲孫何忌也，曷爲謂之仲孫忌？譏二名。二名，非禮也。」《解詁》云：「爲其難諱也。一字爲名，令難言而易諱，所以長臣子之敬，不逼下也。……此《春秋》之制也。」〔註264〕按仲孫何忌之名，《春秋》凡十二見〔註265〕，此獨書仲孫忌者，殆闕文也。且《春秋》二名者，不一而足，如齊君小白、晉君重耳、魯公子益師等是，皆未見譏之之文。惟《解詁》又云：「《春秋》定、哀之間，文致太平。欲見王者治定，無所復爲譏，唯有二名，故譏之。」〔註266〕蓋何休因所見之世闕文之例，假《春秋》制命名之法，以託太平之義也。《春秋繁露・俞序》云：「始言大惡，殺君亡國，終言赦小過，是亦始於麤粗，終於精微，教化流行，德澤大洽，天下之人，人有士君子之行，而少過矣，亦譏二名之意也。」〔註267〕何休之説，實與董仲舒同。

又《春秋》哀公十三年秋：「晉魏多帥師侵衛。」《公羊傳》云：「此晉魏曼多也，曷爲謂之晉魏多？譏二名。二名，非禮也。」按魏曼多之名，見《春秋》哀公七年春。此書魏多者，殆亦闕文也。若依何休之見，二例相類，託太平之義一也。譏二名之例，何以重見於魯、晉？《春秋繁露・觀德》云：「魯、晉俱諸夏也，譏二名獨先及之。」〔註268〕《解詁》云：「復就晉見者，明先自正，而后正人。正人，當先正大，以帥小。」〔註269〕何休之説，亦以董仲舒爲本。

（九）制序時之法

《春秋》哀公十四年春：「西狩獲麟。」《解詁》云：「據天子、諸侯乃言

〔註263〕漢・何休：《春秋公羊經傳解詁》，同註37，頁2298。

〔註264〕同註263，頁2339。

〔註265〕見《春秋》昭公三十二年冬、定公三年冬、定公六年夏、定公八年秋九月、定公十年夏及秋、定公十二年夏、哀公元年冬、哀公二年春二月及癸巳、哀公三年冬、哀公六年冬。

〔註266〕漢・何休：《春秋公羊經傳解詁》，同註37，頁2339。

〔註267〕漢・董仲舒：《春秋繁露・俞序》，同註4，卷六，頁4。

〔註268〕漢・董仲舒：《春秋繁露・觀德》，同註4，卷九，頁5。

〔註269〕漢・何休：《春秋公羊經傳解詁》，同註37，頁2352。

狩，天王狩于河陽，公狩於郎是也。河陽多言狩，獲麟春言狩者，蓋據魯，變周之春以爲冬，去周之正，而行夏之時。」〔註270〕據前述四時田獵之名，春田曰苗，冬田曰狩。如《春秋》莊公四年冬：「公及齊人狩于郜。」僖公二十八年冬：「天王狩于河陽。」皆以冬田稱狩。惟桓公四年春正月：「公狩于郎。」哀公十四年春：「西狩獲麟。」則以春田稱狩。春田稱狩不稱苗者，殆狩亦得爲四時田獵之通稱也。何休乃以《春秋》假託魯君爲王，故變周之春以爲冬，狩于周之春，即狩于擬魯之冬，以制序時之法。

〔註270〕同註269，頁 2352。

第三章　王魯說之形成背景

第一節　周道不足觀

一、周道由衰而廢

何謂周道？《禮記・禮運》云：「言偃復問曰：『夫子之極言禮也，可得而聞與？』孔子曰：『我欲觀夏道，是故之杞，而不足徵也，吾得《夏時》焉。我欲觀殷道，是故之宋，而不足徵也，吾得《坤乾》焉。《坤乾》之義，《夏時》之等，吾以是觀之。』」言偃問禮，孔子答以夏道與殷道，是知夏道即夏禮，殷道即殷禮。然則，周道亦即周禮乎？按《論語・為政》云：「子曰：『殷因於夏禮，所損益，可知也；周因於殷禮，所損益，可知也。』」夏禮、殷禮、周禮三者因革損益，道體相續，周道即周禮，自不待多言。

又《論語・八佾》云：「子曰：『夏禮，吾能言，之杞，不足徵也。殷禮，吾能言，之宋，不足徵也。文獻不足故也。足，則吾能徵之矣。』」《禮記・中庸》亦云：「子曰：『吾說夏禮，杞不足徵也。吾學殷禮，有宋存焉。吾學周禮，今用之。吾從周。』」夏、殷之禮，文獻皆不足徵；孔子從周者，蓋周禮文獻備足也。

惟西周末年，周道漸衰。證諸《詩經・小雅・大東》：「有饛簋飧，有捄棘匕。周道如砥，其直如矢。君子所履，小人所視。睠言顧之，潸焉出涕。」《毛傳》云：「如砥，貢賦平均也。如矢，賞罰不偏也。」鄭玄云：「飧者，客始至，主人所致之禮也。……此言古者，天子之恩厚也。君子皆法效而履行之，其如砥矢之平，小人又皆視之共之無怨。……此二事者，在乎前世，

過而去矣。我從今顧視之，爲之出涕，傷今不如古。」〔註1〕蓋貢賦平均、賞罰不偏，二者俱往，周道衰而不復矣，故詩人傷之。孔穎達斷此詩作於幽王時〔註2〕；裴普賢、糜文開則斷此詩作於厲王至幽王之世，最遲不過平王東遷〔註3〕；要以作於西周末年，殆屬可信。

又《詩經・小雅・小弁》云：「踧踧周道，鞫爲茂草。」《毛傳》云：「踧踧，平易也。周道，周室之通道。鞫，窮也。」鄭玄云：「此喻幽王信褒姒之讒，亂其德政，使不通於四方。」〔註4〕周道者，一曰周室之通道，一曰周王之德政，蓋雙關語也。幽王時，德政不通於四方，故周室之通道爲茂草所湮沒矣。《詩經・小雅・何草不黃》云：「有芃者狐，率彼幽草。有棧之車，行彼周道。」〈小序〉云：「〈何草不黃〉，下國刺幽王也。四夷交侵中國背叛，用兵不息，視民如禽獸，君子憂之，故作是詩也。」幽王用兵四夷，棧車（役車）馳走於周道，周道漸衰之徵也。

迨春秋時期，「大道既隱，天下爲家，各親其親，各子其子，貨力爲己。大人世及以爲禮，城郭溝池以爲固，禮義以爲紀，以正君臣，以篤父子，以睦兄弟，以和夫婦，以設制度，以立田里，以賢勇知，以功爲己。故謀用是作，而兵由此起。」（《禮記・禮運》）故孔子歎曰：「大道之行也，與三代之英，丘未之逮也，而有志焉。」（《禮記・禮運》）鄭玄云：「志，謂識古文。」〔註5〕孔穎達云：「志，是記識之名；古文，是古代之文籍。」〔註6〕春秋之世，周道不行於天下，孔子生不逢其時，但多記識古代之文籍而已。

太史公聞董仲舒曰：「周道衰廢，孔子爲魯司寇，諸侯害之，大夫壅之。孔子知言之不用，道之不行也，是非二百四十二年之中，以爲天下儀表，貶天子，退諸侯，討大夫，以達王事而已矣。」（《史記・太史公自序》）孔子欲

〔註1〕漢・鄭玄：《毛詩箋》，清・阮元：《十三經注疏》（二冊本）（臺北：大化書局，1982年10月），頁460。

〔註2〕孔穎達云：「譚大夫既思古無及，乃言今幽王政偏，重斂於己。」唐・孔穎達：《毛詩正義》，清・阮元：《十三經注疏》（二冊本）（臺北：大化書局，1982年10月），頁460。

〔註3〕裴普賢、糜文開：《詩經欣賞與研究》（臺北：三民書局，1977年12月），頁364。

〔註4〕漢・鄭玄：《毛詩箋》，同註1，頁452。

〔註5〕漢・鄭玄：《禮記注》，清・阮元：《十三經注疏》（二冊本）（臺北：大化書局，1982年10月），頁1413。

〔註6〕唐・孔穎達：《禮記正義》，清・阮元：《十三經注疏》（二冊本）（臺北：大化書局，1982年10月），頁1414。

達王事，故《春秋》多譏、貶、絕之例，使亂臣賊子知所戒懼；又多爲內大惡諱、爲尊者諱、爲親者諱、爲賢者諱、爲中國諱之例，正所以見周道衰廢，天下紛亂，不得不隱惡揚善，以著法式。

二、周禮盡在魯矣

周道衰廢，諸侯有存之者乎？《詩經‧檜風‧匪風》云：「匪風發兮，匪車偈兮；顧瞻周道，中心怛兮。匪風飄兮，匪車嘌兮；顧瞻周道，中心弔兮。」《毛傳》云：「發發，飄風，非有道之風。偈偈，疾驅，非有道之車。下國之亂，周道滅也。……嘌嘌，無節度也。」鄭玄云：「周道，周之政令也。」〔註7〕〈小序〉云：「〈匪風〉，思周道也。國小政亂，憂及禍難而思周道焉。」詩人思周道者，周道不存於檜，可知矣。

又《左傳》哀公七年夏：「公會吳于鄫，吳來徵百牢。子服景伯對曰：『先王未之有也。』吳人曰：『宋百牢我，魯不可以後宋。且魯牢晉大夫過十，吳王百牢，不亦可乎！』景伯曰：『晉范鞅貪而棄禮，以大國懼敝邑，故敝邑十一牢之。君若以禮命於諸侯，則有數矣；若亦棄禮，則有淫者矣。周之王也，制禮上物，不過十二，以爲天之大數也。今棄周禮，而曰必百牢，亦唯執事。』吳人弗聽。」蓋晉、吳亦俱棄周禮矣。

孔子曰：「於呼哀哉！我觀周道，幽、厲傷之。吾舍魯，何適矣！」（《禮記‧禮運》）孔子此言，出於己爲魯人之私乎？否也。按《史記‧魯周公世家》云：「周公卒後，……天動威以彰周公之德，……於是成王乃命魯得郊祭文王。魯有天子禮樂者，以褒周公之德也。」裴駰云：「《禮記》曰：『諸侯不得祖天子。』鄭玄曰：『魯以周公之故，立文王之廟也。』」〔註8〕魯以周公之德，成王命得郊祭文王，並褒以天子禮樂，故魯禮與周禮無異也，宜乎孔子據魯以觀周道。

按《左傳》襄公二十九年夏：「吳公子札來聘，見叔孫穆子。……請觀於周樂。」魯爲季札歌〈周南〉、〈召南〉、〈邶〉、〈鄘〉、〈衛〉、〈王〉、〈齊〉、〈豳〉、〈秦〉、〈魏〉、〈唐〉、〈陳〉、〈小雅〉、〈大雅〉、〈頌〉，又見舞〈象箾〉、〈南籥〉、〈大武〉、〈韶濩〉、〈大夏〉、〈韶箾〉者，歎曰：「觀止矣！若有他樂，吾不敢請已。」（同前引）又《左傳》昭公二年春：「晉侯使韓宣子來聘，且告爲政，而來見，禮也。觀書於大史氏，見《易象》與魯《春秋》，曰：『周禮盡在魯

〔註7〕　漢‧鄭玄：《毛詩箋》，同註1，頁383。
〔註8〕　南朝宋‧裴駰：《史記集解》，《史記》（臺北：鼎文書局，1975年），頁1524。

矣。吾乃今知周公之德，與周之所以王也。』」杜預云：「韓子所見，蓋周之舊典《禮經》也。」〔註9〕故周禮盡在魯，諸侯之禮莫備於魯，吳人觀止，晉人見證，非孔子之私也。

志從魯道者，非獨孔子也。按《詩經・齊風・南山》：「南山崔崔，雄狐綏綏；魯道有蕩，齊子由歸；既曰歸止，曷又懷止。葛屨五兩，冠緌雙止；魯道有蕩，齊子庸止；既曰庸止，曷又從止。」《詩經・齊風・載驅》：「載驅薄薄，簟茀朱鞹；魯道有蕩，齊子發夕。四驪濟濟，垂轡濔濔；魯道有蕩，齊子豈弟。汶水湯湯，行人彭彭；魯道有蕩，齊子翱翔。汶水滔滔，行人儦儦；魯道有蕩，齊子游敖。」「魯道」二字，凡六見。蓋齊襄公與其妹文姜淫，文姜嫁歸魯桓公，猶數與齊襄公私通，事詳《左傳》桓公十八年、莊公二年至八年。〈小序〉以爲，〈南山〉、〈載驅〉二首，俱「齊人刺襄公而作」；惟齊襄公與文姜俱淫乎禮，詩人當並刺之。齊子者，即文姜也。所謂「魯道有蕩，齊子由歸」，鄭玄云：「婦人謂嫁曰歸。言文姜既以禮，從此道，嫁于魯侯也。」〔註10〕所謂「魯道有蕩，齊子庸止」，鄭玄云：「此言文姜既用此道，嫁于魯侯。」〔註11〕所謂「魯道有蕩，齊子發夕」，鄭玄云：「襄公既無禮義，乃疾驅其乘車，以入魯竟。魯之道路平易，文姜發夕，由之往會焉，曾無慙恥之色。」〔註12〕故魯道者，既爲魯之道路，亦爲魯之禮義；有蕩者，既謂道路平易，亦謂禮義浩大。蓋魯之道路平易，乃文姜所由歸；魯之禮義浩大，乃文姜所宜遵也。此齊人志從魯道之證也。

即如孔子以爲齊桓公「正而不譎」（《論語・憲問》），猶有乘魯難而取魯之問。《左傳》閔公元年冬：「齊仲孫湫來省難。……仲孫歸，……公曰：『魯可取乎？』對曰：『不可，猶秉周禮。周禮，所以本也。臣聞之，國將亡，本必先顛，而後枝葉從之。魯不棄周禮，未可動也。』」魯以周禮爲本，且以周禮存。齊桓公爲五霸之首，諸侯雖棄周禮，猶敬周禮，可知矣。

三、魯道衰而不廢

魯不棄周禮，雖然，太史公聞孔子稱曰：「甚矣！魯道之衰也。洙、泗之

〔註 9〕晉・杜預：〈春秋序〉，清・阮元：《十三經注疏》（二冊本）（臺北：大化書局，1982 年 10 月），頁 1704。
〔註10〕漢・鄭玄：《毛詩箋》，同註 1，頁 352。
〔註11〕同註 10。
〔註12〕同註 10，頁 354。

誾，斷斷如也。」（《史記・魯周公世家》）故太史公曰：「觀慶父及叔牙，閔公之際，何其亂也；隱、桓之事；襄仲殺適立庶；三家北面爲臣，親攻昭公，昭公以奔。至其揖讓之禮則從矣，而行事何其戾也！」（同前引）按魯公子慶父及叔牙謀篡莊公未遂，慶父又弒子般、閔公，事詳《公羊傳》莊公三十二年、閔公元年至二年及《左傳》莊公三十二年；隱公攝君位，桓公弒隱公而立，事詳《公羊傳》及《穀梁傳》隱公元年、《左傳》隱公十一年；魯公子襄仲殺文公太子惡，而立宣公，事詳《左傳》文公十八年；昭公欲去三桓，伐季氏，爲季氏逐而奔齊、晉，事詳《公羊傳》、《穀梁傳》及《左傳》昭公二十五年至三十二年。所舉事例，俱非禮也；孔子歎魯道之衰，良有以也。

　　《禮記・檀弓上》載曾子語於子夏云：「吾與女事夫子於洙、泗之間。」洙、泗之間者，孔子施行教化之地也。至斷斷如者，何謂也？

　　一曰分辨之意。按《漢書・地理志下》云：「瀕洙、泗之水，其民涉度，幼者扶老而代其任。俗既益薄，長老不自安，與幼少相讓，故曰：『魯道衰，洙、泗之間，斷斷如也。』」顏師古云：「斷斷，分辨之意也，音牛斤反。」〔註13〕分辨者，長幼不和也。蓋以爲，洙、泗之間，幼者知禮，扶老渡河，惟長者性情嶢薄，小有不適意，則叱讓幼者，故不和也。

　　二曰爭辭，又鬥爭之貌。司馬貞引徐廣云：「音五艱反，云斷斷是鬥爭之貌。」〔註14〕裴駰亦引徐廣云：「斷，魚斤反，東州語也。蓋幼者患苦長者，長者忿愧自守，故斷斷爭辭，所以爲道衰也。』」〔註15〕蓋亦以爲，洙、泗之間，幼者知禮，欲扶老渡河，長者拒領其情，甚者惱羞成怒，至爭鬥耳。

　　三曰誾誾如也。司馬貞云：「斷，音魚斤反，讀如《論語》『誾誾如也』。言魯道雖微，而洙、泗之間，尚誾誾如也。」〔註16〕按《論語・鄉黨》：「孔子……與上大夫言，誾誾如也。」何晏云：「孔曰：誾誾，中正之貌。」〔註17〕邢昺云：「上大夫，卿也，爵位既尊，故與之言，常執中正，不敢和樂也。」

〔註13〕唐・顏師古：《漢書注》，《漢書》（臺北：鼎文書局，1974年10月），頁1662。
〔註14〕見《史記・魯周公世家》注文。唐・司馬貞：《史記索隱》，《史記》（臺北：鼎文書局，1975年），頁1548。
〔註15〕見《史記・魯周公世家》注文。南朝宋・裴駰：《史記集解》，同註8，頁1548。
〔註16〕同註14。
〔註17〕三國魏・何晏：《論語集解》，清・阮元：《十三經注疏》（二冊本）（臺北：大化書局，1982年10月），頁2493。

〔註18〕又〈先進〉:「閔子侍側,誾誾如也。」邢昺云:「閔子侍側,誾誾如也者,卑在尊側曰侍;誾誾,中正之皃;如也者,言其皃如此也。」〔註19〕蓋與尊者言,侍尊者,皆執中正,示恭敬也。魯道雖衰,洙、泗之間,猶執禮中正,不廢其禮也。故司馬貞按:「下文云:『至于揖讓之禮則從矣。』魯尚有揖讓之風,如《論語》音誾爲得之也。」〔註20〕此說甚是。

四曰專一之義。司馬貞云:「又作『斷斷』,如《尚書》讀,則斷斷是專一之義。」〔註21〕按《尚書・秦誓》:「如有一介臣,斷斷猗。」《孔傳》云:「斷斷猗然,專一之臣。」孔穎達云:「斷斷,守善之貌。」〔註22〕取斷斷之義者,蓋以爲,魯道雖衰,洙、泗之間,猶專一守善,不廢其禮也。

據茲四義,以第一、二義爲短。《漢書・地理志》既謂洙、泗之間民俗益薄,長幼叱讓、鬥爭,是則魯道既衰,且幾至於廢矣;又謂「其民有聖人之教化,故孔子曰:『齊一變至於魯,魯一變至於道。』言近正也。」此矛盾之語也。設洙、泗之間魯道衰而幾至於廢,將如何一變而至於道,恐數變猶不至也。且豈有長者無禮,幼者反知禮乎!魯道衰而不廢,可知矣。故第三、四義實長。即如魯季氏雖專權,逐昭公,猶「事君如在國」(《左傳》昭公二十七年秋),執守臣子之禮,未篡奪君位,魯道不廢可知矣,故太史公以爲「行事何其戾也」。

迨戰國時期,「鄒、魯濱洙、泗,猶有周公遺風,俗好儒,備於禮」(《史記・貨殖列傳》)。及漢高帝劉邦滅項羽後,「舉兵圍魯,魯中諸儒尚講誦習禮樂,弦歌之音不絕」(《史記・儒林列傳》);故司馬遷許之,以爲「豈非聖人之遺化,好禮樂之國哉!」(《史記・儒林列傳》)蓋終春秋、戰國之世,周室已亡,洙、泗之間魯道實未嘗廢也。

四、魯有四代王禮

按《禮記・明堂位》:「凡四代之服、器、官,魯兼用之。是故,魯,王禮也,天下傳之久矣,君、臣未嘗相弑也,禮、樂、刑、法、政、俗未嘗相

〔註18〕宋・邢昺:《論語注疏解經》,清・阮元:《十三經注疏》(二冊本)(臺北:大化書局,1982 年 10 月),頁 2493。

〔註19〕同註 18,頁 2499。

〔註20〕同註 14。

〔註21〕同註 14。

〔註22〕唐・孔穎達:《尚書正義》,清・阮元:《十三經注疏》(二冊本)(臺北:大化書局,1982 年 10 月),頁 256。

變也，天下以爲有道之國，是故天下資禮樂焉。」四代者，虞、夏、殷、周也。孔穎達云：「天下以爲有道之國者，作《記》之時，是周代之末，唯魯獨存周禮，故以爲有道之國。」〔註23〕魯非獨存周禮，乃有四代之王禮也，如前舉《左傳》襄公二十九年夏「吳公子札來聘」例，魯爲季札舞：〈象箾〉、〈南籥〉者，皆周文王之樂也；〈大武〉者，周武王之樂也；〈韶濩〉者，殷湯之樂也；〈大夏〉者，夏禹之樂也；〈韶箾〉者，虞舜之樂也〔註24〕。四代王者之樂，粲然大備於魯，故天下以魯爲有道之國。

彼無道之國，君、臣尋相弒也，禮、樂、刑、法、政、俗數相變也。魯既爲有道之國，當率天下以王禮，此蓋《春秋》王魯説之所由也。惟鄭玄云：「春秋時，魯三君弒；又士之有誄，由莊公始；婦人髽而弔，始於臺駘。云君、臣未嘗相弒，政、俗未嘗相變，亦近誣矣。」〔註25〕所謂「魯三君弒」者，魯公子羽父請殺桓公，將以求太宰，隱公不許，羽父使賊弒隱公，事詳《左傳》隱公十一年冬，此其一也；魯公子慶父使圉人賊子般，事詳《左傳》莊公三十二年秋，此其二也；慶父又使卜齮賊閔公于武闈，事詳《左傳》閔公二年秋八月辛丑，此其三也。所謂「士之有誄，由莊公始」者，魯莊公及宋人戰于乘丘，縣賁父御，馬驚，敗績，非其罪而死之，遂誄之，事詳《禮記・檀弓上》及《左傳》莊公十年。所謂「婦人髽而弔，始於臺駘」者，魯大夫臧紇與邾人戰，敗于狐駘，國人逆喪者皆髽（以麻束髮），事詳《禮記・檀弓上》及《左傳》襄公四年。以上俱魯相弒、相變之事例，無怪乎鄭玄以《禮記・明堂位》爲「近誣」。至所謂「魯，王禮也」，「天下以爲有道之國」者，殆不誣也。故《春秋》多諱例，以有道之國不宜有相弒、相變之作也。

第二節　三統循環説

一、董仲舒倡三統循環説爲王魯説張本

三統循環説與王魯説俱首見於《春秋繁露》。三統者，黑統、白統、赤統

〔註23〕唐・孔穎達：《禮記正義》，同註6，頁1492。

〔註24〕晉・杜預《春秋經傳集解》，清・阮元：《十三經注疏》（二冊本）（臺北：大化書局，1982年10月），頁2008。

〔註25〕見《禮記・明堂位》注文。又《禮記・檀弓上》鄭玄云：「『臺』當爲『壺』字之誤也。《春秋傳》作『狐鮐』。」惟《左傳》襄公四年冬十月作「狐駘」。漢・鄭玄：《禮記注》，同註5，頁1492、1278。

也。三統各統朝代，受命改制，以次遞嬗，終而復始。黑統色尚黑，以寅月（一月）爲正月；白統色尚白，以丑月（十二月）爲正月；赤統色尚赤，以子月（十一月）爲正月。王者受命必改制，其中以建正月爲首要之事，故三統亦稱三正。說詳《春秋繁露・三代改制質文》：

> 三正以黑統初。正黑統奈何？曰：正黑統者，厤〔註26〕正日月朔於營室，斗建寅，天統氣始通化物，物見萌達，其色黑，故朝正服黑，首服藻黑，正路輿質黑，馬黑，大節綬幘尚黑，旗黑，大寶玉黑，郊牲黑，犧牲角卵，冠于阼，昏禮逆于庭，喪禮殯於東階之上，祭牲黑牡，薦尚肝，樂器黑質，法不刑有身〔註27〕懷任新產，是月不殺，聽朔廢刑發德，具存二王之後也，親赤統，故日分平明，平明朝正。正白統奈何？曰：正白統者，歷正日月朔于虛，斗建丑，天統氣始蛻化物，物初芽，其色白，故朝正服白，首服藻白，正路輿質白，馬白，大節綬幘尚白，旗白，大寶玉白，郊牲白，犧牲角繭，冠于堂，昏禮逆于堂，喪事殯于楹柱之間，祭牲白牡，薦尚肺，樂器白質，法不刑有身懷任，是月不殺，聽朔廢刑發德，具存二王之後也，親黑統，故日分鳴晨，鳴晨朝正。正赤統奈何？曰：正赤統者，歷正日月朔于牽牛，斗建子，天統氣始施化物，物始動，其色赤，故朝正服赤，首服藻赤，正路輿質赤，馬赤，大節綬幘尚赤，旗赤，大寶玉赤，郊牲騂，犧牲角栗，冠于房，昏禮逆于戶，喪禮殯于西階之上，祭牲騂牡，薦尚心，樂器赤質，法不刑有身，重懷藏以養微，是月不殺，聽朔廢刑發德，具存二王之後也，親白統，故日分夜半，夜半朝正。〔註28〕

其中，王者「具存二王之後」，謂之「通三統」：

> 王者之法必正號。絀王謂之帝，封其後以小國，使奉祀之。下存二王之後以大國，使服其服，行其禮樂，稱客而朝；故同時稱帝者五，

〔註26〕「正黑統奈何？曰：正黑統者，厤」十一字，原闕。蘇輿引俞樾云：「『初』下有闕文，當據下文補『正黑統奈何？曰：正黑統者，厤』十一字。」從其校補。清・蘇輿：《春秋繁露義證》（北京：中華書局，1996 年 9 月），頁191。

〔註27〕「身」字，原闕。蘇輿云：「以下文例之，『有』下脫『身』字。」從其校補。同註 26，頁 192。

〔註28〕漢・董仲舒：《春秋繁露》（臺北：臺灣中華書局，1984 年 5 月），卷七，頁 4〜5。

稱王者三，所以昭五端，通三統也。〔註29〕

故夏受命爲王，正黑統，存唐、虞二王之後，合爲「三代」；殷受命爲王，正白統，存虞、夏二王之後，合爲「三代」；周受命爲王，正赤統，存夏、殷二王之後，合爲「三代」；《春秋》王魯，正黑統，存殷、周二王之後，合爲「三代」。是即「通三統」也。夏、殷、周三統終，《春秋》王魯復自黑統始，三統循環之義也。

三統以黑統爲首，惟《春秋繁露·三代改制質文》云：「湯受命而王，應天變夏，作殷號，時正白統。……文王受命而王，應天變殷，作周號，時正赤統。……《春秋》應天作新王之事，時正黑統，王魯。」〔註30〕董仲舒以殷繫諸白統，以周繫諸赤統，以《春秋》繫諸黑統，未見以夏繫諸黑統，何也？顧頡剛云：「因爲三統說是影戲了五德說而成立的。在那時的五行相勝的五德說裏定湯爲金德，文王爲火德，繼周者爲水德；所以他便趁口說湯爲白統，文王爲赤統，孔子以《春秋》繼周爲黑統，以示與五德說相應合而不相衝突。若一提到夏，則在五德說爲木德，在三統說爲黑統，便不相容了。這是一種『託古改制』的學說初出來時所應有的遮遮掩掩的態度。」〔註31〕聊備一說。

二、董仲舒不採五德終始說

五德終始說大盛於先秦至兩漢之際，惟董仲舒不採其說，另倡三統循環說。學者多以今本《春秋繁露》中，〈五行對〉、〈五行之義〉、〈五行相生〉、〈五行相勝〉、〈五行順逆〉、〈治水五行〉、〈治亂五行〉、〈五行變救〉、〈五行五事〉俱以五行名篇，論證董仲舒提倡五行學說；惟戴君仁嘗撰〈董仲舒不說五行考〉〔註32〕一文，詳舉例證，足資佐參，茲摘要如下：

（一）《春秋繁露》五行學說當是東漢人所爲

《春秋繁露·五行順逆》云：「火者，夏，成長，本朝也。舉賢良，進茂才。」〔註33〕東漢人避光武帝諱，故改「秀才」爲「茂才」。又〈五行相生〉

〔註29〕同註28，頁5。
〔註30〕同註28，頁3。
〔註31〕顧頡剛：《中國上古史研究講義》（臺北：洪葉文化事業，1994年10月），頁355。
〔註32〕戴君仁：〈董仲舒不說五行考〉，《梅園論學集》（臺北：臺灣開明書店，1970年9月），頁319～334。
〔註33〕漢·董仲舒：《春秋繁露·五行順逆》，同註28，卷十三，頁8。

云：「南方者，火也，本朝司馬。」〔註34〕〈五行相勝〉云：「夫火者，本朝。」〔註35〕東漢屬火德，故以火爲「本朝」〔註36〕。

（二）《漢書・五行志上》董仲舒之說不及五行

《漢書・五行志上》云：「漢興，承秦滅學之後。景、武之世，董仲舒治《公羊春秋》，始推陰陽，爲儒者宗。宣、元之後，劉向治《穀梁春秋》，數其禍福，傳以〈洪範〉，與仲舒錯。至向子歆治《左氏傳》，其《春秋》意亦已乖矣；言〈五行傳〉，又頗不同。」故董仲舒祇以陰陽推說《春秋》災異，劉向、劉歆父子則兼說五行。戴君仁錄〈五行志〉董仲舒災異之說，凡四十九條，云：「董氏是《春秋》專家，……他所本的是《公羊傳》；劉向則治《穀梁春秋》，又著〈洪範五行傳〉。他們討論災異，所本之經傳不同，故其說亦異。其閒也有相合的，可能由於《公》、《穀》相近，劉用董說，班固乃併爲一條；但決不會每句話，二人都共同說過。我們看所錄各條，屬於董氏個人的，絕不及五行一字；而在本〈志〉裏面，屬於劉向個人的，屢見青祥、白祥、赤祥等五行學說的術語。因此，我們可以肯定地說，董仲舒所傳播的陰陽家之學，祇是陰陽，不及五行。」〔註37〕

（三）《漢書・董仲舒傳》載〈賢良對策〉無五行說

董仲舒〈賢良對策〉之一云：「天道之大者在陰陽。陽爲德，陰爲刑。刑主殺，而德主生。是故陽常居大夏，而以生育養長爲事；陰常居大冬，而積於空虛不用之處。以此見天之任德不任刑也。天使陽出，布施於上，而主歲功；使陰入，伏於下，而時出佐陽。陽不得陰之助，亦不能獨成歲。終陽以成歲爲名，此天意也。王者承天意以從事，故任德教而不任刑。刑者不可任以治世，猶陰之不可任以成歲也。爲政而任刑，不順於天，故先王莫之肯爲也。今廢先王德教之官，而獨任執法之吏治民，毋乃任刑之意與？」（《漢書・董仲舒傳》）其中祇有陽德陰刑說，而無五行說。

董仲舒既不說五行，遑論採五德終始說。蓋五德終始說與三統循環說之遞嬗系統不同，的須釐清，接敘如下。

〔註34〕 漢・董仲舒：《春秋繁露・五行相生》，同註28，卷十三，頁4。
〔註35〕 「本朝」，原作「大朝」。蘇輿引盧文弨云：「疑當作『本朝』。」從其校改。同註26，頁368。
〔註36〕 漢・董仲舒：《春秋繁露・五行相勝》，同註28，卷十三，頁6。
〔註37〕 戴君仁：〈董仲舒不說五行考〉，同註32，頁330～331。

三、五德終始說與三統循環說之遞嬗系統不同

董仲舒不採五德終始說，另倡三統循環說，何也？歷來學者皆不得其正解。

顧頡剛以爲，三統循環說「是和騶衍的五德終始說相類的一種對于帝王興廢的解釋。」〔註38〕然則，三統循環說擬魯以繼周後，異於史實，豈容以帝王興廢解釋之？

黃朴民云：「『三統說』與『五德終始說』之間，性質上有其一致性，即都是統治階級思想家用來解釋朝代更迭、歷史變遷現象及其內在規律的歷史哲學理論形態。」〔註39〕此說與顧頡剛並無二致，不再辯駁。

李威熊云：「董仲舒不用五德終始說，大概由於此說在當時因有不少爭論，爲了避免捲入是非漩窩，只好另立他說。」〔註40〕此乃臆測之詞，且語焉不詳。

王永祥云：「起初的五德運演以五行相克爲序，而到《淮南子》，則演變成了以五行相生爲序，由此暴露了五德終始說的自身矛盾。正是因此，漢應屬于何德，在漢朝建立之初的幾十年間，發生了持久、反復的爭訟。……正是在此種情況下，三統說應運而生。」〔註41〕惟三統循環說非以五德（或三德）爲說，且擬魯以繼周後，未及於漢，遑論漢屬何德。此說與事實不合。

賴慶鴻以爲，董仲舒「未明言依五德說歷代應屬之德，可見仲舒亦不重視五德終始說，因而另行創立三統四法之說，以作爲其主張改制更化之依據。」〔註42〕然則，董仲舒何以未依五德終始說主張改制更化？必另創三統循環說以主張改制更化者，何也？猶未得其解。

蔣慶云：「通三統說是今文說，終始五德說是古文說。通三統說是要解決新王興起改制立法時新王之統與前王之統的關係問題，終始五德說則是要解

〔註38〕顧頡剛：《中國上古史研究講義》，同註31，頁355。

〔註39〕黃朴民：〈公羊「三統」說與何休「《春秋》王魯」論〉，《管子學刊》1998年第四期，頁34。

〔註40〕李威熊：《董仲舒與西漢學術》（臺北：文史哲出版社，1978年6月），頁87。

〔註41〕王永祥：《董仲舒評傳》（南京：南京大學出版社，1995年9月），頁329。

〔註42〕賴慶鴻：《董仲舒政治思想之研究》（臺北：文史哲出版社，1981年4月），頁122。

決某一朝代興起其必然的宿命依據問題。三統說是爲孔子作《春秋》當新王改制立法作理論上的說明，五德說則是爲王莽篡漢作輿論上的準備。故通三統說是改制之說，終始五德說則是意識形態。」〔註43〕辨析如下：

其一，所謂解決新舊王統之關係問題，或即前述《春秋繁露・三代改制質文》所謂以王者「具存二王之後」。按《禮記・郊特牲》云：「天子存二代之後，猶尊賢也，尊賢不過二代。」孔穎達引《古春秋左氏說》：「周家封夏、殷二王之後，以爲上公；封黃帝堯舜之後，謂之三恪。」〔註44〕故周封前代王者之後爲「三恪」，尊賢之義也。如《左傳》襄公二十五年秋：「鄭子產……曰：『昔虞閼父爲周陶正，以服事我先王。我先王賴其利器用也，與其神明之後也，庸以元女大姬，配胡公而封之陳，以備三恪』。」杜預云：「周得天下，封夏、殷二王後，又封舜後，謂之『恪』，并二王後爲三國，其禮轉降，示敬而已，故曰『三恪』。」〔註45〕「三恪」者，古制也，且宋「於周爲客」〔註46〕，乃既存之事實，新舊王統之主客關係甚明，豈待董仲舒另創三統循環說以解決乎！

其二，五德終始係以五行相克說，推論朝代之遞嬗；王莽篡漢，以漢屬火德，自以爲土德，所據乃五行相生說，如《漢書・王莽傳中》王莽云：「赤世計盡，終不可強濟。皇天明威，黃德當興，隆顯大命，屬予以天下。」又如《漢書・五行志第七中之下》王莽云：「初元四年，莽生之歲也，當漢九世火德之厄。」可證。蔣慶以爲王莽篡漢所據爲五德終始說，諒有誤解。至於所謂三統說係爲孔子作《春秋》當新王改制立法作理論上之說明，卻又謂「三統非循環」〔註47〕，不明其意。

以上諸說，既無所取，茲不揣學陋，竊就創獲之見，辨正如下：

（一）五德終始說乃政統遞嬗之論

五德終始說謂歷代王者受命，各有其德，以木、火、土、金、水五德配

〔註43〕 蔣慶：《公羊學引論》（瀋陽：遼寧教育出版社，1997年4月），頁310。

〔註44〕 唐・孔穎達：《禮記正義》，同註6，頁1448。

〔註45〕 晉・杜預《春秋經傳集解》，同註24，頁1985。

〔註46〕 《左傳》僖公二十四年秋：「宋及楚平。宋成公如楚，還，入於鄭。鄭伯將享之，問禮於皇武子，對曰：『宋，先代之後也，於周爲客。天子有事，膰焉；有喪，拜焉。豐厚可也。』鄭伯從之，享宋公有加，禮也。」又昭公二十五年夏：「會于黃父，謀王室也。……宋樂大心曰：『我不輸粟。我於周爲客，若之何使客！』」

〔註47〕 蔣慶：《公羊學引論》，同註43，頁311。

之；朝代之遞嬗，以木克土、土克水、水克火、火克金、金克木之次第，終始循環。《呂氏春秋·應同》云：「凡帝王者之將興也，天必先見祥乎下民。黃帝之時，天先見大螾大螻，黃帝曰：『土氣勝』；土氣勝，故其色尚黃，其事則土。及禹之時，天先見草木秋冬不殺，禹曰：『木氣勝』；木氣勝，故其色尚青，其事則木。及湯之時，天先見金刃生於水，湯曰：『金氣勝』；金氣勝，故其色尚白，其事則金。及文王之時，天先見火，赤鳥銜丹書集於周社，文王曰：『火氣勝』；火氣勝，故其色尚赤，其事則火。代火者必將水，天且先見水氣勝；水氣勝，故其色尚黑，其事則水。水氣至而不知，數備，將徙于土。」〔註48〕後以夏屬木德；殷克夏，故殷屬金德；周克殷，故周屬火德。

至秦，「始皇推終始五德之傳，以爲周得火德，秦代周德，從所不勝。方今水德之始，改年始，朝賀皆自十月朔。衣服、旄旌、節旗皆上黑。數以六爲紀，符、法冠皆六寸，而輿六尺，六尺爲步，乘六馬。更名河曰德水，以爲水德之始。剛毅戾深，事皆決於法，刻削毋仁恩和義，然後合五德之數。」（《史記·秦始皇本紀》）以秦克周，故秦屬水德。

漢武帝太初改制時，兒寬、司馬遷等「以五德之傳，從所不勝，秦在水德，故謂漢據土而克之。」（《漢書·郊祀志下》）以漢克秦，故漢屬土德。或持異議，如張蒼「以高祖十月始至霸上，因故秦時本以十月爲歲首，弗革。推五德之運，以爲漢當水德之時，尚黑如故。」（《史記·張丞相列傳》）蓋以秦爲閏德，故漢屬水德；所據猶五德終始說。

五德終始說以金克木、火克金、水克火、土克水，分別附會於殷克夏、周克殷、秦克周、漢克秦之史實，雖屬苟合，乃政統遞嬗之論也。

（二）三統循環說乃道統遞嬗之論

《春秋繁露·三代改制質文》云：「王者必受命而後王，王者必改正朔，易服色，制禮樂。」〔註49〕〈楚莊王〉云：「今所謂新王必改制者，非改其道，非變其理。」〔註50〕〈觀德〉云：「至德以受命，豪英高明之人輻輳歸之，高者列爲公侯，下至卿大夫，濟濟乎哉！皆以德序。」〔註51〕故董仲舒

〔註48〕秦·呂不韋：《呂氏春秋》（上海：上海古籍出版社，1995年2月），頁94。
〔註49〕漢·董仲舒：《春秋繁露·三代改制質文》，同註28，卷七，頁2～3。
〔註50〕漢·董仲舒：《春秋繁露·楚莊王》，同註28，卷一，頁4。
〔註51〕漢·董仲舒：《春秋繁露·觀德》，同註28，卷九，頁4。

三統循環論，以唐堯、虞舜、夏禹、殷湯、周文王、武王、周公、成王、魯新王爲至德受命，相繼而王，乃道統遞嬗之次第也。王魯者，蓋《春秋》「以魯爲天下化首」〔註52〕。故《春秋》隱公元年秋七月：「天王使宰咺來歸惠公仲子之賵。」書「來」者，何休以爲「明親來被王化，漸漬禮義」〔註53〕也。《春秋》莊公二十三年夏：「荊人來聘。」書「荊人」不書「荊」者，何休以爲「因其始來聘，明夷狄能慕王化、脩聘禮、受正朔者，當進之，故使稱人也。」〔註54〕蓋王化在魯，道統亦在魯也。又《春秋》昭公十六年春：「楚子誘戎曼子，殺之。」書「戎曼子」不書「戎曼人」者，何休以爲「入昭公，見王道大平，百蠻供職，夷狄皆進至其爵。」〔註 55〕王道在魯明矣。王魯説以魯繼周者，乃示王道之傳承耳。

　　漢世論道統遞嬗者，非獨董仲舒也。如《禮記‧禮運》云：「今大道既隱，……禹、湯、文、武、成王、周公，由此其選也。此六君子者，未有不謹於禮者也，以著其義，以考其信，著有過，刑仁講讓，示民有常。」後世明於道統者，亦代有其人。如韓愈云：「斯吾所謂道也，……堯以是傳之舜，舜以是傳之禹，禹以是傳之湯，湯以是傳之文、武、周公，文、武、周公傳之孔子，孔子傳之孟軻。」〔註56〕朱熹云：「自是以來，聖聖相承，若成湯、文、武之爲君，皋陶、伊、傅、周、召之爲臣，既皆以此，而接夫道統之傳。」〔註 57〕康有爲云：「夫孔子之大道在《春秋》，兩漢之治以《春秋》。……由元、明以來五百年，治術言語皆出於朱子，蓋朱子爲教主也。自武、章終後，漢四百年治術言議皆出於董子，蓋董子爲教主也。二子之盛，雖孟、荀，莫得比隆。」〔註58〕是皆《春秋》王魯説之繼承發揚者也。

　　謹就董仲舒以前政統與道統之遞嬗系統，排比略示如下：

〔註52〕漢‧何休：《春秋公羊經傳解詁》，清‧阮元：《十三經注疏》（二冊本）（臺北：大化書局，1982 年 10 月），頁 2199。

〔註53〕同註 52。

〔註54〕同註 52，頁 2237。

〔註55〕同註 52，頁 2324。

〔註56〕唐‧韓愈：〈原道〉，《韓愈全集》（成都：四川大學出版社，1996 年 7 月），頁 2662。

〔註57〕宋‧朱熹：〈中庸章句序〉，《朱子文集》（臺北：臺灣商務印書館，1966 年 6 月），頁 419。

〔註58〕清‧康有爲：《春秋董氏學》，《康南海先生遺著彙刊》（臺北：宏業書局，1976 年 9 月），冊四，頁 386。

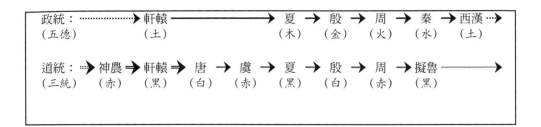

第三節　素王説

「素王」一詞，始見於《莊子·天道》：「夫虛靜恬淡，寂漠无爲者，萬物之本也。明此以南鄉，堯之爲君也；明此以北面，舜之爲臣也。以此處上，帝王天子之德也；以此處下，玄聖素王之道也。」郭象云：「有其道，天下所歸，而無其爵者，所謂素王自貴也。」〔註 59〕故素王者，有其道而無其爵也。杜預〈春秋序〉孔穎達云：「素，空也。言無位而空王之也。」〔註 60〕說與郭象同。

一、素王非孔子之專稱

按《史記·殷本紀》云：「或曰：『伊尹，處士。』湯使人聘迎之，五反然後肯往從湯，言素王及九主之事。」司馬貞云：「素王者，太素上皇，其道質素，故稱素王。」〔註 61〕《孔子家語·本姓解》云：「孔子生於衰周，先王典籍，錯亂無紀，而乃論百家之遺記，考正其義，祖述堯舜，憲章文武，刪詩述書，定禮理樂，制作《春秋》，讚明易道，垂訓後嗣，以爲法式，其文德著矣；然凡所教誨，束脩已上，三千餘人，或者天將欲與素王之乎？夫何其盛也！」〔註 62〕《春秋緯》云：「麟出周亡，故制《春秋》素王，授當興也。」〔註 63〕《論語讖》云：「子夏曰：『仲尼爲素王，顏淵爲司徒。』」〔註 64〕《孝經緯》云：「子曰：『吾作《孝經》以素王，無爵祿之賞、斧鉞之誅，故稱明

〔註 59〕清·郭慶藩：《莊子集釋》（臺北：華正書局，1987 年 8 月），頁 461。
〔註 60〕見杜預〈春秋序〉疏文。唐·孔穎達：《春秋左傳正義》，清·阮元：《十三經注疏》（二冊本）（臺北：大化書局，1982 年 10 月），頁 1708。
〔註 61〕唐·司馬貞：《史記索隱》，同註 14，頁 94。
〔註 62〕三國魏·王肅：《孔子家語》（臺北：中國子學名著集成編印基金會，1978 年 12 月），頁 371～372。
〔註 63〕《春秋緯》，《叢書集成續編》（臺北：新文豐出版公司，1991 年 7 月），冊四十四，頁 49。
〔註 64〕《論語讖》，同註 63，頁 117。

王之道。』」〔註 65〕「素王」一詞，道家、儒家、造僞書者及說讖緯者皆習用之。故素王者，非孔子之專稱也。凡無王爵而行王道者，俱得尊爲素王。

（一）後世亦尊孔子為素王

漢儒尊孔子，如《史記・孔子世家》司馬貞云：「孔子非有諸侯之位，而亦稱系家〔註 66〕者，以是聖人爲教化之主，又代有賢哲，故稱系家焉。」〔註 67〕張守節亦云：「孔子無侯伯之位，而稱世家者，太史公以孔子布衣傳十餘世，學者宗之，自天子王侯，中國言六藝者宗於夫子，可謂至聖，故爲世家。」〔註 68〕《史記》以諸侯列於世家，而孔子繫焉者，尊孔子也。或加尊孔子爲素王，如《淮南子・主術訓》云：「孔子之通，智過於萇弘，勇服於孟賁，足躡郊菟，力招城關，能亦多矣。然而勇力不聞，伎巧不知，專行教道，以成素王，事亦鮮矣。《春秋》二百四十二年，亡國五十二，弒君三十六，采善鉏醜，以成王道，論亦博矣。」〔註 69〕蓋孔子以《春秋》成王道，故尊爲素王。《論衡・定賢》云：「孔子不王，素王之業在《春秋》。」〔註 70〕此之謂也。

《春秋》哀公十四年春：「西狩獲麟。」《公羊傳》云：「有王者則至，無王者則不至。」《解詁》云：「上有聖帝明王，天下大平，然後乃至。」〔註 71〕惟獲麟之時，「世衰道微，邪說暴行有作」（《孟子・滕文公下》），「弒君三十六，亡國五十二」〔註 72〕，聖帝明王何在？故孔子曰：「孰爲來哉！孰爲來哉！」反袂拭面，涕沾袍（《公羊傳》哀公十四年春）。然則，董仲舒正以孔子爲此聖帝明王，又以西狩獲麟爲孔子「受命之符是也，然後託乎《春秋》正不正之間，而明改制之義。」〔註 73〕董仲舒以孔子受命，尊爲素王，亦所以申王魯說也。

〔註 65〕《孝經緯》，同註 63，頁 65。見《緯攟・孝經緯・孝經鉤命決》。
〔註 66〕唐避太宗諱，改「世家」爲「系家」。
〔註 67〕唐・司馬貞：《史記索隱》，同註 14，頁 1905。
〔註 68〕唐・張守節：《史記正義》，《史記》（臺北：鼎文書局，1975 年），頁 1905。
〔註 69〕漢・劉安：《淮南子》（臺北：臺灣中華書局，1987 年 8 月），卷九，頁 22。
〔註 70〕漢・王充：《論衡》（臺北：中國子學名著集成編印基金會，1978 年 12 月），頁 1173。
〔註 71〕漢・何休：《春秋公羊經傳解詁》，同註 52，頁 2352。
〔註 72〕漢・董仲舒：《春秋繁露・王道》，同註 28，卷四，頁 4。《春秋繁露・盟會要》，同註 28，卷五，頁 4。《春秋繁露・王道》、〈盟會要〉。
〔註 73〕漢・董仲舒：《春秋繁露・符瑞》，同註 28，卷六，頁 2。

　　孔穎達云：「案孔舒元《公羊傳本》云：『十有四年春西狩獲麟，何以書？記異也。今麟非常之獸，其爲非常之獸奈何？有王者則至，無王者則不至。然則，孰爲而至？爲孔子之作《春秋》。』是有成文也。《左傳》及《穀梁》則無明文。故說《左氏》者，言孔子自衛反魯，則便撰述《春秋》，三年文成，乃致得麟。孔子既作此書，則爲書來應，言麟爲孔子至也。麟是帝王之瑞，故有素王之說，言孔子自以身爲素王，故作《春秋》，立素王之法。丘明自以身爲素臣，故爲素王作左氏之《傳》。漢、魏諸儒皆爲此說。」〔註74〕蓋託西狩獲麟爲孔子受命爲素王之符者，非獨董仲舒也，漢、魏諸儒，甚至說《左傳》者，皆持此說。杜預不信此說，異於漢、魏諸儒之說《左傳》者。惟漢、魏諸儒以爲，孔子先作《春秋》，而後獲麟；杜預則云：「先儒以爲，制作三年，文成致麟，既已妖妄；又引《經》以至仲尼卒，亦又近誣。」〔註75〕故以《春秋》爲「感麟而作，作起獲麟。」〔註76〕先獲麟，而後作《春秋》，說與董仲舒同。至於說《左傳》者以爲「孔子自以身爲素王」，恐非孔子本意，誠如皮錫瑞云：「孔子自王，此本說者之誤，若但云《春秋》素王，便無語弊。」〔註77〕「素王本屬《春秋》，而不屬孔子。」〔註78〕「《釋文》於〈左傳序〉『素王』字云：『王，于況反。』下『王魯』、『素王』同。然則，素王之『王』，古讀爲王天下之『王』，並不解爲王號之『王』。孔子非自稱素王，即此可證。」〔註79〕蓋孔子託素王之義於《春秋》，以《春秋》行素王之事，未嘗自立或自號爲素王也。

（二）孔子非素王辨誣

　　杜預引或人云：「《春秋》之作，《左傳》及《穀梁》無明文。說者以仲尼自衛反魯，脩《春秋》，立素王，丘明爲素臣。言《公羊》者，亦云黜周而王魯。」〔註80〕以「說者」與「言《公羊》者」並舉，明「說者」非特指公羊家，乃泛稱晉人之說《春秋》者也，蓋以孔子欲立《春秋》之素王，又立左丘明爲素臣。惟杜預斥之，云：「子路欲使門人爲臣，孔子以爲欺天。而云仲

〔註74〕見杜預〈春秋序〉疏文。唐・孔穎達：《春秋左傳正義》，同註60。
〔註75〕晉・杜預：〈春秋序〉，同註9，頁1709。
〔註76〕同註75。
〔註77〕清・皮錫瑞：《經學通論》（臺北：河洛圖書出版社，1974年12月），頁10。
〔註78〕同註77，頁12。
〔註79〕同註77，頁11。
〔註80〕晉・杜預：〈春秋序〉，同註9，頁1708。

尼素王、丘明素臣，又非通論也。」〔註81〕孔穎達申杜預之說，云：「子路以孔子將死，使門人爲臣，欲令以臣禮葬君，冀其顯榮夫子。夫子瘳而責之：『我實無臣，何故而爲有臣？吾之於人也，於誰嘗欺？我尚不敢欺人，何故使吾欺天乎？』子路使門人爲臣，纔僭大夫禮耳，孔子尚以爲欺天，況神器之重，非人臣所議。而云仲尼爲素王、丘明爲素臣，又非通理之論也。聖人之生，與運隆替。運通，則功濟當時；運閉，則道存身後。雖復富有天下，無益於堯、舜；賤爲匹庶，何損於仲尼！道爲升降，自由聖與不聖；言之立否，乃關賢與不賢。非復假大位以宣風，藉虛名以範世，稱王、稱臣，復何所取？若使無位、無人，虛稱王號，不爵不祿，妄竊臣名，是則羨富貴而恥貧賤，長僭踰而開亂逆，聖人立教，直當爾也。臧文仲山節藻梲，謂之不知；管仲鏤簋朱紘，稱其器小；見季氏舞八佾，云孰不可忍；若仲尼之竊王號，則罪不容誅。而言素王、素臣，是誣大賢而負聖人也。」〔註82〕此言疾而辭厲矣，其然乎？今試觀原文，按《論語・子罕》云：「子疾病，子路使門人爲臣。病間，曰：『久矣哉！由之行詐也。無臣而爲有臣，吾誰欺？欺天乎？且予與其死於臣之手也，無寧死於二三子之手乎！且予縱不得大葬，予死於道路乎！』」孔子寧死於弟子之手，不死於臣之手者，何也？師生者，所以傳承道統也。君臣者，所以延續政統也。孔子以傳承道統爲己任，行教化於天下，死於弟子之手，適得其所也；奈何死於臣之手，況孔子本無臣乎！孔子既無神器之重，縱以孔子爲有道之素王，不亦宜乎！況說《春秋》者之意，乃孔子欲立無王爵而行王道者爲素王，奈何羅以「長僭踰」、「開亂逆」、「竊王號」、「負聖人」之大罪耶！杜預、孔穎達昧於素王之義，譏孔子素王非通論，俱非說《春秋》者之意也。

二、《春秋》乃素王之事

《春秋繁露・三代改制質文》云：

《春秋》應天，作新王之事。〔註83〕

〈玉杯〉云：

孔子立新王之道。〔註84〕

〔註81〕同註80，頁1709。
〔註82〕唐・孔穎達：《春秋左傳正義》，同註60，頁1709。
〔註83〕漢・董仲舒：《春秋繁露・三代改制質文》，同註28，卷七，頁3。
〔註84〕漢・董仲舒：《春秋繁露・玉杯》，同註28，卷一，頁7。

孔子立有道者爲《春秋》之新王，無道則不得爲《春秋》之新王明矣。董仲舒擬魯繼周而興，以孔子爲獲麟受命之素王；何休則以爲，孔子以《春秋》託隱公爲始受命王。又素王非孔子之專稱，隱公爲擬魯之新王，實公爵，非王爵，蓋亦託爲素王也。故《春秋》之新王者，行王道而無王爵，素王是也。《春秋》作新王之事者，乃素王之事也。

　　按徐彥云：「《長義》云：『名不正則言不順，言不順則事不成。今隱公人臣，而虛稱以王；周天子見在上，而黜公侯。是非正名而言順也。』……荅曰：『……《春秋》藉位於魯，以託王義。隱公之爵不進稱王，周王之號不退爲公，何以爲不正名，何以爲不順言乎？』」〔註85〕周王爲政統受命之王，隱公爲道統受命之素王，互無違礙，故名未不正，言未不順也。

　　《春秋》素王之事者，何也？

（一）使亂臣賊子懼

　　《孟子・滕文公下》云：「世衰道微，邪說暴行有作，臣弒其君者有之，子弒其父者有之。孔子懼，作《春秋》。《春秋》，天子之事也，是故孔子曰：『知我者，其惟《春秋》乎；罪我者，其惟《春秋》乎。』……孔子成《春秋》，而亂臣賊子懼。」趙岐云：「孔子懼王道遂滅，故作《春秋》，因魯史記設素王之法，謂天子之事也。」〔註86〕孫奭云：「蓋《春秋》以義斷之，則賞罰之意於是乎在，是天子之事也。」〔註87〕故孟子所謂「《春秋》，天子之事」者，即素王之事也。

　　春秋時期，王道不行，賞罰無所施，邪說暴行大作於天下。誠如焦循引萬斯大《學春秋隨筆》云：「暴行，即弒父、弒君是也；所謂邪說，即亂臣賊子與其儕類將不利於君，必飾君之惡，張己之功，造作語言，誣惑眾庶是也。有邪說以濟其暴，遂若其君眞可弒，而己可告無罪然者。」〔註88〕孔子乃以《春秋》行賞罰之權，使亂臣賊子懼，此素王之事也。劉逢祿云：「夫制

〔註85〕唐・徐彥：《春秋公羊注疏》，清・阮元：《十三經注疏》（二冊本）（臺北：大化書局，1982 年 10 月），頁 2195。

〔註86〕漢・趙岐：《孟子章句》，清・阮元：《十三經注疏》（二冊本）（臺北：大化書局，1982 年 10 月），頁 2714。

〔註87〕宋・孫奭：《孟子音義》，清・阮元：《十三經注疏》（二冊本）（臺北：大化書局，1982 年 10 月），頁 2728。

〔註88〕清・焦循：《孟子正義》，阮元：《皇清經解》（臺北：漢京文化事業公司，1981 年），頁 10151。

新王之法，以俟後聖，何以必乎魯？曰：因魯史之文，避制作之僭。」〔註89〕故明《春秋》之義者，知孔子以《春秋》行素王之事，非所以僭周王之位也；不明《春秋》之義者，則謬以孔子僭周王之位，恐以罪加諸孔子之身矣。

　　後世未見以僭越之罪加諸孔子者；惟有妄以雪誣爲名，否定孔子以《春秋》行素王之事。如孔穎達云：「董仲舒〈對策〉云：『孔子作《春秋》，先正王而繫以萬事，見素王之文焉。』賈逵〈春秋序〉云：『孔子覽史記，就是非之說，立素王之法。』鄭玄〈六藝論〉云：『孔子既西狩獲麟，自號素王，爲後世受命之君，制明王之法。』盧欽〈公羊序〉云：『孔子自因魯史記，而脩《春秋》，制素王之道。』是先儒皆言孔子立素王也。《孔子家語》稱齊大史子餘歎美孔子言，云：『天其素王之乎！』素，空也。言無位而空王之也。彼子餘美孔子之深，原上天之意，故爲此言耳，非是孔子自號爲素王。先儒蓋因此而謬，遂言《春秋》立素王之法。」〔註90〕所據《孔子家語》係僞書，不足爲信。孔子以《春秋》行素王之事，存乎史冊，見諸載籍，先儒言之綦詳，雖欲雪誣，反誣之矣，益見其不明《春秋》之義也。

（二）貶天子、退諸侯、討大夫

　　《史記・太史公自序》引太史公聞董仲舒之言：「周道衰廢，孔子爲魯司寇，諸侯害之，大夫壅之。孔子知言之不用，道之不行也，是非二百四十二年之中，以爲天下儀表，貶天子，退諸侯，討大夫，以達王事而已矣。」《白虎通義・爵》云：「天子者，爵稱也。」〔註91〕然則，天子至尊，且《春秋》有尊王之義，周王之爵何得貶之？蓋周王不行王道，孔子以《春秋》行素王之事，以素王之有道，貶周王之無道，可也，非貶周王之爵也。如《春秋》隱公元年秋七月：「天王使宰咺來歸惠公、仲子之賵。」《公羊傳》以兼歸爲非禮〔註92〕，《穀梁傳》以賵人之妾爲非禮〔註93〕，《左傳》以贈死不及尸、

〔註89〕清・劉逢祿：《春秋公羊經何氏釋例》，《皇清經解》（臺北：藝文印書館，年月份不詳），頁 14087。

〔註90〕唐・孔穎達：《春秋左傳正義》，同註60，頁 1708。

〔註91〕漢・班固：《白虎通義》（臺北：臺灣商務印書館，1968 年 3 月），頁 1。

〔註92〕《公羊傳》云：「宰者何？官也。咺者何？名也。曷爲以官氏？宰士也。惠公者何？隱之考也。仲子者何？桓之母也。何以不稱夫人？桓未君也。賵者何？喪事有賵，賵者蓋以馬，以乘馬束帛。車馬曰賵，貨財曰賻，衣被曰襚。……其言惠公、仲子何？兼之。兼之，非禮也。」

弔生不及哀、豫凶事爲非禮〔註94〕；三《傳》持理各異，以《春秋》爲譏周王非禮則一也。故所謂「達王事」者，行素王之事也。周王無道，猶得貶之，況退無道之諸侯，討無道之大夫乎！

又引孔子曰：「我欲載之空言，不如見之於行事之深切著明也。」（《史記·太史公自序》）所謂「見之於行事」者，亦即以《春秋》行素王之事也。何則？「夫《春秋》，上明三王之道，下辨人事之紀，別嫌疑，明是非，定猶豫，善善惡惡，賢賢賤不肖，存亡國，繼絕世，補敝起廢，王道之大者也。……《春秋》以道義。撥亂世反之正，莫近於《春秋》。《春秋》文成數萬，其指數千。萬物之散聚皆在《春秋》。」（同前引）俱素王之事也。徵諸《春秋繁露·俞序》引孔子曰：「吾因其行事，而加乎王心焉，以爲見之空言，不如行事博深切明。」〔註95〕就中「加乎王心」一語，義益明矣。蓋「王心」者，素王行王道之心。故孔子因《春秋》之行事，以垂素王之教化於萬世；非所以怨懟諸侯不能用，有自立稱王之心也。

三、《春秋》「王正月」之王乃素王

《春秋》「王正月」之王者孰謂？歷來聚訟紛紜，莫衷一是。杜預謂周王，即東周平王〔註96〕；范甯亦謂周王〔註97〕，楊士勛解爲今王〔註98〕；孔穎達亦解爲今王、當時之王，即東周平王〔註99〕；劉敞謂不但指文王〔註100〕；徐

〔註93〕《穀梁傳》云：「母以子氏。仲子者何？惠公之母，孝公之妾也。禮，賵人之母則可，賵人之妾則不可。君子以其可辭受之，其志，不及事也。賵者，何也？乘馬曰賵，衣衾曰襚，貝玉曰含，錢財曰賻。」

〔註94〕《左傳》云：「緩，且子氏未薨，故名。天子七月而葬，同軌畢至；諸侯五月，同盟至；大夫三月，同位至；士踰月，外姻至。贈死不及尸，弔生不及哀，豫凶事，非禮也。」

〔註95〕漢·董仲舒：《春秋繁露·俞序》，同註28，卷六，頁3。

〔註96〕杜預云：「周王之正月也。」又〈春秋序〉云：「周平王，東周之始王也。……所書之王，即平王也；所用之曆，即周正也。」晉·杜預《春秋經傳集解》，同註24，頁1713、1709。

〔註97〕范甯云：「周王之正月也。」晉·范甯《春秋穀梁傳集解》，清·阮元：《十三經注疏》（二冊本）（臺北：大化書局，1982年10月），頁2365。

〔註98〕楊士勛云：「所改正朔，雖是文王頒於諸侯，非復文王之曆，用今王之曆，言文王之正，非也。」唐·楊士勛《春秋穀梁傳注疏》，清·阮元：《十三經注疏》（二冊本）（臺北：大化書局，1982年10月），頁2365。

〔註99〕孔穎達云：「以『王』字冠之，言是今王之正月也。……王，即當時之王。〈序〉云：『所書之王，即平王。』是其事也。」唐·孔穎達：《春秋左傳正義》，同註60，頁1713。

文靖謂天王〔註101〕；毛奇齡謂春王〔註102〕；章炳麟謂三王（文王、殷王、夏王）〔註103〕。以上無治公羊者，諸説不一而足。本文爲避免治絲益棻、捲入千古是非，謹就王魯説之義，闡明《春秋》「王正月」之王乃素王。

（一）董仲舒假託《公羊傳》之文王爲《春秋》之素王

董仲舒首倡王魯説，擬魯而王。《春秋繁露・三代改制質文》云：「《春秋》曰：『王正月。』《傳》曰：『王者孰謂？謂文王也。曷爲先言王而後言正月？王正月也。』何以謂之王正月？曰：王者必受命而後王，王者必改正朔，易服色，制禮樂，一統於天下。」〔註104〕《公羊傳》所謂文王，董仲舒稱爲「王者」。按今本《春秋繁露》中，「王者」一詞，凡七十五見。稱「王者」，所以推闡王道之義，即素王也。如〈王道〉云：「桓公救中國，攘夷狄，卒服楚，

〔註100〕 劉敞云：「《公羊》言王者，正受命，是矣；其言文王，則非矣。《春秋》者，王政之本，故假王以正萬事。置之『春』、『正』之間者，明天子受命于天，諸侯受命于君，不但指文王也。」宋・劉敞：《春秋權衡》，《景印文淵閣四庫全書》（臺北：臺灣商務印書館，1986年7月），冊一四七，頁256。

〔註101〕 徐文靖云：「《公羊傳》曰：『春王正月。王者孰謂？謂文王也。……。』按『文王』固『天王』之譌也。……注曰：『文王，周始受命之王。天之所命，故上繫天。』明是天王，天之所命也。『天』、『文』字近而譌。而《疏》承譌而解曰：『文王者，周之始受命制法之王。』理宜相繫，故見其繫春。」清・徐文靖：《管城碩記》，《景印文淵閣四庫全書》（臺北：臺灣商務印書館，1986年7月），冊八六一，頁127～128。

〔註102〕 毛奇齡云：「公羊邪説，以爲《春秋》黜周王魯，體王改元，則此『王』字當暗指魯公。王者，公也；天王者，王也。是世有二正，土有二王，亂臣賊子自《春秋》始，而謂《春秋》爲之乎！然則，王之必不可以爲王者之王，斷可知也。然則，何王乎？曰：世亦不知有春王耳，亦不知王之當屬春，不當屬正月耳。《左傳》曰：『春王周正月。』其云『春王』，則王屬春也。云『周正月』，則正月不屬王也。……夫春何以王也？王者興也，謂春興也。春何以興？古者，五德相禪，謂之五王。五王者，木、火、土、金、水也。五王遞爲王，而四時以春、夏、秋、冬配之。春木、夏火、秋金、冬水，各以時王。而土，則通王于四時之間。故《家語》孔子答季康子曰：『古之王者，易代而改號，取法五行，五行更王。』又曰：『五行用事，先起于木，是故王者則之，而首以木王。』而《漢・律歷志》亦云：『庖犧繼天而王，其德在木。』爲興王之首。……庖犧春王，神農夏王，少昊秋王，顓頊冬王，由是而遞轉，以至於周。」清・毛奇齡：《春秋毛氏傳》，《景印文淵閣四庫全書》（臺北：臺灣商務印書館，1986年7月），冊一七六，頁15～16。

〔註103〕 章炳麟云：「王者，以一貫三。所書之王，本兼三王説，非文王一人，亦非殷王一人、夏王一人。」章炳麟：《春秋左傳讀》（臺北：學海出版社，1984年4月），頁63。

〔註104〕 漢・董仲舒：《春秋繁露・三代改制質文》，同註28，卷七，頁2～3。

至爲王者事。」〔註105〕齊桓公無王爵而救中國，稱「王者事」者，即素王之事也。或以「天子」兼稱素王，如〈符瑞〉云：「有非力之所能致而自至者，西狩獲麟，受命之符是也，然後託乎《春秋》正不正之間，而明改制之義，一統乎天子，而加憂於天下之憂也。」〔註106〕是也。

《漢書・董仲舒傳》載董仲舒〈對策〉之二云：「孔子作《春秋》，先正王而繫萬事，見素王之文焉。」所謂「素王之文」者，何也？按《論語・子罕》云：「子畏於匡。曰：『文王既沒，文不在茲乎？天之將喪斯文也，後死者不得與於斯文也。天之未喪斯文也，匡人其如予何！』」孔子所謂文王者，周文王也；文者，道統也。周文王受命於天，有王爵而行王道；孔子立無王爵之素王，以繼周文王之道統。故董仲舒所謂素王之文，即素王繼自周文王之道統也。

《春秋繁露・俞序》云：「仲尼之作《春秋》也，……引史記，理往事，正是非，見王心。史記十二公之間，皆衰世之事，故門人惑，孔子曰：『吾因其行事，而加乎王心焉，……。』」〔註107〕孔子因魯十二君之行事，而加乎王心，則魯十二君俱爲《春秋》之素王矣。董仲舒以孔子爲獲麟受命之素王，復擬魯十二君爲素王，以傳承《春秋》道統；故《春秋》「王正月」之王，及《公羊傳》之文王，乃謂素王，不必定指爲孔子，亦不必定指爲擬魯某一君也。董仲舒解《公羊傳》之文王爲素王者，蓋假託之義也。

（二）何休以《公羊傳》之文王為周文王未必正解

《公羊傳》隱公元年春正月云：「元年者何？君之始年也。春者何？歲之始也。王者孰謂？謂文王也。曷爲先言王而後言正月？王正月也。何言乎王正月？大一統也。公何以不言即位？成公意也。」「君之始年也」句下，《解詁》云：「以常錄即位，知君之始年。」〔註108〕「歲之始也」句下，《解詁》云：「以上繫元年，在王正月之上，知歲之始也。」〔註109〕國君即位於元年，元年者，君之始；元年之下以春紀時，春者，歲之始。合爲「二始」。此《公羊傳》二始說也。王不言始。

至徐彥引或人問曰：「〈文諡例〉云：『此《春秋》五始、三科、九旨、七

〔註105〕漢・董仲舒：《春秋繁露・王道》，同註28，卷四，頁5。
〔註106〕漢・董仲舒：《春秋繁露・符瑞》，同註28，卷六，頁2。
〔註107〕漢・董仲舒：《春秋繁露・俞序》，同註28，卷六，頁3。
〔註108〕漢・何休：《春秋公羊經傳解詁》，同註52，頁2196。
〔註109〕同註108。

等、六輔、二類之義，以矯枉撥亂爲受命品道之端，正德之紀也。』」〔註110〕然則，何休〈春秋文謚例〉已有五始說。何謂五始？徐彥引〈春秋文謚例〉云：「五始者，元年、春、王、正月、公即位是也。」〔註111〕。故《公羊傳》「謂文王也」句下，《解詁》云：「以上繫王於春，知謂文王也。文王，周始受命之王。」〔註112〕「王正月也」句下，《解詁》云：「以上繫於王，知王者受命，布政施教所制月也。」〔註113〕「大一統也」句下，《解詁》云：「統者，始也，揔繫之辭。夫王者始受命改制，布政施教於天下，自公侯至於庶人，自山川至於草木昆蟲，莫不一一繫於正月，故云政教之始。」〔註114〕「公何以不言即位」句下，《解詁》云：「即位者，一國之始。政莫大於正始。」〔註115〕王者，政教之始，何休以爲文王，周受命之始；正月者，布政施教制月之始；公即位者，一國之始。合《公羊傳》二始說，此何休五始說也。王亦爲一始，謂周文王也。

又徐彥引或人問曰：「元年、春、王、正月、公即位，實是《春秋》之五始。而《傳》直於『元年春』之下發言始，而『王正月』下不言始，何？」〔註116〕徐彥云：「元，是天地之始；春，是四時之始；王、正月、公即位者，人事之始。欲見尊重天道，略於人事故也。」〔註117〕徐彥，或謂北朝人，或謂唐人，以王、正月、公即位爲一始，合《公羊傳》二始說，此徐彥三始說也。以略於人事，未特指王者爲誰。

綜觀公羊家二始說、三始說與五始說，詳略不同；且未審《春秋》「王正月」之王，及《公羊傳》所謂文王，即何休所謂周文王否。按宋翔鳳云：「《公羊春秋》義，元年，爲君之始；春，爲歲之始；王，謂文王，爲王之始；正月，月之始；公即位，爲一國之始。是爲五始。……《春秋》之經，以元年、春、王、正月、公即位，分爲五始，故或不書春，或不書王，或不書正月，或不書即位，以各爲一條，非連綴而讀，則辭得參差也。《春秋》之五始與《易》之四德同例。《易》有四德，則六十四卦發揮旁通之情見；《春秋》有五始，

〔註110〕唐・徐彥：《春秋公羊注疏》，同註85，頁2195。
〔註111〕同註110。
〔註112〕漢・何休：《春秋公羊經傳解詁》，同註52，頁2196。
〔註113〕同註112。
〔註114〕同註112。
〔註115〕同註112。
〔註116〕唐・徐彥：《春秋公羊注疏》，同註85，頁2196。
〔註117〕同註116。

則二百四十年褒善貶惡之義明，不可以尋常之文習其讀也。」〔註118〕四德者，元、亨、利、貞也。《春秋》之五始，不必並舉，而褒貶之義明；猶《易》之四德，不必並舉，而旁通之情見。二始說、三始說與五始說，雖詳略不同，乃因時、因事而制其說，故不可以尋常之文習其讀也。故《春秋》「王正月」之王，及《公羊傳》所謂文王，亦未必何休所謂周文王。或何休以為，《春秋》不書「周文王」三字，亦不書「文王」二字，而書「王」一字者，乃「《春秋》變周之文，從殷之質」〔註119〕故也。徐彥、劉逢祿、陳立皆主王魯說，而以文王為周文王〔註120〕，與何休同，並待商榷。

王愆期云：「《春秋》制，文王指孔子耳，非周昌也。」〔註121〕康有為云：「王愆期謂，文王者，孔子也，最得其本。人祇知孔子為素王，不知孔子為文王也。或文或質，孔子兼之。王者，天下歸往之謂。聖人，天下所歸往，非王而何！」〔註122〕又云：「孔子質統為素王，文統為文王。孔子道致太平，實為文王。法生不法死，則此文王是孔子，非周文王易見矣。王愆期謂文王即孔子，蓋有傳授也。」〔註123〕按王愆期雖專治公羊，而疑王魯說；康有為誤承其說，定指文王為孔子，蓋非王魯說之義也。

阮芝生云：「《公羊傳》於隱元年經春王正月下云：『王者孰謂？謂文王也。』後儒多解文王為周文王，此說似是而非。文王固是周昌，然此云文王實非周昌，而是假文王以為文德之王。即熊十力所謂：『乃假以明含育天下萬

〔註118〕清·宋翔鳳：《過庭錄》，《續修四庫全書》（上海：上海古籍出版社，2002年3月），冊一一五七，頁487。

〔註119〕漢·何休：《春秋公羊經傳解詁》，同註52，頁2209。

〔註120〕徐彥云：「文王者，周始受命制法之王，理宜相繫，故見其繫春，知是文王，非周之餘王也。」唐·徐彥：《春秋公羊注疏》，同註85，頁2196。劉逢祿云：「《傳》曰『謂文王』者，託始，猶以天正終麟，方名夏時。子曰：『文王既沒，文不在茲乎？』上下百王，皆統此矣。三代之書，託始帝典；人統之正，託始文王，一也。」清·劉逢祿：《公羊春秋何氏解詁箋》，《皇清經解》（臺北：藝文印書館，年月份不詳），頁14143。陳立云：「舊疏引《春秋說》，云：『王者孰謂？謂文王也。……。』宋注雖大略據三代，其要主於文王。……宋意以《春秋》之道，實兼三王，而專主文王者，孔子當周之世，禮宜假文王之法，故偏道之也。故文九年：『毛伯來求金。』《傳》云：『繼文王之體，守文王之法度，文王之法無求而求，故譏之也。』是也。」清·陳立：《公羊義疏》，（臺北：臺灣商務印書館，1982年5月），頁14。

〔註121〕晉·王愆期：《公羊王門子注》，《玉函山房輯佚書續編三種》（上海：上海古籍出版社，1989年9月），頁52。

〔註122〕清·康有為：《春秋董氏學》，同註58，冊四，頁203～204。

〔註123〕清·康有為：《孔子改制考》，同註58，冊二，頁324。

世之道。』蓋《春秋》乃借事明義之事，假周文王以爲文德之王，亦猶假魯隱公以爲新王，故何休《解詁》雖曰：『文王，周始受命之王。』但又謂：『故假以爲王法。』雖曰：『隱公爲魯侯。』又謂：『《春秋》託新王受命於魯。』康有爲謂：『此文王，蓋謂文明之王。』雖得其意，然實不如言文德之王之切中，此猶『修文德以來之』之文德，能修文德，則近悅遠服，遠人自來歸往之而爲王，不必定指爲某一王也。」〔註124〕阮芝生以文王爲文德之王，乃借事明義之法，頗切中王魯説之的；惟若直詁素王，豈不快哉！

故就王魯説以觀《公羊傳》之義例，所謂文王，殆有二義：

其一，素王。如僖公二十二年冬十一月己巳朔，宋、楚戰于泓，宋襄公不鼓不成列，卒敗績，《公羊傳》褒之，云：「君子大其不鼓不成列，臨大事而不忘大禮，有君而無臣，以爲雖文王之戰，亦不過此也。」所謂文王者，素王也；示宋襄公非王爵，而講禮義、行王道，雖素王之戰，亦不過此也。惟《解詁》云：「有似文王伐崇，陸戰，當舉地。舉水者，大其不以水厄人也。」〔註125〕何休以文王爲周文王，已差矣；又反以《公羊傳》舉周文王陸戰比於宋襄公水戰爲不當，益見其絀。又如文公九年春，周王使大夫毛伯求金於魯，《公羊傳》譏之，云：「王者無求，求金，非禮也。……繼文王之體，守文王之法度。文王之法無求而求，故譏之也。」所謂文王之體者，素王之道統也；文王之法度者，素王之法度也。蓋周王有王爵而行非禮，素王得貶之。惟《解詁》云：「引文王者，文王始受命，制法度。」〔註126〕何休以文王爲周文王，雖不得非之，直不如素王凸顯法度之義。

其二，周文王。如《春秋》僖公三十三年夏四月辛巳：「晉人及姜戎敗秦于殽。」《公羊傳》載秦大夫百里子與蹇叔子送其子而戒之曰：「爾即死，必於殽之嶔巖，是文王之所辟風雨者也，吾將尸爾焉。」所謂文王者，周文王也，固非素王也。故《解詁》云：「其處險阻隘勢，一人可要百，故文王過之，驅馳常若辟風雨。」〔註127〕此解無誤。

王魯説假《公羊傳》之文王以説素王義，已如上述。《公羊傳》固無王魯之例，惟所謂文王，是否即王魯説之素王義，嫌無明文可跡，宜闕疑。

〔註124〕阮芝生：《從公羊學論春秋的性質》（臺北：國立臺灣大學文學院，1969 年 8
　　　　月），頁 64～65。
〔註125〕漢・何休：《春秋公羊經傳解詁》，同註 52，頁 2259。
〔註126〕同註 125，頁 2269。
〔註127〕同註 125，頁 2264。

第四章　王魯說之書法與辨正

　　《春秋》書法，或事同而辭異，或事異而辭同，而微言大義寓焉。《孟子‧
離婁下》云：「王者之跡熄，而《詩》亡，《詩》亡然後《春秋》作。晉之《乘》，
楚之《檮杌》，魯之《春秋》，一也。其事則齊桓、晉文，其文則史。孔子曰：
『其義則丘竊取之矣。』」蓋孟子以為，各國史書（晉《乘》、楚《檮杌》、魯
《春秋》）之書法，盡乎事、文二者而已，而未盡乎義；孔子據魯史脩《春秋》，
其書法異於史書者，在於「竊取」其義，使事、文、義三者兼備。

　　何謂「竊取」？章炳麟云：「義者，《春秋》凡例，掌在史官，而仲尼以
退吏私受其法，似若盜取，又亦疑于侵官，此其言罪、言竊所由也。」〔註1〕
此說解竊為盜取，有待商榷。按趙岐云：「孔子人臣，不受君命，私作之，故
言竊，亦聖人之謙辭爾。」〔註2〕焦循云：「《呂氏春秋‧知士篇》云：『孟嘗
君竊以諫諍郭君。』高誘注云：『竊，私也。』故以『竊取』為私作。何休以
孔子稱有罪，為聖人德盛尚謙，故自名。《論語‧述而篇》言：『竊比于我老
彭。』亦自謙之辭。此云某竊取之，既自名，又稱竊，故云『亦聖人之謙辭』
也。」〔註3〕又《老子》第四十八章云：「取天下常以無事；及其有事，不足
以取天下。」第五十七章云：「以正治國，以奇用兵，以無事取天下。」河上
公云：「取，治也。」〔註4〕故孔子「竊取」其義者，宜解為私治《春秋》之

〔註 1〕　章炳麟：《檢論》（臺北：廣文書局，1970 年 12 月），頁 18。
〔註 2〕　見《孟子‧離婁下》注文。漢‧趙岐：《孟子章句》，阮元：《十三經注疏》（臺
　　　　　北：大化書局，1982 年 10 月）（二冊本），頁 2728。
〔註 3〕　清‧焦循：《孟子正義》，阮元：《皇清經解》（臺北：漢京文化事業公司，1981
　　　　　年），頁 10194。
〔註 4〕　朱謙之：《老子校釋》（北京：中華書局，1996 年 8 月），頁 193。

義，無關盜取。故吾人欲探求孔子之旨，辨正《春秋》之義，莫要於明其書法。

第一節　借事明義

　　借事明義，或謂因事見義、因事明義、據事明義、即事明義、託文見義，乃《春秋》書法，所以假借事例，彰明其義，並示法戒、垂統紀、存舊章、錄世變，俾後世知所遵循也。《春秋》借事明義之書法，非特見於公羊家說，穀梁家范甯《集解》亦引鄭玄《起廢疾》之語證成之。〔註5〕

　　《春秋繁露・俞序》引孔子曰：「吾因其行事，而加乎王心焉，以爲見之空言，不如行事博深切明。」〔註6〕《史記・太史公自序》亦引孔子曰：「我欲載之空言，不如見之於行事之深切著明也。」故孔子脩《春秋》，雖曰盡乎事、文、義，實重在義，是即借事明義之旨也。皮錫瑞云：

> 借事明義，是一部《春秋》大旨。……魯隱非眞能讓國也，而《春秋》借魯隱之事，以明讓國之義。祭仲非眞能知權也，而《春秋》借祭仲之事，以明知權之義。齊襄非眞能復讎也，而《春秋》借齊襄之事，以明復讎之義。宋襄非眞能仁義行師也，而《春秋》借宋襄之事，以明仁義行師之義。所謂見之行事，深切著明，孔子之意，蓋是如此。故其所託之義，與其本事不必盡合，孔子特欲借之，以明其作《春秋》義，使後之讀《春秋》者，曉然知其大義所存，較之徒託空言，而未能徵實者，不益深切而著明乎！三《傳》惟公羊家能明此旨。昧者乃執《左氏》之事，以駁《公羊》之義，謂其所稱祭仲、齊襄之類，如何與事不合，不知孔子並非不見國史，其所以特筆褒之者，止是借當時之事，做一樣子，其事之合與不合，

〔註5〕范甯云：「何休曰：『《春秋》楚世子商臣弒其君，其後滅江、六，不言「大去」。又大去者，於齊滅之不明，但知不使小人加乎君子，而不言「滅」。縱失襄公之惡，反爲大去也。』鄭君釋之曰：『商臣弒其父，大惡也，不得但爲小人。江、六之君又無紀侯得民之賢，不得變「滅」言「大去」也。元年冬齊師遷紀，三年紀季以酅入於齊，今紀侯大去其國，是足起齊滅之矣。即以變「滅」言「大去」爲縱失襄公之惡，是乃經也，非傳也。且《春秋》因事見義，舍此，以滅人爲罪者，自多矣。』」晉・范甯：《春秋穀梁傳集解》，清・阮元：《十三經注疏》（二冊本）（臺北：大化書局，1982 年 10 月），頁2381。

〔註6〕漢・董仲舒：《春秋繁露》（臺北：臺灣中華書局，1984 年 5 月），卷六，頁 3。

備與不備，本所不計。孔子是為萬世作經，而立法以垂教；非為一代作史，而紀實以徵信也。〔註7〕

《春秋》所託之事，其詞或見增刪變易，於史未必盡合；其實或書或不書，於文未必詳備，一以明義為重。皮錫瑞之說，蓋深得孔子借事明義之書法者也。

惟葉適云：「《公》、《穀》按漢人以為末世口說流行之學，見於其書者，又有尸子、魯子、子文子之流。自經術講於師傅，而訓詁之說行，《書》以義，《詩》以物，《周官》以名，《數易》以象，《春秋》以事、以例，大抵訓詁之類也，口授指畫，以淺傳淺。而《春秋》必欲因事明義，故其浮妄尤甚，害實最大。然則，所謂口說流行者，乃是書之蠹也。」〔註8〕又章潢云：「《春秋》則據事明義，而事在古人，匪後人可得而增減者。四《傳》各發一義，未免揣摩測度於一字之間，此以為是，彼以為非，雖無疑者，反因之以生疑，縱自相牴牾，亦弗之恤。」〔註9〕葉適以因事明義為末世口說流行之法，於訓詁《春秋》，危害最大；章潢以為據事明義流於揣摩測度，反而生疑。殊不知此乃孔子脩《春秋》之書法，非後人所創，探求聖人微言大義，捨此無由矣，必謂浮妄、牴牾者，乃學者所宜體察精進，力避其害，奈何歸咎乎《春秋》之書法耶！

一、王魯說假行事以見素王之法

王魯說以《公羊傳》之文王為素王，實非周文王，假託之義也。《解詁》云：「文王，周始受命之王，天之所命，故上繫天端，方陳受命，制正月，故假以為王法。」〔註10〕何休誤解文王為周文王，宜正之，云：「文王，《春秋》始受命之王，天之所命，故上繫天端，方陳受命，制正月，故假以為素王之法。」《解詁》又云：「《春秋》託王於魯，因假以見王法。」〔註11〕所謂王法

〔註7〕　清・皮錫瑞：《經學通論》（臺北：河洛圖書出版社，1974 年 12 月），頁 21～22。

〔註8〕　宋・葉適：《習學記言》，《文淵閣四庫全書》（臺北：臺灣商務印書館，1986 年 7 月），冊八四九，頁 400。

〔註9〕　明・章潢：《圖書編》，《文淵閣四庫全書》（臺北：臺灣商務印書館，1986 年 7 月），冊九六八，頁 498。

〔註10〕　漢・何休：《春秋公羊經傳解詁》，清・阮元：《十三經注疏》（二冊本）（臺北：大化書局，1982 年 10 月），頁 2196。

〔註11〕　同註 10，頁 2290。

者，亦宜解爲素王之法。姑就所假行事，於史未盡合、於文未詳備之例數則，舉以明《春秋》不空言素王之法。

（一）於史未盡合之例

例一，文姜與齊襄公淫，後嫁歸魯桓公，猶數與襄公私通，桓公讁之，襄公使人殺桓公。事詳《左傳》桓公十八年、莊公二年至八年。《春秋》莊公元年春三月：「夫人孫于齊。」《公羊傳》云：「孫者何？孫猶孫也，內諱奔，謂之孫。夫人固在齊矣，其言孫于齊何？念母也。正月以存君，念母以首事，夫人何以不稱姜氏？貶。曷爲貶？與弒公也。……念母者，所善也，則曷爲於其念母焉貶？不與念母也。」《解詁》云：「念母則忘父，背本之道也。故絕文姜，不爲不孝。……蓋重本尊統，使尊行於卑，上行於下。貶者，見王法所當誅。至此乃貶者，并不與念母也。又欲以孫爲內見義，明但當推逐去之。亦不可加誅，誅不加上之義，非實孫。」〔註12〕桓公，莊公之父也；文姜，莊公之母也。文姜與弒桓公，王法所當誅，而莊公念之，《春秋》以爲忘父背本；然則，文姜固在齊，周王之法亦無所誅。故孔子以《春秋》立素王之法，書「孫」者，使若文姜在魯弒桓公，莊公絕之，文姜乃自魯奔齊，蓋不與莊公念母也。《春秋繁露·精華》云：「絕母之屬，而不爲不孝慈，義矣夫！」〔註13〕即是之謂也。故莊公念母，《春秋》增飾其詞，使若絕母，復借莊公絕母，以明素王誅罰弒君之法也。

例二，《春秋》莊公十年秋九月：「荊敗蔡師于莘，以蔡侯獻舞歸。」《公羊傳》云：「荊者何？州名也。州不若國，國不若氏，氏不若人，人不若名，名不若字，字不若子。蔡侯獻舞何以名？絕。曷爲絕之？獲也。曷爲不言其獲？不與夷狄之獲中國也。」《解詁》云：「爵最尊。《春秋》假行事以見王法，聖人爲文辭孫順，善善惡惡，不可正言其罪。因周本有奪爵稱國、氏、人、名、字之科，故加州，文備七等，以進退之。……夷狄謂楚。不言楚，言荊者，楚彊而近中國，卒暴責之，則恐危害深，故進之以漸，從此七等之極治也。」〔註14〕荊者，州名；楚者，國名。楚敗蔡師，獲蔡侯，以夷狄而獲中國，王法所當責；然則，周王之法無所責。故孔子以《春秋》立素王之法，文備七等之科，書「荊」不書「楚」以退之；又書「蔡侯獻舞」不書

〔註12〕同註10，頁2224。
〔註13〕漢·董仲舒：《春秋繁露·精華》，同註6，卷三，頁7。
〔註14〕漢·何休：《春秋公羊經傳解詁》，同註10，頁2232。

「蔡侯」，書「以歸」不書「獲」，所以絕夷狄之獲中國。故楚獲蔡侯，《春秋》變易其詞，使若非獲諸侯，復借文備七等之科，以明素王漸進夷狄之法也。

（二）於文未詳備之例

例一，魯莊公夫人姜氏與公子慶父私通，共弑閔公，奔邾婁，齊桓公召而縊殺之。《春秋》閔公二年秋九月：「夫人姜氏孫于邾婁。」僖公元年秋七月戊辰：「夫人姜氏薨于夷，齊人以歸。」同年冬十二月丁巳：「夫人氏之喪至自齊。」《公羊傳》云：「夫人何以不稱姜氏？貶。曷爲貶？與弑公也。然則曷爲不於弑焉貶？貶必於重者，莫重乎其以喪至也。」《解詁》云：「刑人于市，與眾棄之，故必於臣子集迎之時貶之，所以明誅得其罪，因正王法所加，臣子不得以夫人禮治其喪也。貶置氏者，殺子差輕於殺夫，別順逆也。」〔註15〕姜氏與弑閔公，王法所當誅；然則，周王之法無所誅，齊桓公行霸而誅之。孔子復以《春秋》立素王之法，於喪至書「夫人氏」不書「夫人姜氏」者，貶之也。按姜氏與弑無文，奔與薨書「夫人姜氏」，文皆未加貶，特以喪至爲重而貶之，以明素王誅罰弑君之法，不以實誅得免也。

例二，《春秋》成公二年秋七月：「齊侯使國佐如師。」己酉：「及國佐盟于袁婁。」《公羊傳》云：「君不行使乎大夫，此其行使乎大夫何？佚獲也。其佚獲奈何？師還齊侯，晉郤克投戟逡巡再拜稽首馬前。逢丑父者，頃公之車右也，面目與頃公相似，衣服與頃公相似，代頃公當左，使頃公取飲。頃公操飲而至，曰：『革取清者。』頃公用是佚而不反。逢丑父曰：『吾賴社稷之神靈，吾君已免矣。』郤克曰：『欺三軍者，其法奈何？』曰：『法斮。』於是斮逢丑父。」《解詁》云：「據高子來盟，魯無君，不稱使。……大夫稱使者，實晉郤克爲主。……佚獲者，已獲而逃亡也。當絕賤，使與大夫敵體以起之。……丑父死君，不賢之者，《經》有使乎大夫。於王法，頃公當絕，如賢丑父，是賞人之臣，絕其君也；若以丑父故，不絕頃公，是開諸侯戰不能死難也。如以衰世，無絕頃公者，自齊所當善爾，非王法所當貴。」〔註16〕齊頃公與晉大夫郤克戰，齊師敗績，獲頃公，逢丑父代頃公死，頃公佚歸，使大夫國佐與郤克盟。頃公戰不能死難，王法所當絕；然則，周王之法無所絕。逢丑父佚頃公，亦非王法所當貴。故孔子以《春秋》立素王之法，國佐

〔註15〕同註14，頁2247。
〔註16〕同註14，頁2290。

與郤克盟，書「使」者，降頃公諸侯之尊，使若與大夫敵體。《春秋繁露·竹林》云：「前正而後有枉者，謂之邪道，雖能成之，《春秋》不愛，逢丑父是也。……故欺三軍，爲大罪於晉，其免頃公，爲辱宗廟於齊，是以雖難，而《春秋》不愛。」〔註17〕〈精華〉云：「《春秋》之聽獄也，必本其事而原其志。志邪者，不待成；首惡者，罪特重；本直者，其論輕。是故逢丑父當斷。」〔註18〕逢丑父死君，《春秋》不書其賢，反當重罪者，志邪也；頃公佚獲，《春秋》增飾其詞，所以絕諸侯戰不能死難也以絕其惡。蓋素王兩無恕焉。

二、王魯說未眞黜周

　　歷來學者持王魯說者，知黜周王魯非史實；詆王魯說者，亦以黜周王魯非史實。既然，又何所爭執耶？蓋詆之者謬以王魯說爲竄亂史實，不知乃是假借其事，以明王道，未眞以魯黜周耳。皮錫瑞云：

　　　黜周王魯，亦是假借。《公羊疏》引問曰：「公羊以魯隱公爲受命王，黜周爲二王後。案《長義》云：『名不正則言不順，言不順則事不成。今隱公人臣，而虛稱以王；周天子見在上，而黜公侯。是非正名而言順也。』」答曰：「《春秋》藉位於魯，以託王義。隱公之爵不進稱王，周王之號不退爲公，何以爲不正名，何以爲不順言乎？」賈逵所疑，《疏》已解之。

　　　《左傳疏》引劉炫難何氏，云：「新王受命，正朔必改。是魯得稱元，亦應改其正朔，仍用周正，何也？既託王於魯，則是不事文王，仍奉王正，何也？諸侯改元，自是常法，而云託王改元，是妄說也。」錫瑞案：劉炫習見後世諸侯改元之事，不知何氏明言惟王者改元立號。《春秋》王魯，故得改元。託王非眞，故雖得改元，不得改正朔。此等疑義，皆甚易解。後之疑《公羊》與董、何者，大率皆如賈逵、劉炫之說，不知義本假託，而誤執爲實事，是以所見拘滯。

　　　劉逢祿釋三科例曰：「且《春秋》之託王至廣，稱號名義，仍繫於周，挫強扶弱，常繫于二伯，何嘗眞黜周哉！郊禘之事，《春秋》可以垂

〔註17〕漢·董仲舒：《春秋繁露·竹林》，同註6，卷二，頁5。
〔註18〕漢·董仲舒：《春秋繁露·精華》，同註6，卷三，頁8。

法。而魯之僭，則大惡也。就十二公論之，桓、宣之弒君宜誅，昭
之出奔宜絕，定之盜國宜絕，隱之獲歸宜絕，莊之通讐、外淫宜絕，
閔之見弒宜絕；僖之僭王禮、縱季姬、禍鄫子，文之逆祀、喪娶、
不奉朔，成、襄之盜天牲，哀之獲諸侯、虛中國以事強吳，雖非誅
絕，不免於《春秋》之貶黜者，多矣，何嘗眞王魯哉！」劉氏謂黜
周王魯非眞，正明其爲假借之義。

陳澧乃詆之，曰：「言黜周王魯非眞，然則，《春秋》作僞歟？」不
知爲假借，而疑爲作僞，蓋《春秋》是專門之學，陳氏於《春秋》
非專門，不足以知聖人微言也。〔註19〕

皮錫瑞辨正《春秋》書法，反覆論證黜周王魯既非史實，亦非作僞，乃是假
借，可謂至精至當矣。

故《春秋》王魯說者，乃借王魯之事，明王道之義。譬猶羅貫中作《三
國演義》，乃借三國之事，明忠孝節烈之義。劉大杰云：「《三國演義》把曹操
寫得那麼奸險，把劉備寫得那麼仁慈，實際是違反歷史事實的。」〔註20〕「所
敘事實，頗違正史，如劉備落草、張飛殺狗等，尤爲無稽。」〔註21〕「《三國
演義》是一部小說，它以那一個時代的歷史事實爲骨幹、爲基礎，經過民間
藝人的長期編造，再經過羅貫中整理、加工和再創造的過程，這中間是滲雜
了作者的主觀思想和文學想像，對於史事的安排、改動和人物性格的描寫，
求其合於文學的創作意圖，求其合於藝術的眞實，同歷史事件發生某些不盡
符合的地方，自然是難免的。前人每以這些地方來批評《三國演義》的錯誤，
這是他們自己的錯誤，因爲他們忘記了《三國演義》是一部小說，是一部文
學書。」〔註22〕故《三國演義》亦羅貫中所以借事明義耳，而稱之者眾，詆
之者寡者，蓋知其事於史是否盡合，本非所計也；必謂不得悖於史實，以《三
國志》爲徵，則忠孝節烈之義何屬焉，恐託諸空言而已。

又如司馬遷作《史記》，「述故事，整齊其世傳」，「論次其文」；嗣「遭李
陵之禍，幽於縲紲」，「意有所鬱結，不得通其道」，「於是卒述陶唐以來，至
于麟止，自黃帝始」（《史記・太史公自序》）。裴駰引張晏云：「武帝獲麟，遷

〔註19〕清・皮錫瑞：《經學通論》（臺北：河洛圖書出版社，1974年12月），頁23～
　　　24。
〔註20〕劉大杰：《中國文學發展史》（臺北：華正書局，1987年7月），頁1058。
〔註21〕同註20，頁1054。
〔註22〕同註20，頁1058。

以爲述事之端。上紀黃帝，下至麟止，猶《春秋》止於獲麟也。」〔註23〕司馬貞引服虔云：「武帝至雍獲白麟，而鑄金作麟足形，故云『麟止』。遷作《春秋》止於此，猶《春秋》終於獲麟然也。」〔註24〕故司馬遷雖自謙「非所謂作也」，不敢「比之於《春秋》」(《史記‧太史公自序》)，實則欲師《春秋》之義，以紹孔子之志也。故孔子非有諸侯之位，而《史記》繫之於世家者，尊孔子「爲教化之主」〔註25〕也，司馬遷亦所以借事明義耳，至是否合於史實，本非所計也。葉適、章潢之徒豈以《史記‧孔子世家》爲浮妄、牴牾哉！

故董仲舒擬魯者，非眞魯也；託隱公以爲擬魯始受命之王者，亦非眞隱公也。明乎此，於《春秋》王魯說，又何譏焉！

第二節　文與而實不與

一、《公羊傳》「實與而文不與」非所以說王魯之義

與，褒許也。《春秋》書法，「實與而文不與」者，乃《公羊傳》所以說經權之義。《公羊傳》桓公十一年秋九月云：「權者何？權者，反於經，然後有善者也。權之所設，舍死亡無所設。行權有道，自貶損以行權，不害人以行權。殺人以自生，亡人以自存，君子不爲也。」

《春秋》尊王，非周王之命，諸侯不得專地、專封、專討。大夫亦不得專執、專廢置君，蓋君臣之義也。故諸侯、大夫有擅專者，《春秋》不與也。雖然，《公羊傳》以爲，《春秋》「實與而文不與」者，凡六例，計不與諸侯專封者三〔註26〕，不與諸侯專討者一〔註27〕，不與大夫專廢置君者一〔註28〕，不與大夫專執者一〔註29〕，皆經權說之義例。

如《春秋》僖公元年春：「齊師、宋師、曹師次于聶北，救邢。」《公羊

〔註23〕見《史記‧太史公自序》注文。南朝宋‧裴駰：《史記集解》，《史記》（臺北：鼎文書局，1975 年），頁 3301。

〔註24〕見《史記‧太史公自序》注文。唐‧司馬貞：《史記索隱》，《史記》（臺北：鼎文書局，1975 年），頁 3301。

〔註25〕見《史記‧孔子世家》注文。同註 24，頁 1905。

〔註26〕見《公羊傳》僖公元年春、二年春正月、十四年春。

〔註27〕見《公羊傳》宣公十一年冬十月。

〔註28〕見《公羊傳》文公十四年秋。

〔註29〕見《公羊傳》定公元年春三月。

傳》云：「救不言次，此其言次何？不及事也。不及事者何？邢已亡矣。孰亡之？蓋狄滅之。曷為不言狄滅之？為桓公諱也。曷為為桓公諱？上無天子，下無方伯，天下諸侯有相滅亡者，桓公不能救，則桓公恥之。曷為先言次而後言救？君也。君，則其稱師何？不與諸侯專封也。曷為不與？實與而文不與。文曷為不與？諸侯之義，不得專封也。諸侯之義，不得專封，則其曰實與之何？上無天子，下無方伯，天下諸侯有相滅亡者，力能救之，則救之，可也。」所謂「諸侯之義，不得專封」者，經也。上無天子，下無方伯，諸侯得專封滅國者，權也。狄滅邢，齊君救邢，乃背經而行權，《春秋》文不與其背經，而實與其行權。又狄滅衛，齊君城衛邑楚丘〔註30〕；徐、莒滅杞，齊君城杞邑緣陵〔註31〕，義皆同。蓋方伯背經而行權，專封滅國者，乃王政之事，非所以行王道也，故「實與而文不與」書法，非關王魯說也。餘不一一。

二、王魯說「文與而實不與」所以重王道之義

王魯說「文與而實不與」書法，乃本文所創獲。文者，貌也；實者，質也。惟春秋上無明天子，王道不能行，或有其文而無其實，或文實俱無。周王與諸侯之行，偶進於王道者，則文與之；縱實不合於禮，則隱而不書。蓋文實合一，乃大同郅治，《春秋》與其進，不與其退，此王魯說重王道之義也。凡三例：

（一）文與周王歸賵而實不與

《春秋》隱公元年秋七月：「天王使宰咺來歸惠公、仲子之賵。」《公羊

〔註30〕《春秋》僖公二年春正月：「城楚丘。」《公羊傳》云：「孰城？城衛也。曷為不言城衛？滅也。孰滅之？蓋狄滅之。曷為不言狄滅之？為桓公諱也。曷為為桓公諱？上無天子，下無方伯，天下諸侯有相滅亡者，桓公不能救，則桓公恥之也。然則孰城之？桓公城。曷為不言桓公城之？不與諸侯專封也。曷為不與？實與而文不與。文曷為不與？諸侯之義，不得專封。諸侯之義，不得專封，則其曰實與之何？上無天子，下無方伯，天下諸侯有相滅亡者，力能救之，則救之，可也。」

〔註31〕《春秋》僖公十四年春：「諸侯城緣陵。」《公羊傳》云：「孰城之？城杞也。曷為城杞？滅也。孰滅之？蓋徐、莒脅之。曷為不言徐、莒脅之？為桓公諱也。曷為為桓公諱？上無天子，下無方伯，天下諸侯有相滅亡者，桓公不能救，則桓公恥之也。然則孰城之？桓公城之。曷為不言桓公城之？不與諸侯專封也。曷為不與？實與而文不與。文曷為不與？諸侯之義，不得專封也。諸侯之義，不得專封，則其曰實與之何？上無天子，下無方伯，天下諸侯有相滅亡者，力能救之，則救之，可也。」

傳》云：「惠公者何？隱之考也。仲子者何？桓之母也。……其言來何？不及事也。其言惠公、仲子何？兼之。兼之，非禮也。」《公羊傳》以周王爲非禮者二：一以賵者，所以送死，非所以弔生，惠公、仲子之喪事已畢，禮無所施，故曰不及事；二以賵二人，當各使一使，一使而兩賵，兼歸，非禮也。《春秋繁露・王道》亦云：「天王使宰咺來歸惠公、仲子之賵，刺不及事也。」〔註32〕《解詁》據以推闡王魯說，云：「稱『使』者，王尊敬諸侯之意也。王者據土，與諸侯分職，俱南面而治，有不純臣之義。……言『歸』者，與使有之辭也。天地所生，非一家之有，有無當相通。所傳聞之世，外小惡不書，書者，來接內也。《春秋》王魯，以魯爲天下化首，明親來被王化，漸漬禮義者，在可備責之域，故從內小惡舉也。主書者，從不及事也。」〔註33〕魯爲諸侯國，惟《春秋》王魯，以魯爲天下王化之首。周王使使歸賵，書之者，與周王來被魯之王化也。實何爲不與？賵不及事，且兼歸，非周王所當爲也。文與之何？周王爵位至尊，而尊敬諸侯，歸有通無，漸漬禮義，雖歸賵小惡，與之可也。

（二）文與魯君會戎而實不與

《春秋》隱公二年春：「公會戎于潛。」《解詁》：「凡書會者，惡其虛內務、恃外好也。古者，諸侯非朝時，不得踰竟。所傳聞之世，外離會不書，書內離會者，《春秋》王魯，明當先自詳正，躬自厚，而薄責於人，故略外也。王者不治夷狄，錄戎者，來者勿拒，去者勿追。」〔註34〕戎君來朝，魯君會之，書之者，蓋《春秋》王魯，與戎君漸進於王化也。實何爲不與？魯君當先正己以正人，而虛內務、恃外好，非所以徠遠也。文與之何？諸侯朝周王始得踰境，魯君於非朝時，會戎君於境內潛邑，於禮尚無不合，與之可也。

（三）文與齊君獻捷而實不與

《春秋》莊公三十一年夏六月：「齊侯來獻戎捷。」《公羊傳》云：「齊，大國也，曷爲親來獻戎捷？威我也。其威我奈何？旗獲而過我也。」《解詁》云：「不書威魯者，恥不能爲齊所忌難，見輕侮也。言獻捷，繫戎者，《春秋》王魯，因見王義。古者，方伯征伐不道，諸侯交格而戰者，誅絕其國，獻捷

〔註32〕漢・董仲舒：《春秋繁露・王道》，同註6，卷四，頁3。
〔註33〕漢・何休：《春秋公羊經傳解詁》，同註10，頁2199。
〔註34〕同註33，頁2202。

於王者。」〔註 35〕獻捷者，方伯有征伐不道之功，則獻於王，示尊王也。齊君獻捷，書之者，《春秋》王魯，與齊君尊魯也。實何為不與？齊君捷於戎，有驕慢之志，假獻捷之名過魯，實威魯也。文與之何？齊君伐戎，諸侯而有退四夷、救中國之功，魯雖見輕侮，與之可也。

〔註35〕同註 33，頁 2242。

第五章　王魯說之價值

第一節　彰顯一統與尊王之理想

一、天下一統於擬魯之素王

　　《公羊傳》大一統者，以春秋之世，周室式微，諸侯僭越，不統於王。一統者，一統於王也，亦所以尊王之義也。王者有二義，一謂周王，一謂素王。王魯說者，託一統於素王也。《春秋繁露・王道》云：「天王使宰咺來歸惠公仲子之賵，刺不及事也；天王伐鄭，譏親也；會王世子，譏微也；祭公來逆王后，譏失禮也。刺家父求車，武氏毛伯求賻金，王人救衛，王師敗於貿戎，天王不養，出居於鄭，殺母弟，王室亂，不能及外，分爲東西周，無以先天下。召衛侯，不能致，遣子突征衛，不能絕；伐鄭，不能從；無駭滅極，不能從。諸侯得以大亂，篡弒無已，臣下上逼，僭擬天子；諸侯強者行威，小國破滅；晉至三侵周，與天王戰于貿戎，而大敗之；戎執凡伯於楚丘，以歸；諸侯本怨隨惡，發兵相破，夷人宗廟社稷，不能統理；臣子強，至弒其君父；法度廢，而不復用，威武絕，而不復行。故鄭魯易地，晉文再致天子，齊桓會王世子，擅封邢衛杞，橫行中國，意欲王天下，魯舞八佾，北祭泰山，郊天祀地，如天子之爲，以此之故，弒君三十二，亡國五十二，細惡不絕之所致也。」〔註 1〕故王魯說假《春秋》「王正月」之王，及《公羊傳》之文王，以說素王義，蓋託天下一統於擬魯之素王，以絕天下之惡也。

〔註 1〕 漢・董仲舒：《春秋繁露》（臺北：臺灣中華書局，1984 年 5 月），卷四，頁 3
　　　　～4。

又《公羊傳》哀公十四年春云：「君子曷爲爲《春秋》？撥亂世，反諸正，莫近諸《春秋》。」故《春秋》立素王，所以「撥亂世，反諸正」，大一統之義也。《春秋繁露・符瑞》云：「有非力之所能致而自至者，西狩獲麟，受命之符是也，然後託乎《春秋》正不正之間，而明改制之義，一統乎天子，而加憂於天下之憂也。」〔註2〕所謂「一統乎天子」者，亦即一統於素王，蓋以「天子」兼稱素王也。〈三代改制質文〉云：「王者必受命而後王。王者必改正朔，易服色，制禮樂，一統於天下，所以明易姓非繼人，通以己受之於天也。」〔註3〕故《春秋》一統於王者，乃擬魯素王受命改制，以行王道也。王魯説素王一統之義，一以貫之矣。

劉逢祿云：「大一統者，通三統爲一統。周監夏、商，而建天統，教以文，制尙文。《春秋》監商、周，而建人統，教以忠，制尙質也。」〔註4〕所謂「通三統爲一統」，失之太玄。董仲舒以王者「具存二王之後」，謂之「通三統」，夏、商、周三統則三統矣，如何而爲一統？王魯説一統之義，乃天下一統於素王，不復僭越，非通夏、商、周三統爲一統也。劉逢祿之説，嫌有微瑕。

二、周王與素王一而二二而一

王魯説「文與而實不與」，固《春秋》借事明義之書法，周王與諸侯之行，雖實不合於禮，猶褒許其偶進於王道，冀漸臻於文實合一、大同郅治之理想也。惟《春秋》亦有直書其本事者，非盡借事明義也，且繫周王於天，奉周王爲天王。故王魯説出，何嘗以素王奪周王，二者固得並立也。故《春秋》尊王之義，實周王與素王並尊也；直以周王不行王道，乃以素王貶之，蓋貶其行，非貶其至尊之爵耳。

皮錫瑞云：「成元年：『王師敗績於貿戎。』《公羊傳》曰：『王者無敵，莫敢當也。』《疏》云：『《春秋》之義，託魯爲王，而使舊王無敵者，見任爲王，寧可會奪，正可時時內魯見義而已。』陳澧遂據此《傳》，謂：『既以周爲王者無敵，必無黜周王魯之説，此《疏》正可以駁黜周之説。』不知《疏》明言《春秋》王魯，不奪舊王，是《春秋》尊王之義，與王魯之義，本可並

〔註2〕見《春秋繁露・符瑞》，同註1，卷六，頁2。
〔註3〕見《春秋繁露・三代改制質文》，同註1，卷七，頁2〜3。
〔註4〕清・劉逢祿：《公羊春秋何氏解詁箋》，《皇清經解》（臺北：藝文印書館，年月份不詳），頁14143。

行不悖也。」〔註5〕蓋孔子以《春秋》立素王之法，素王之法者，本周王之事也，以王綱解紐，王道不行，乃另立素王代行周王之事也。此王魯說所以託天下一統於素王，以行王道之理想也。故周王與素王，實一而二，二而一者也。王道不行，《春秋》別立素王，以素王代行周王之事；王道行，周王固即素王。尊素王，即尊周王，此王魯說之理想也。

第二節　解決漢世道統與政統之糾葛

道統與政統之糾葛，其來久矣。《孟子・梁惠王下》云：「齊宣王問曰：『湯放桀，武王伐紂，有諸？』孟子對曰：『於傳有之。』曰：『臣弒其君，可乎？』曰：『賊仁者謂之賊，賊義者謂之殘，殘賊之人謂之一夫。聞誅一夫紂矣，未聞弒君也。』」湯放桀，武王伐紂，齊宣王疑爲弒君，孟子以爲不然，何也？蓋就政統言，桀、紂爲夏、殷之君王，湯、武則爲臣矣，以臣而伐君，固謂弒君。惟就道統言，桀、紂殘賊仁義，有虧王道，不足爲君，謂之一夫；湯、武興師討之，以有道而伐無道，救仁拯義，何弒君之有！歷來君王重視政統之延續，輕忽道統之傳承，如桀、紂者，多矣；失察君臣外在之名繫於仁義內在之實，如齊宣王者，亦多不勝舉也。

又《史記・儒林列傳》云：「清河王太傅轅固生者，齊人也，以治《詩》，孝景時爲博士。與黃生爭論景帝前。黃生曰：『湯、武非受命，乃弒也。』轅固生曰：『不然。夫桀、紂虐亂，天下之心皆歸湯、武，湯、武與天下之心而誅桀、紂，桀、紂之民不爲之使而歸湯、武，湯、武不得已而立，非受命爲何？』黃生曰：『冠雖敝，必加於首；履雖新，必關於足。何者？上下之分也。今桀、紂雖失道，然君上也；湯、武雖聖，臣下也。夫主有失行，臣下不能正言匡過以尊天子，反因過而誅之，代立踐南面，非弒而何也？』轅固生曰：『必若所云，是高帝代秦即天子之位，非邪？』於是景帝曰：『食肉不食馬肝，不爲不知味；言學者無言湯、武受命，不爲愚。』遂罷。是後學者莫敢明受命放殺者。」桀、紂虐亂，道統斷絕；湯、武代立，道統得續。轅固生以湯、武受命於天下之心而許之，甚得孟子之旨。黃生曖昧此義，惟漢景帝不欲聞，致是後學者莫敢明。誠如陳柱云：「此事最足以見專制政府之隱

〔註5〕清・皮錫瑞：《經學通論》（臺北：河洛圖書出版社，1974年12月），頁24～25。

衷。誠以言湯、武為非，則過及於高祖；以湯、武為是，則革命之事，又漢家之所大忌也。」〔註6〕道統與政統之糾葛難解，亦可知矣。

漢昭帝時，董仲舒弟子眭弘（字孟）推《春秋》之意，以為泰山大石自立，上林苑僵柳復起，「當有從匹夫為天子者。……即說曰：『先師董仲舒有言，雖有繼體守文之君，不害聖人之受命。漢家堯後，有傳國之運。漢帝宜誰差天下，求索賢人，禪以帝位，而退自封百里，如殷、周二王後，以承順天命。』孟使友人內官長賜上此書。時昭帝幼，大將軍霍光秉政，惡之，下其書廷尉。奏賜、孟妄設祅言惑眾，大逆不道，皆伏誅。」（《漢書·眭兩夏侯京翼李傳》）所謂「聖人之受命」者，乃聖人受道統之命也；眭弘未得其師董仲舒之意，誤以道統之遞嬗為政統之遞嬗，二者糾葛，致遭殺身之禍，時人之殷鑑也。

自昭帝而後，漢德將衰當再受命之說大盛。如成帝時，谷永上書云：「時世有中季，天道有盛衰。陛下承八世之功業，當陽數之標季。」（《漢書·谷永杜鄴傳》）所謂「陽數之標季」，孟康以為「陽九之末季」（同前引），即漢德將衰也。又如元帝初元四年，「皇后曾祖父濟南東平陵王伯墓門梓柱卒生枝葉，上出屋。劉向以為王氏貴盛，將代漢家之象也。」（《漢書·五行志中之下》）後王莽果篡漢。是皆以五行生剋、陰陽讖緯之說，倡議漢帝禪讓，非關王魯說之道統遞嬗，後世學者宜明辨之。

一、漢帝因行事而加乎王心

《春秋繁露·俞序》引孔子曰：「吾因其行事，而加乎王心焉。」〔註7〕《春秋》王魯，王心者，素王行王道之心也。蓋王魯說立素王以行王道，又以周王即素王為理想，則政統與道統並立共存，不復糾葛矣。若夫漢帝既承政統，道統如何並立共存哉？亦曰：因其行事，而加乎王心而已。

高帝為漢王時，「慢而侮人，罵詈諸侯群臣如罵奴耳，非有上下禮節」（《史記·魏豹彭越列傳》引魏豹語），又「不好儒，諸客冠儒冠來者，沛公輒解其冠，溲溺其中。與人言，常大罵。未可以儒生說也。」（《史記·酈生陸賈列傳》引騎士語）而以儒生酈食其、隨何之輩取天下。天下初定，群臣飲酒爭功，醉或妄呼，拔劍擊柱，高帝患之。乃令叔孫通徵魯諸生與弟子共起朝儀，

〔註 6〕陳柱：《公羊家哲學》（臺北：臺灣中華書局，1980 年 11 月），頁 129。
〔註 7〕漢·董仲舒：《春秋繁露·俞序》，同註1，卷六，頁 3。

頗采古禮與秦儀雜就之，自諸侯王以下莫不振恐肅敬，竟朝置酒，無敢讙譁失禮者，於是高帝曰：「吾迺今日知為皇帝之貴也。」（《史記·劉敬叔孫通列傳》）陸賈以秦所以失天下，在於未行仁義，明天下「居馬上得之，寧可以馬上治之」，「粗述存亡之徵，凡著十二篇，每奏一篇，高帝未嘗不稱善，左右呼萬歲，號其書曰《新語》。」（《史記·酈生陸賈列傳》）酈食其、隨何、叔孫通、陸賈諫高帝因行事而加乎王心，禮儀始就，仁義初行，諸侯王以下不復僭越，是王魯說之先驗也。

　　武帝時，董仲舒〈賢良對策〉之二云：「今陛下并有天下，海內莫不率服，廣覽兼聽，極群下之知，盡天下之美，至德昭然，施於方外。夜郎、康居，殊方萬里，說德歸誼，此太平之致也。然而，功不加於百姓者，殆王心未加焉。曾子曰：『尊其所聞，則高明矣；行其所知，則光大矣。高明光大，不在於它，在乎加之意而已。』願陛下因用所聞，設誠於內而致行之，則三王何異哉！」（《漢書·董仲舒傳》）此所以諫武帝因行事而加乎王心耳。又云：「陛下親耕藉田，以為農先，夙寤晨興，憂勞萬民，思惟往古，而務以求賢，此亦堯、舜之用心也，然而，未云獲者，士素不厲也。夫不素養士而欲求賢，譬猶不琢玉而求文采也。故養士之大者，莫大虖太學。太學者，賢士之所關也，教化之本原也。今以一郡一國之眾，對亡應書者，是王道往往而絕也。臣願陛下興太學，置明師，以養天下之士，數考問以盡其材，則英俊宜可得矣。」（同前引）求賢、養士，即加乎王心也；興太學，置明師，所以諫武帝重視教化，繼承道統也。又〈賢良對策〉之三云：「《春秋》大一統者，天地之常經，古今之通誼也。今師異道，人異論，百家殊方，指意不同，是以上亡以持一統；法制數變，下不知所守。臣愚以為，諸不在六藝之科，孔子之術者，皆絕其道，勿使並進。邪辟之說滅息，然後統紀可一，而法度可明，民知所從矣。」（同前引）此所以諫武帝存續孔子道統，使得與政統並立共存也。

　　按戴君仁考董仲舒〈賢良對策〉，事在武帝元光二年至四年之間，以為「田蚡在元光元年黜百家，⋯⋯所以董仲舒在元年後對策，『諸不在六藝之科，孔子之術者，皆絕其道，勿使並進』之言，只是暗合於實施的政策。⋯⋯實際上建議立學校之官的是公孫弘。⋯⋯立學校之官，是元朔五年，公孫弘為丞相的成績。⋯⋯至於舉茂才即是〈儒林傳序〉的『秀才異等，輒以名聞』（東漢諱秀，改稱茂才），也是公孫弘所建議的。舉孝廉一事，據〈武帝紀〉云：

『元光元年多十一月，初令郡國舉孝廉各一人。』元光元年的十一月，實際上是建元六年的十一月，此事更和董仲舒無關。〈董生本傳〉說這幾椿事『皆自仲舒發之』，都不盡確。」〔註8〕其說有據，庶無可議者。董仲舒〈賢良對策〉誠暗合於朝廷政策，非所左右；惟大倡漢帝以王心加乎教化政策，致力道統與政統並立共存，不令斷絕，實王魯說之價值也。

二、孔子世封殷紹嘉公

周封前代王者之後爲「三恪」，古制也，前嘗言之矣。然則，前代已失其政統矣，封其後奈何？蓋示前代王者之道統未絕，與當代政統猶並立共存也。故杜預云：「示敬而已」〔註9〕。道統與政統，何糾葛之有！

漢武帝效周封前代王者之後，始封周後姬嘉爲周子南君；至元帝時，「使諸大夫、博士求殷後，分散爲十餘姓，郡國往往得其大家，推求子孫，絕不能紀。」（《漢書・楊胡朱梅云傳》）匡衡奏議，云：「王者存二王後，所以尊其先王，而通三統也。其犯誅絕之罪者絕，而更封他親爲始封君，上承其王者之始祖。《春秋》之義，諸侯不能守其社稷者絕。今宋國已不守其統，而失國矣，則宜更立殷後爲始封君，而上承湯統，非當繼宋之絕侯也，宜明得殷後而已。今之故宋，推求其嫡，久遠不可得；雖得其嫡，嫡之先已絕，不當得立。《禮記》孔子曰：『丘，殷人也。』先師所共傳，宜以孔子世爲湯後。」（同前引）殷嫡既絕，不復可求，匡衡乃據王魯說通三統之義，以孔子世爲湯後，示承湯之道統，非繼宋之絕侯，蓋深明《春秋》道統傳承之義者也。惟元帝以其語「不經」（同前引），遂罷其議。

成帝時，梅福復以爲「宜建三統，封孔子之世以爲殷後」（同前引），上書云：「武王克殷，未下車，存五帝之後，封殷於宋，紹夏於杞，明著三統，示不獨有也。是以姬姓半天下，遷廟之主，流出於戶，所謂存人以自立者也。今成湯不祀，殷人亡後。陛下繼嗣久微，殆爲此也。《春秋經》曰：『宋殺其大夫。』《穀梁傳》曰：『其不稱名姓，以其在祖位，尊之也。』此言孔子故殷後也，雖不正統，封其子孫以爲殷後，禮亦宜之。何者？諸侯奪宗，聖庶奪適。《傳》曰：『賢者子孫宜有土。』而況聖人，又殷之後哉！……今仲尼

〔註8〕戴君仁：〈漢武帝抑黜百家非發自董仲舒考〉，《梅園論學集》（臺北：臺灣開明書店，1970年9月），頁339～343。

〔註9〕晉・杜預《春秋經傳集解》，清・阮元：《十三經注疏》（二冊本）（臺北：大化書局，1982年10月），頁1985。

之廟不出闕里，孔氏子孫不免編戶，以聖人而歆匹夫之祀，非皇天之意也。今陛下誠能據仲尼之素功，以封其子孫，則國家必獲其福，又陛下之名與天亡極。」（同前引）孔子不正統者，蓋謂其五世祖自宋奔魯故。顏師古云：「素功，素王之功也。」〔註10〕奏封孔子之子孫以爲殷後者，乃據其素功故，以繼道統也，豈續殷之政統乎。蓋梅福亦深明《春秋》王魯説通三統之義者也。自此，成帝「立二王後，推跡古文，以《左氏》、《穀梁》、《世本》、《禮記》相明，遂下詔封孔子世爲殷紹嘉公。」（《漢書‧楊胡朱梅云傳》）是王魯説之效也。

　　或不以爲然。王葆玹云：「承認孔子爲殷人與承認孔子爲殷王嫡系是有區別的。既非嫡系，自然無權繼承殷宋的爵位。梅福聲稱『禮亦宜之』，可見襃封孔子爲殷後仍需要禮學的支持。……穀梁學能與二戴禮學配合，致使成帝『下詔封孔子世爲殷紹嘉公』，已可説是很大的成就，足令公羊家嫉妒了。」〔註11〕又云：「穀梁學派如果説有思想建樹的話，那就是改造孔子『素王』的理論，放棄極度流行的『王魯』説，提出孔子爲殷王後裔的新説，並在成帝時促使朝廷正式封孔子『世爲殷紹嘉公』。」〔註12〕辨析如下：

　　其一，孔子固非殷王嫡系。成帝下詔封孔子世爲殷紹嘉公，乃擬孔子於殷王嫡系，以其子孫代行「奉湯祀」（《漢書‧楊胡朱梅云傳》）之事，猶《春秋》立素王代行周王之事然。梅福所謂「禮亦宜之」者，蓋「奉湯祀」乃禮法之事，孔子既有素功，「封孔子後以奉湯祀」（同前引）自合於禮法，非王葆玹所謂「繼承殷宋的爵位……仍需要禮學的支持」。

　　其二，成帝下詔封孔子世爲殷紹嘉公，非穀梁學之功。孔子故殷之後，《史記‧孔子世家》、《禮記‧檀弓上》亦俱見記載，惟西漢自宣帝以降，穀梁學大盛，梅福引《穀梁傳》以成其説者，悅天聽而已。又成帝「立二王後，推跡古文，以《左氏》、《穀梁》、《世本》、《禮記》相明」，所謂「相明」者，正見詔封孔子世爲殷紹嘉公乃別有所本，復取《穀梁傳》諸書之文相發明而已。所本者，蓋王魯説通三統之義也，梅福實爲功也。何嘗見穀梁學派改造孔子素王理論，放棄王魯説乎！王葆玹之説，厥屬無稽。

　　　　　　　　　　　　　　　　　　　　　　　　　　　　　　

〔註10〕唐‧顏師古：《漢書注》，《漢書》（臺北：鼎文書局，1974 年 10 月），頁2926。

〔註11〕王葆玹：《西漢經學源流》（臺北：東大圖書公司，1994 年 6 月），頁 177～178。

〔註12〕同註11，頁 158。

第三節　垂示後世因時制宜與時俱進之法

　　公羊家有王魯說，惟孟子有王齊說，試先說其義。孟子云：「以齊王，由反手也。」（《孟子・公孫丑上》）反手者，言其至易也。然則，孟子「欲正人心，息邪說，距詖行，放淫辭」，以承禹、周公、孔子三聖（《孟子・滕文公下》），何乃出此大類邪說之言？蓋戰國時期，諸侯「爭地以戰，殺人盈野；爭城以戰，殺人盈城。」（《孟子・離婁上》）「王者之不作，未有疏於此時者也；民之憔悴於虐政，未有甚於此時者也。」（《孟子・公孫丑上》）孟子以齊為可王者，一以「夏后、殷、周之盛，地未有過千里者也，而齊有其地矣。」二以「雞鳴狗吠相聞，而達乎四境，而齊有其民矣。」三以「地不改辟矣，民不改聚矣，行仁政而王，莫之能禦也。……當今之時，萬乘之國行仁政，民之悅之，猶解倒懸也。」（同前引）周室既微，王道不得而行，孟子加齊之卿相，在使齊行仁政，齊有其時、有其地、有其民，行仁政則王；設齊「倍地而不行仁政，是動天下之兵」（《孟子・梁惠王下》），則不得而王，其理至明。進而言之，即齊不行仁政，或燕、或梁，有其時、有其地、有其民，而行仁政，王燕、王梁亦無不可，孟子必許之，未必王齊也。

　　惟李覯云：「孟子曰：『五霸者，三王之罪人也。』吾以為，孟子者，五霸之罪人也。五霸率諸侯事天子，孟子勸諸侯為天子。苟有人性者，必知其逆順耳矣。孟子當周顯王時，其後尚且百年，而秦并之。嗚呼！孟子，忍人也，其視周室如無有也。」〔註13〕是不明孟子之義也。殷、周所以王天下者，要在行仁政而已。故孟子云：「國君好仁，天下無敵焉。南面而征北狄怨，東面而征西夷怨。曰：『奚為後我？』」（《孟子・盡心下》）又云：「不行王政云爾，苟行王政，四海之內皆舉首而望之，欲以為君。」（《孟子・滕文公下》）王道不行於天下久矣，孟子因齊可王而王之，宜其視周室如無有也。

　　余允文辨李覯之說，云：「孟子說列國之君，使之行王政者，欲其去暴虐，行仁義，而救民於水火耳。行仁義而得天下，雖伊尹、太公、孔子說其君，亦不過此。彼五霸者，假仁義而行，陽尊周室，而陰欲以兵強天下，孟子不忍斯民死於鬭戰，遂以王者仁義之道詔之。使當世之君，不行仁義而得天下，孟子亦惡之矣，豈復勸諸侯為天子哉！」〔註14〕朱熹則云：「李氏罪孟子勸諸

〔註13〕宋・朱熹：〈讀余隱之尊孟辨〉，《朱熹集》（成都：四川教育出版社，1997年5月），冊七，頁3826。

〔註14〕同註13。

侯爲天子，正爲不知時措之宜。隱之〔註15〕之辨已得之，但少發明時措之意。又所云：『行仁義而得天下，雖伊尹、太公、孔子說其君，亦不過此。』語亦未盡善。若云行仁義，而天下歸之，乃理勢之必然，雖欲辭之，而不可得也。」〔註16〕又云：「孔子尊周，孟子不尊周，如冬裘夏葛，饑食渴飲，時措之宜異爾。此齊桓不得不尊周，亦迫於大義，不得不然。夫子筆之於經，以明君臣之義於萬世，非專爲美桓公也。孔、孟易地，則皆然，李氏未之思也。隱之以孟子之故，必謂孔子不尊周；又似諸公以孔子之故，必謂孟子不合不尊周也。得時措之宜，則並行而不相悖矣。」〔註17〕朱熹以「時措之宜」辨李覯之說，長於余允文，蓋深得孟子之旨。孟子王齊說，乃「時措之宜」，亦甚明矣。

　　《公羊傳》哀公十四年春云：「君子曷爲爲《春秋》？撥亂世，反諸正，莫近諸《春秋》。則未知其爲是與？其諸君子樂道堯、舜之道與？末不亦樂乎，堯、舜之知君子也。制《春秋》之義，以俟後聖，以君子之爲，亦有樂乎此也。」君子者，孔子也。孔子以《春秋》立撥亂反正之法，《公羊傳》稱「未知」者，謙辭也，誠如何休《解詁》云：「作《傳》者謙不敢斥夫子所爲作意也。」〔註18〕故依違孔子之意也。又稱「其諸」者，何休《解詁》云：「其諸，辭也。」〔註19〕蓋亦謙辭，作《傳》者固知孔子樂道堯、舜之道也。堯、舜樂知後世有孔子繼承道統，孔子亦樂知後世必有聖人繼承道統，故制《春秋》之義以俟之。董仲舒治公羊學，持論頗異於《公羊傳》；惟俱以《春秋》乃孔子爲後世制法，以待後聖。《春秋繁露・俞序》亦云：「仲尼之作《春秋》也，上探正天端，王公之位，萬民之所欲，下明得失，起賢才，以待後聖。」〔註20〕然則，孔子未知後聖爲誰，故以擬魯之素王承之，後世凡有道者，皆可當擬魯之素王，不必定指爲誰。

　　王魯說有通三統之義，以夏、殷、周三代道統遞嬗，各有因革損益；又有張三世之義，以據亂、升平、太平三世之治，漸進於王化。時移則勢易，

〔註15〕宋・余允文，字隱之。

〔註16〕同註13，頁3826～3827。

〔註17〕同註13，頁3827。

〔註18〕漢・何休：《春秋公羊經傳解詁》，清・阮元：《十三經注疏》（二冊本）（臺北：大化書局，1982年10月），頁2354。

〔註19〕《公羊傳》桓公六年秋九月丁卯：「其諸以病桓與？」《解詁》云：「其諸，辭也。」同註18，頁2216。

〔註20〕漢・董仲舒：《春秋繁露・俞序》，同註1，卷六，頁3。

豈一成不變，是王魯說亦爲「時措之宜」也，所以垂示後世因時制宜與時俱進之法也。

一、王漢即王魯──《春秋》爲漢制法

《春秋》爲漢制更化之法。武帝即位，舉賢良文學之士，前後百數，「欲聞大道之要，至論之極」（《漢書‧董仲舒傳》），蓋有願治之心。董仲舒〈賢良對策〉之一云：「今漢繼秦之後，如朽木、糞牆矣，雖欲善治之，亡可奈何。……竊譬之琴瑟不調，甚者必解而更張之，乃可鼓也；爲政而不行，甚者必變而更化之，乃可理也。當更張而不更張，雖有良工不能善調也；當更化而不更化，雖有大賢不能善治也。故漢得天下以來，常欲善治而至今不可善治者，失之於當更化而不更化也。古人有言曰：『臨淵羨魚，不如退而結網。』今臨政而願治七十餘歲矣，不如退而更化；更化則可善治，善治則災害日去，福祿日來。」（《漢書‧董仲舒傳》）更化者，謂重脩教化。蓋漢承亂世而興，舊世之教化已不可施，故云如朽木、糞牆。唯《春秋》爲後世制法，漢以《春秋》重脩教化，則可善治矣。

又〈賢良對策〉之三云：「道者，萬世亡弊；弊者，道之失也。……王者有改制之名，亡變道之實。然夏上忠，殷上敬，周上文者，所繼之捄，當用此也。……道之大原出於天，天不變，道亦不變。是以禹繼舜，舜繼堯，三聖相受而守一道，亡救弊之政也，故不言其所損益也。繇是觀之，繼治世者其道同，繼亂世者其道變。今漢繼大亂之後，若宜少損周之文致，用夏之忠者。」（同前引）捄，古「救」字。夏、殷、周三代之道無弊，惟其政猶有弊也。夏政尙忠；殷繼夏，其政尙敬，以救夏忠之弊；周繼殷，其政尙文，以救殷敬之弊；《春秋》擬魯繼周，救周文之弊者，必以夏之忠，故其政同夏。忠、敬、文三政循環，蓋時行之說也〔註21〕。董仲舒所謂「宜少損周之文致，用夏之忠」者，蓋因武帝願治，乃欲以漢繼周。王魯說以擬魯之素王爲後聖，董仲舒乃以漢帝實之，時措之宜也。皮錫瑞以爲，《春秋》爲後世制法，惟漢人能實行斯義〔註22〕，並援引凌曙所舉數事〔註23〕證之。孔子制《春秋》之

〔註21〕《史記‧高祖本紀》亦云：「夏之政忠。忠之敝，小人以野，故殷人承之以敬。敬之敝，小人以鬼，故周人承之以文。文之敝，小人以僿，故救僿莫若以忠。三王之道若循環，終而復始。周、秦之閒，可謂文敝矣。秦政不改，反酷刑法，豈不繆乎！故漢興，承敝易變，使人不倦，得天統矣。」忠，質厚也。野，少禮節也。鬼者，謂多威儀，如事鬼神。僿，猶薄之義也。

〔註22〕清‧皮錫瑞：《經學通論》，同註5，頁13。

義，以俟後聖者，即俟漢帝也；《春秋》為後世制法者，即為漢制法也。然則，王漢即王魯矣。

何休承董仲舒之意，在漢言漢，亦以為《春秋》乃為漢制法。《公羊傳》哀公十四年春云：「《春秋》……何以終乎哀十四年？曰：備矣。」《解詁》云：「人道浹，王道備。……絕筆於春，不書下三時者，起木絕火王，制作道備，當授漢也。」〔註24〕四時具而後為年，《春秋》哀公十四年絕筆於春，不書夏、秋、冬三時。按何休生當東漢之末，時五行相生說以周屬木德；漢繼周後，屬火德；目秦為閏位，非其序〔註25〕。《春秋》紀周，周屬木，春亦屬木，木絕者，謂周德已衰，猶春已盡，故絕筆於春；漢屬火，夏亦屬火，火王者，謂漢德將興，猶夏將至，故《春秋》為漢制作之道亦已備矣。

又《公羊傳》哀公十四年春云：「撥亂世，反諸正，莫近諸《春秋》。」《解詁》云：「得麟之後，天下血書魯端門，曰：『趨作法，孔聖沒。周姬亡，彗東出。秦政起，胡破術。書記散，孔不絕。』子夏明日往視之，血書飛為赤鳥，化為白書，署曰：『演孔圖』，中有作圖制法之狀。孔子仰推天命，俯察時變，卻觀未來，豫解無窮，知漢當繼大亂之後，故作撥亂之法以授之。」〔註26〕東漢時期，五行及讖緯之說大盛，何休徵引之，證成《春秋》為漢制法之義，語雖不經，亦時措之宜也。

二、王清即王魯──《春秋》為清制法

《春秋》為清制進化之法。《春秋繁露・楚莊王》云：「《春秋》分十二世以為三等：有見、有聞、有傳聞。有見三世，有聞四世，有傳聞五世。故哀、定、昭，君子之所見也；襄、成、文、宣，君子之所聞也；僖、閔、莊、桓、隱，君子之所傳聞也。所見六十一年，所聞八十五年，所傳聞九十六年。於

〔註23〕凌曙云：「公羊之義，大一統；路溫舒曰：『臣聞《春秋》正即位，大一統而慎始也。』公羊之義，立子以貴不以長；光武之詔，曰：『《春秋》立子以貴不以長。東海王陽，皇后之子，宜承大統。……。』公羊之義，子以母貴；公孫瓚表袁紹罪狀，曰：『《春秋》之義，子以母貴。紹母親為傅婢，地實微賤，據職高重，享福豐隆，有苟進之志，無虛退之心，紹罪九也。』……。」清・凌曙：《公羊問答》，《叢書集成新編》（臺北：新文豐出版公司，1986年1月），頁455。

〔註24〕漢・何休：《春秋公羊經傳解詁》，同註18，頁2353。

〔註25〕《漢書・郊祀志下》云：「昔共工氏以水德間於木火，與秦同運，非其次序，故皆不永。」

〔註26〕漢・何休：《春秋公羊經傳解詁》，同註18，頁2354。

所見，微其辭；於所聞，痛其禍；於傳聞，殺其恩。與情俱也。是故逐季氏，而言又雩，微其辭也；子赤殺，弗忍書日，痛其禍也；子般殺，而書乙未，殺其恩也。」〔註27〕按魯國十二君親疏遠近不一，《春秋》筆法各異，董仲舒據以劃爲所見、所聞、所傳聞三等，是爲三等說。

何休變三等說爲三世說，《解詁》云：「於所傳聞之世，見治起於衰亂之中，用心尙粗觕，故內其國而外諸夏，先詳內而後治外，錄大略小；內小惡書，外小惡不書；大國有大夫，小國略稱人；內離會書，外離會不書是也。於所聞之世，見治升平，內諸侯而外夷狄，書外離會，小國有大夫；宣十一年秋晉侯會狄於攢函，襄二十三年邾婁鼻我來奔是也。至所見之世，著治太平，夷狄進至於爵，天下遠近大小若一，用心尤深而詳，故崇仁義、譏二名；晉魏曼多、仲孫何忌是也。」〔註28〕何休以所傳聞之世爲衰亂之世，所聞之世爲升平之世，所見之世爲太平之世。蓋《春秋》魯國十二君之治，自衰亂之世，進至升平之世，再進至太平之世；此何休三世說，所以論世之循序進化也。

魏、晉以降，公羊學衰落，迄清世乾嘉時期，公羊學始復興。鴉片戰爭後，中國遭逢巨變，常州學派乃以通經致用爲務，參據《春秋》三世說，以論清世之進化。龔自珍開其先河，云：「吾聞深於《春秋》者，其論史也，曰：書契以降，世有三等；三等之世，皆觀其才。才之差，治世爲一等，亂世爲一等，衰世別爲一等。」〔註29〕乃以才之等差論世之等差，而分治世、亂世、衰世三等，有上等之才則爲治世，無上等之才則爲亂世、衰世；蓋世之進化，繫乎治世之才，未必循衰世、亂世而治世之序，異乎何休三世說也。又云：「一祖之法無不敝，千夫之議無不靡，與其贈來者以勁改革，孰若自改革。」〔註30〕「宋、明山林偏僻士，多言夷夏之防，比附《春秋》，不知《春秋》者也。《春秋》至所見世，吳、楚進矣。」〔註31〕《春秋》著治天下之法式，至所見之世，夷狄皆進於王化，故爲太平世。清世遭逢衰亂，爰以《春秋》之法，掄才以治，因時改革，則中國躋於治世矣，何待來茲。

〔註27〕漢・董仲舒：《春秋繁露・楚莊王》，同註1，卷一，頁3。
〔註28〕漢・何休：《春秋公羊經傳解詁》，同註18，頁2200。
〔註29〕清・龔自珍：〈乙丙之際箸議第九〉，《龔自珍全集》（臺北：河洛圖書出版社，1975年9月），頁6。
〔註30〕清・龔自珍：〈乙丙之際箸議第七〉，同註29。
〔註31〕清・龔自珍：〈五經大義終始答問七〉，同註29，頁48。

至晚清之世，康有爲目睹國政日敝，以爲：「今之法例，雖云承祖宗之舊，實皆六朝、唐、宋、元、明之弊政也。」〔註32〕又以爲：「公羊之學廢，改制之義湮，三世之說微，太平之治，大同之樂，闇而不明，鬱而不發，……而中國之民，遂二千年被暴主夷狄之酷政。」〔註33〕乃承常州學派以公羊學通經致用爲務，融合《春秋》三世說與《禮記・禮運》大同說，託孔子爲教主〔註34〕，以孔子改制之名〔註35〕，倡導革新，亟言變法。康有爲云：「三世爲孔子非常大義，託之《春秋》以明之。所傳聞世爲據亂，所聞世託升平，所見世託太平。亂世者，文教未明也；升平者，漸有文教，小康也；太平者，大同之世，遠近大小如一，文教全備也。」〔註36〕革新變法之要，正宜脩文德以徠遠人〔註37〕，終於遠近大小如一；康有爲以文教論三世之進化，由文教未明之世，而至小康之世，而至大同之世，循序進化，合於《春秋》王魯說道統傳承之義，長於何休之說。又云：「蓋孔子未生以前，亂世野蠻，不足爲人道也。」〔註38〕「吾中國二千年來，凡漢、唐、宋、明，不別其治亂興衰，總總皆小康之世也。凡中國儒先所言，自荀卿、劉歆、朱子之說，所言不別其眞僞精粗美惡，總總皆小康之道也。」〔註39〕「漢文而晉質，唐文而宋質，明文而國朝質，然皆升平世，質家也。」〔註40〕孔子既生以後，不復爲亂世；然則，清世已爲小康之世矣，將以進大同也。

康有爲以公羊學爲本，與弟子梁啓超興學會，創報社，鼓吹新政，復上書奏請實施君主立憲，推行維新運動；德宗採納其議，頒行新政，而有「百

〔註32〕清・康有爲：〈上清帝第一書〉，《康南海先生遺著彙刊》（臺北：宏業書局，1976 年 9 月），冊十二，頁 7。

〔註33〕清・康有爲：〈孔子改制考敘〉，同註32，冊二，頁 6。

〔註34〕康有爲云：「孔子之爲教主，爲神明聖王，何在？曰：在六經。六經皆孔子所作也，漢以前之說莫不然也。學者知六經爲孔子所作，然後孔子之爲大聖，爲教主，範圍萬世，而獨稱尊者，乃可明也。知孔子爲教主，六經爲孔子所作，然後知孔子撥亂世致太平之功。凡有血氣者，皆日被其殊功大德，而不可忘也。」同註32，冊二，卷十，頁 1。

〔註35〕康有爲云：「《春秋》始於文王，終於堯、舜。蓋撥亂之治爲文王，太平之治爲堯、舜，孔子之聖意，改制之大義，《公羊》所傳微言之第一義也。」同註35，冊二，卷十二，頁 2。

〔註36〕清・康有爲：《春秋董氏學》，同註35，冊四，頁 61。

〔註37〕《論語・季氏》云：「遠人不服，則修文德以來之。」

〔註38〕清・康有爲：《論語注》，同註32，冊六，頁 226。

〔註39〕清・康有爲：《禮運注》，同註32，冊九，頁 3。

〔註40〕清・康有爲：《春秋董氏學》，同註32，冊四，頁 222。

日維新」，後以「戊戌政變」事件告終。王魯説以擬魯之素王爲後聖，康有爲、梁啓超乃以清帝實之，時措之宜也。孔子制《春秋》之義，以俟後聖者，即俟清帝也；《春秋》爲後世制法者，即爲清制法也。然則，王清即王魯矣。

「戊戌政變」後，康有爲變清世小康爲亂世，云：「漢世家行孔學，君臣士庶，劬躬從化，《春秋》之義，深入人心。撥亂之道既昌，若推行至於隋、唐，應進化至升平之世，至今千載，中國可先大地而太平矣。不幸當秦、漢時，外則老子、韓非所傳刑名法術、君尊臣卑之説，既大行於歷朝，民賊得隱操其術，以愚制吾民；內則新莽之時，劉歆創造僞經，改《國語》爲《左傳》，以大攻《公》、《穀》，賈逵、鄭玄贊之。自晉之後，僞古學大行，《公》、《穀》不得立學官，而大義乖；董、何無人傳師説，而微言絕。甚且束閣三《傳》，而抱究魯史爲遺經；廢置於學，而嗤點《春秋》爲斷爛朝報。此又變中之變，而《春秋》掃地絕矣。於是，三世之説，不誦於人間；太平之種，永絕於中國。公理不明，仁術不昌，文明不進，昧昧二千年，瞀焉惟篤守據亂之法，以治天下。」〔註41〕康有爲或以維新運動告終，而灰心喪志，不復寄望清世進於大同之治，更退之於亂世，「以待世運之變，而爲進化之法」〔註42〕。惟梁啓超云：「戊戌維新，雖時日極短，現效極小，而實二十世紀新中國史開宗明義第一章也。……自今以往，中國革新之機，如轉巨石於危崖，遏之不可遏，必達其目的地而後已，此事理所必至也。然則，戊戌之役，爲敗乎？爲成乎？君子曰：成也。」〔註43〕維新運動雖敗，而中國革新之機已成；梁啓超之説，契合《春秋》王魯説因時制宜與時俱進之法者也；《春秋》王魯説之法，何嘗因康有爲之退中國而稍變乎！

三、王民國即王魯——《春秋》爲民國制法

《春秋》爲民國制革命之法。清末之世，民生凋敝，國步維艱，倡改革者有之，倡革命者亦有之。按「戊戌政變」後，梁啓超頗從事於革命〔註44〕。

〔註41〕 清・康有爲：〈春秋筆削大義微言考自序〉，同註32，冊七，頁7～8。
〔註42〕 清・康有爲：《中庸注》，同註32，冊五，頁75～76。
〔註43〕 梁啓超：〈南海康先生傳〉，《飲冰室合集》（上海：上海中華書局，1936年），冊三，頁63。
〔註44〕 梁啓超云：「嗣同與黃尊憲、熊希齡等，設『時務學堂』於長沙，聘啓超主講席，……啓超每日在講堂四小時，夜則批答諸生箚記，每條或至千言，往往徹夜不寐，所言皆當時一派之民權論，又多言清代故實，臚舉失政，盛倡革命。……先是嗣同、才常等，設『南學會』聚講，又設《湘報》（日刊）、《湘

梁啓超云：「《春秋》之言治也，有三世：曰據亂，曰升平，曰太平。啓超常謂，據亂之世，則多君為政；升平之世，則一君為政；太平之世，則民為政。凡世界必由據亂，而升平，而太平；故其政也，必先多君，而一君，而無君。」〔註45〕所謂多君為政者，天下未一統也；一君為政者，帝王專制也；民為政者，廢除專制，還政於民，故曰無君。故無君者，實民國以來之革命民權，以一國之民皆為君也。

自清末迄於民國初年，變王魯說為革命說者，首推陳柱，自述：「回憶弱冠之年，未嘗不有志於事功，頗從事於革命。」〔註46〕嘗作《公羊家哲學》，云：「蓋孔子之作《春秋》，深寓革命之悁，《公羊》得之而未嘗暢言之；至何氏而後始大發其說，提倡革命。」〔註47〕並舉例證之：

例一，《春秋》隱公元年春三月：「公及邾婁儀父盟于眛。」《公羊傳》云：「稱字，褒之也。……因其可褒而褒之，漸進也。」《解詁》云：「《春秋》王魯，託隱公以為始受命王。因儀父先與隱公盟，可假以見褒賞之法。譬若隱公受命而王，諸侯有倡始先歸之者，當進而封之，以率其後。」〔註48〕陳柱云：「蓋不名而字，所以褒其先慕王化也。」〔註49〕

例二，《春秋》隱公七年春三月：「滕侯卒。」《解詁》云：「所以稱侯而卒者，《春秋》王魯，託隱公以為始受命王。滕子先朝隱公，《春秋》褒之以禮，嗣子得以其禮祭，故稱侯見其義。」〔註50〕又隱公十一年春：「滕侯、薛侯來朝。」《解詁》云：「稱侯者，《春秋》託始隱公，以為始受命王。滕、薛先朝隱公，故褒之。」〔註51〕陳柱云：「蓋於所傳聞之世不卒，今卒而侯者，褒其能先朝也。」〔註52〕

學報》（旬刊），所言雖不如學堂中激烈，實陰相策應；又竊印《明夷待訪錄》、《揚州十日記》等書，加以案語，祕密分布，傳播革命思想。信奉者日眾。」梁啓超：《清代學術概論》（臺北：臺灣商務印書館，1966年8月），頁86～87。

〔註45〕梁啓超：〈與嚴幼陵先生書〉，同註43，冊一，頁108。

〔註46〕陳柱：〈待焚文稿自序〉，《守玄閣文稿選》（上海：中國學術討論社，1938年8月），頁104。

〔註47〕陳柱：《公羊家哲學》，同註6，頁128。

〔註48〕漢・何休：《春秋公羊經傳解詁》，同註18，頁2354。

〔註49〕陳柱：《公羊家哲學》，同註6，頁4。

〔註50〕漢・何休：《春秋公羊經傳解詁》，同註18，頁2208。

〔註51〕同註50，頁2210。

〔註52〕陳柱：《公羊家哲學》，同註6，頁4。

例三，《春秋》隱公八年夏六月辛亥：「宿男卒。」《解詁》云：「宿本小國，不當卒。所以卒而日之者，《春秋》王魯，以隱公為始受命王。宿男先與隱公交接，故卒褒之也。」〔註53〕陳柱云：「蓋日而卒之者，亦以褒其先向化也。」〔註54〕

例四，《春秋》隱公元年秋七月：「天王使宰咺來歸惠公仲子之賵。」《解詁》云：「所傳聞之世，外小惡不書。書者，來接內也。《春秋》王魯，以魯為天下化首。明親來被王化，漸漬禮義者，在可備責之之域，故從內小惡舉也。」〔註55〕陳柱云：「凡此皆欲以魯化外，欲成其大一統者也。」〔註56〕

例五，《春秋》僖公三年冬：「公子友如齊蒞盟。」《解詁》云：「《春秋》王魯，故言『蒞』以見王義。使若王者遣使蒞諸侯盟，飭以法度。」〔註57〕陳柱云：「蓋以魯為王者，遣使以蒞諸侯之盟也。」〔註58〕

例六，《春秋》隱公十年夏六月壬戌：「公敗宋師于菅。」《解詁》云：「不言『戰』者，託王於魯，故不以敵辭言之，所以彊王義也。」〔註59〕陳柱云：「蓋所以示王者之無敵也。」〔註60〕

例七，《春秋》桓公十年冬十二月丙午：「齊侯、衛侯、鄭伯來，戰于郎。」《公羊傳》云：「何以不言師敗績？內不言戰，言戰，乃敗矣。」《解詁》云：「《春秋》託王於魯。戰者，敵文也。王者，兵不與諸侯敵，戰乃其已敗之文，故不復言師敗績。」〔註61〕陳柱云：「蓋以明王者之不與諸侯敵也。」〔註62〕

例八，《春秋》莊公三十一年夏六月：「齊侯來獻戎捷。」《公羊傳》云：「齊，大國也。曷為親來獻戎捷？威我也。其威我奈何？旗獲而過我也。」《解詁》云：「不書威魯者，恥不能為齊所忌難，見輕侮也。言獻捷，繫戎者，《春秋》王魯，因見王義。古者，方伯征伐不道，諸侯交格而戰者，誅絕其國，

〔註53〕 漢・何休：《春秋公羊經傳解詁》，同註18，頁2209。
〔註54〕 陳柱：《公羊家哲學》，同註6，頁4～5。
〔註55〕 漢・何休：《春秋公羊經傳解詁》，同註18，頁2199。
〔註56〕 陳柱：《公羊家哲學》，同註6，頁5。
〔註57〕 漢・何休：《春秋公羊經傳解詁》，同註18，頁2248。
〔註58〕 陳柱：《公羊家哲學》，同註6，頁5。
〔註59〕 漢・何休：《春秋公羊經傳解詁》，同註18，頁2210。
〔註60〕 陳柱：《公羊家哲學》，同註6，頁5。
〔註61〕 漢・何休：《春秋公羊經傳解詁》，同註18，頁2219。
〔註62〕 陳柱：《公羊家哲學》，同註6，頁5～6。

獻於王者。」〔註63〕陳柱云：「蓋使若方伯征伐，獻捷於王也。」〔註64〕

陳柱以爲，以上八例，「斯皆欲以魯統諸侯，而定其尊卑者也。此皆何休所據以發明《春秋》革命之大義也，皆公羊家革命之學說。」〔註65〕惟《春秋》、《公羊傳》或董仲舒、何休俱未明言革命；陳柱變王魯說爲革命說，乃「託詞見意」〔註66〕耳，正契合《春秋》王魯說因時制宜與時俱進之法。

陳柱又以爲，公羊學革命說與尊王說並存。革命既成，又倡尊王，二說並存是否自相矛盾？陳柱云：「有一時之權，有長久之經。革命者，一時之權也；尊王者，長久之經也。……孔子所以倡革命之說者，誠以當時之所謂王，已昏亂無道，不足以爲天下之共主，而天下之崩離日甚，故假王魯之說以見意。然而，統一之綱，君臣之權，上下之禮，固不可以不明也。故尊王、革命，雖似相反，而實不可以相廢。而其尊王之目的，則在於統一也。此公羊家既言革命，又言尊王，所以不得爲矛盾也。」〔註67〕故尊王者，尊其有道也；若王無道，起而革命，可也。革命之後，復求一統於有道之新王。故二說適足以相濟，並不矛盾。民國既還政於民，一國之民皆爲君，以有道之民行使政權，作姦犯科者褫奪其權，是謂革命民權，亦所以革命與尊王得並存也。

王魯說以擬魯之素王爲後聖，梁啓超、陳柱乃以民國之民實之，時措之宜也。孔子制《春秋》之義，以俟後聖者，即俟民國之民也；《春秋》爲後世制法者，即爲民國制法也。然則，王民國即王魯矣。

皮錫瑞云：「漢人又多言《春秋》爲漢制法。……《春秋》，漢之經，孔子制作，垂遺於漢。孔子曰：『文王既沒，文不在茲乎？』文王之文，傳在孔子；孔子爲漢制文，傳在漢也。仲任〔註68〕發明《春秋》義，甚暢；而史公、董子書，未有《春秋》爲漢制法之說，故後人不信。歐陽修譏漢儒爲狹陋，云：『孔子作《春秋》，豈區區爲漢而已哉！』不知《春秋》爲後王立法，雖不專爲漢，而漢繼周後，即謂爲漢制法，有何不可！且在漢言漢，推崇當代，不得不然。即如歐陽修生於宋，宋尊孔教，即謂《春秋》爲宋制法，亦無不

〔註63〕漢・何休：《春秋公羊經傳解詁》，同註18，頁2242。
〔註64〕陳柱：《公羊家哲學》，同註6，頁6。
〔註65〕同註64。
〔註66〕陳柱云：「王魯云者，特託詞以見意爾。」同註64，頁7。
〔註67〕同註66，頁9。
〔註68〕漢・王充，字仲任。

可。今人生於大清，大清尊孔教，即謂《春秋》爲清制法，亦無不可。歐陽所見，何拘閡之甚乎！」〔註69〕蓋「在漢言漢，推崇當代」，即朱熹所謂「時措之宜」，乃王魯說闡發《春秋》爲後世制法之大義所在。孔子以《春秋》傳承道統，爲漢制法、爲宋制法、爲清制法、爲民國制法，皆所謂爲後世制法也；王漢、王宋、王清、王民國，皆所謂王魯也。前儒不信《春秋》爲漢制法，拘閡如歐陽修者，何止一人〔註70〕。又或定指《春秋》爲漢制法，不及於魏、晉以下者，如徐彥從何休在漢言漢之說，云：「孔子方陳新王受命制正月之事，故假取文王創始受命制正朔者，將來以爲法，其實爲漢矣。」〔註71〕陳立是其說〔註72〕，亦皆偏執《春秋》之義，非通經致用者也。

〔註69〕 清・皮錫瑞：《經學通論》，同註5，頁11。

〔註70〕 劉敞云：「說者又謂，作《春秋》爲漢制，迷惑讖書，以僞爲眞，其端出于欲干合時君，排抵二《傳》也。今而觀之，而不掩口笑也，幾希矣。」宋・劉敞：《春秋權衡》，《景印文淵閣四庫全書》（臺北：臺灣商務印書館，1986年7月），冊一四七，頁255。

〔註71〕 唐・徐彥：《春秋公羊注疏》，清・阮元：《十三經注疏》（二冊本）（臺北：大化書局，1982年10月），頁2196。

〔註72〕 清・陳立：《公羊義疏》（臺北：臺灣商務印書館，1982年5月），頁16。

第六章　結　論

　　孔子生當亂世，王道不行，故制《春秋》之義，立素王之法，俟後聖繼起，以行《春秋》之道。《春秋》王魯說，乃公羊學因應亂世改制之說，假託孔子爲受命制作之素王；以魯十二君受命爲擬魯之新王，即位爲《春秋》之素王，行《春秋》之道，一統天下；以三統循環說，傳承夏、殷、周三代之道統；以三世進化說，自據亂、升平之現世，躋於未來太平治世之理想。凡後聖能行《春秋》之道者，即爲擬魯之素王，未定指爲何人也；譬猶今日數學之代數問題，擬X爲未知數，凡數字合於公式運算規則者，皆可代之，未定指爲何數也，其理至易明白。故公羊學之《春秋》王魯說，實道統傳承之功臣也，奈何目爲非常異義、可怪之論哉！其於夏、殷、周政統之延續，何傷之有乎！當政者果能自兼《春秋》之素王，抑且裨益維繫政統於不墜，又何齮齕之耶！

　　大道之行，天下爲公，儒家世界大同之理想，具載於《禮記・禮運》中。《春秋》王魯說亦標榜五帝三王之治世，以爲《春秋》理想國之藍圖。《春秋繁露・王道》云：「五帝三王之治天下，不敢有君民之心，什一而稅，教以愛，使以忠，敬長老，親親而尊尊，不奪民時，使民不過歲三日，民家給人足，無怨望忿怒之患、強弱之難，無讒賊妒疾之人，民修德而美好，被髮銜哺而游，不慕富貴，恥惡不犯，父不哭子，兄不哭弟，毒蟲不螫，猛獸不搏，抵蟲不觸，故天爲之下甘露，朱草生，醴泉出，風雨時，嘉禾興，鳳凰麒麟遊於郊，囹圄空虛，畫衣裳而民不犯，四夷傳譯而朝，民情至樸而不文，郊天祀地，秩山川，以時至封於泰山，禪於梁父，立明堂，宗祀先帝，以祖配天，天下諸侯各以其職來祭，貢土地所有，先以入宗廟，端冕盛服，而後見先，

德恩之報，奉先之應也。」〔註1〕〈王道〉復一一揭舉《春秋》之例，以明行王道之義，蓋專爲《春秋》之理想國設篇也。《春秋》王魯說爲後世制理想國之法，亦大顯矣。

西哲柏拉圖以眞、善、美建構西方之理想國，王魯說則以《春秋》大義建構中國之理想國。鄔昆如云：「柏拉圖……在觀念界有一個金字塔型的架構，上面有『善』觀念，它統治了一切。因此柏拉圖認爲在感官世界中，也應該有一種類似於觀念界的設計，這種設計就是『理想國』的政治制度。他認爲在世界上這個金字塔型的架構，最高的君主，應該是觀念界中『善』觀念的化身。……所以柏拉圖在『理想國』中提出，一個國家的君主，就必須是哲學家；要不然的話，君主本身也應該唸唸哲學。」〔註2〕柏拉圖理想國之哲學君主，猶王魯說擬魯之素王；哲學君主具「善」觀念，猶素王行王道也。又云：「因爲君主是『善』的化身，所以無論是在他個人的修養上面，或在身體的康健，以及辦事的智慧能力，都是全『理想國』中最高的一位。於是依照自然法律，他就應該成爲領袖。」〔註3〕柏拉圖以哲學君主爲政治領袖，統治理想國；猶《春秋》理想國一統於素王也。中西文化思想互異，理想乃相類若此。前人誣詆王魯說爲妄者，蓋窒礙中國建構《春秋》之理想國，令王道不得行於中國也，豈但公羊罪人、《春秋》罪人，眞中國千古之罪人也。

〔註 1〕 漢・董仲舒：《春秋繁露》（臺北：臺灣中華書局，1984 年 5 月），卷四，頁 1。
〔註 2〕 鄔昆如：《西洋哲學史話》（臺北：三民書局，1977 年 11 月），頁 155。
〔註 3〕 同註 2。

參考文獻

一、專　書

（一）經　部

1. 唐・孔穎達撰，《尚書正義》，收於清・阮元校勘，《十三經注疏》（二冊本），臺北：大化書局，1982 年 10 月。

2. 漢・鄭玄撰，《毛詩箋》，收於清・阮元校勘，《十三經注疏》（二冊本），臺北：大化書局，1982 年 10 月。

3. 唐・孔穎達撰，《毛詩正義》，收於清・阮元校勘，《十三經注疏》（二冊本），臺北：大化書局，1982 年 10 月。

4. 裴普賢、糜文開撰，《詩經欣賞與研究》，臺北：三民書局，1977 年 12 月。

5. 漢・鄭玄撰，《禮記注》，收於清・阮元校勘，《十三經注疏》（二冊本），臺北：大化書局，1982 年 10 月。

6. 唐・孔穎達撰，《禮記正義》，收於清・阮元校勘，《十三經注疏》（二冊本），臺北：大化書局，1982 年 10 月。

7. 清・康有為撰，《禮運注》，收於《康南海先生遺著彙刊》冊九，臺北：宏業書局，1976 年 9 月。

8. 漢・董仲舒撰，《春秋繁露》，臺北：臺灣中華書局，1984 年 5 月。

9. 撰人不詳，《春秋緯》，收於《叢書集成續編》冊四十四，臺北：新文豐出版公司，1991 年 7 月。

10. 漢・何休撰，《春秋公羊經傳解詁》，收於清・阮元校勘，《十三經注疏》（二冊本），臺北：大化書局，1982 年 10 月。

11. 晉・杜預撰，《春秋經傳集解》，收於清・阮元校勘，《十三經注疏》（二冊本），臺北：大化書局，1982 年 10 月。

12. 晉・王愆期撰，《公羊王門子注》，收於《玉函山房輯佚書續編三種》，上海：上海古籍出版社，1989 年 9 月。

13. 晉・范甯撰，《春秋穀梁傳集解》，收於清・阮元校勘，《十三經注疏》（二冊本），臺北：大化書局，1982 年 10 月。

14. 唐・孔穎達撰，《春秋左傳正義》，收於清・阮元校勘，《十三經注疏》（二冊本），臺北：大化書局，1982 年 10 月。

15. 唐・徐彥撰，《春秋公羊注疏》，收於清・阮元校勘，《十三經注疏》（二冊本），臺北：大化書局，1982 年 10 月。

16. 唐・楊士勛撰，《春秋穀梁傳注疏》，收於清・阮元校勘，《十三經注疏》（二冊本），臺北：大化書局，1982 年 10 月。

17. 唐・陸淳撰，《春秋集傳纂例》，收於《景印文淵閣四庫全書》冊一四六，臺北：臺灣商務印書館，1986 年 7 月。

18. 五代後蜀・馮繼先撰，《春秋名號歸一圖》，收於《春秋左氏傳杜氏集解》冊一，臺北：臺灣中華書局，1985 年 11 月。

19. 宋・劉敞撰，《春秋權衡》，收於《景印文淵閣四庫全書》冊一四七，臺北：臺灣商務印書館，1986 年 7 月。

20. 宋・葉夢得撰，《春秋公羊傳讞》，收於《景印文淵閣四庫全書》冊一四九，臺北：臺灣商務印書館，1986 年 7 月。

21. 宋・呂大圭撰，《春秋五論》，收於《景印文淵閣四庫全書》冊一五七，臺北：臺灣商務印書館，1986 年 7 月。

22. 明・卓爾康撰，《春秋辯義》，收於《景印文淵閣四庫全書》冊一七○，臺北：臺灣商務印書館，1986 年 7 月。

23. 清・毛奇齡撰，《春秋毛氏傳》，收於《景印文淵閣四庫全書》冊一七六，臺北：臺灣商務印書館，1986 年 7 月。

24. 清・高士奇撰，《左傳紀事本末》，臺北：德志出版社，1962 年 10 月。

25. 清・惠士奇撰，《春秋說》，收於《景印文淵閣四庫全書》冊一七八，臺北：臺灣商務印書館，1986 年 7 月。

26. 清・阮元撰，《春秋公羊注疏校勘記》，收於《十三經注疏》（二冊本），臺北：大化書局，1982 年 10 月。

27. 清・劉逢祿撰，《春秋公羊經何氏釋例》，收於《皇清經解》，清・阮元校勘，臺北：藝文印書館，年月份不詳。

28. 清・劉逢祿撰，《公羊春秋何氏解詁箋》，收於《皇清經解》，清・阮元校勘，臺北：藝文印書館，年月份不詳。

29. 清・凌曙撰，《公羊問答》，收於《叢書集成新編》，臺北：新文豐出版公司，1986 年 1 月。

30. 清・陳立撰，《公羊義疏》，臺北：臺灣商務印書館，1982 年 5 月。

31. 清‧鍾文烝撰，《春秋穀梁經傳補注》，北京：中華書局，1996 年 7 月。

32. 清‧蘇輿撰，《春秋繁露義證》，北京：中華書局，1996 年 9 月。

33. 清‧康有為撰，《春秋董氏學》，收於《康南海先生遺著彙刊》冊四，臺北：宏業書局，1976 年 9 月。

34. 清‧康有為撰，《春秋筆削大義微言考》，收於《康南海先生遺著彙刊》冊七，臺北：宏業書局，1976 年 9 月。

35. 陳柱撰，《公羊家哲學》，臺北：臺灣中華書局，1980 年 11 月。

36. 段熙仲撰，《春秋公羊學講疏》，南京：南京師範大學出版社，2002 年 11 月。

37. 楊伯峻撰，《春秋左傳注》，臺北：洪葉文化事業公司，1993 年。

38. 程發軔撰，《春秋要領》，臺北：東大圖書公司，1989 年 4 月。

39. 阮芝生撰，《從公羊學論春秋的性質》，臺北：國立臺灣大學文學院，1969 年 8 月。

40. 傅隸樸撰，《春秋三傳比義》，臺北：臺灣商務印書館，1983 年 5 月。

41. 謝秀文撰，《春秋三傳考異》，臺北：文史哲出版社，1984 年 8 月。

42. 陳其泰撰，《清代公羊學》，北京：東方出版社，1997 年 4 月。

43. 蔣慶撰，《公羊學引論》，瀋陽：遼寧教育出版社，1997 年 4 月。

44. 清‧康有為撰，《孔子改制考》，收於《康南海先生遺著彙刊》冊二～三，臺北：宏業書局，1976 年 9 月。

45. 李新霖撰，《春秋公羊傳要義》，臺北：文津出版社，1989 年 5 月。

46. 翁銀陶撰，《公羊傳漫談》，臺北：頂淵文化事業公司，1997 年 3 月。

47. 謝金良撰，《穀梁傳漫談》，臺北：頂淵文化事業公司，1997 年 8 月。

48. 郭丹撰，《左傳漫談》，臺北：頂淵文化事業公司，1997 年 8 月。

49. 撰人不詳，《孝經緯》，收於《叢書集成續編》冊四十四，臺北：新文豐出版公司，1991 年 7 月。

50. 清‧吳浩撰，《十三經義疑》，收於《景印文淵閣四庫全書》冊一九一，臺北：臺灣商務印書館，1986 年 7 月。

51. 清‧朱彝尊，《經義考》，《四部備要》，臺北：中華書局，1965 年。

52. 清‧皮錫瑞撰，《經學通論》，臺北：河洛圖書出版社，1974 年 12 月。

53. 胡自逢撰，《五經治要》，臺北：文史哲出版社，1993 年 4 月。

54. 撰人不詳，《論語讖》，收於《叢書集成續編》冊四十四，臺北：新文豐出版公司，1991 年 7 月。

55. 三國魏‧何晏撰，《論語集解》，收於清‧阮元校勘，《十三經注疏》（二冊本），臺北：大化書局，1982 年 10 月。

56. 宋·邢昺撰,《論語注疏解經》,收於清·阮元校勘,《十三經注疏》(二冊本),臺北:大化書局,1982 年 10 月。

57. 清·康有爲撰,《論語注》,收於《康南海先生遺著彙刊》冊六,臺北:宏業書局,1976 年 9 月。

58. 漢·趙岐撰,《孟子章句》,收於清·阮元校勘,《十三經注疏》(二冊本),臺北:大化書局,1982 年 10 月。

59. 宋·孫奭撰,《孟子音義》,收於清·阮元校勘,《十三經注疏》(二冊本),臺北:大化書局,1982 年 10 月。

60. 清·焦循撰,《孟子正義》,收於清·阮元校勘,《皇清經解》,臺北:藝文印書館,年月份不詳。

61. 清·康有爲撰,《中庸注》,收於《康南海先生遺著彙刊》冊五,臺北:宏業書局,1976 年 9 月。

(二) 史 部

1. 漢·司馬遷撰,南朝宋·裴駰集解,唐·張守節正義,唐·司馬貞索隱,《史記》,臺北:鼎文書局,1975 年。

2. 漢·班固撰,唐·顏師古注,《漢書》,臺北:鼎文書局,1974 年 10 月。

3. 明·廖道南撰,《殿閣詞林記》,收於《景印文淵閣四庫全書》冊四五二,臺北:臺灣商務印書館,1986 年 7 月。

4. 清·紀昀等撰,《四庫全書簡明目錄》,臺北:世界書局,1975 年 11 月。

5. 清·崔適撰,《史記探源》,臺北:廣文書局,1977 年 7 月。

6. 顧頡剛撰,《中國上古史研究講義》,臺北:洪葉文化事業公司,1994 年 10 月。

7. 顧頡剛撰,《顧頡剛古史論文集》,北京:中華書局,1996 年 4 月。

8. 梁啓超撰,《清代學術概論》,臺北:臺灣商務印書館,1966 年 8 月。

9. 馮友蘭撰,《中國哲學史》,臺北:臺灣商務印書館,1996 年 11 月。

10. 劉大杰撰,《中國文學發展史》,臺北:華正書局,1987 年 7 月。

11. 楊寬撰,《西周史》,臺北:臺灣商務印書館,1999 年 4 月。

12. 鄔昆如撰,《西洋哲學史話》,臺北:三民書局,1977 年 11 月。

13. 李威熊撰,《董仲舒與西漢學術》,臺北:文史哲出版社,1978 年 6 月。

14. 賴慶鴻撰,《董仲舒政治思想之研究》,臺北:文史哲出版社,1981 年 4 月。

15. 王永祥撰,《董仲舒評傳》,南京:南京大學出版社,1995 年 9 月。

16. 王葆玹撰,《西漢經學源流》,臺北:東大圖書公司,1994 年 6 月。

（三）子　部

1. 戰國・荀況，《荀子》，臺北：中國子學名著集成編印基金會，1978 年 12 月。

2. 秦・呂不章撰，《呂氏春秋》，上海：上海古籍出版社，1995 年 2 月。

3. 漢・劉安撰，《淮南子》，臺北：臺灣中華書局，1987 年 8 月。

4. 漢・王充撰，《論衡》，臺北：中國子學名著集成編印基金會，1978 年 12 月。

5. 漢・班固撰，《白虎通義》，臺北：臺灣商務印書館，1968 年 3 月。

6. 三國魏・王肅撰，《孔子家語》，臺北：中國子學名著集成編印基金會，1978 年 12 月。

7. 宋・葉適撰，《習學記言》，收於《景印文淵閣四庫全書》冊八四九，臺北：臺灣商務印書館，1986 年 7 月。

8. 宋・李如箎撰，《東園叢說》，收於《景印文淵閣四庫全書》冊八六四，臺北：臺灣商務印書館，1986 年 7 月。

9. 宋・朱熹撰，《朱子文集》，臺北：臺灣商務印書館，1966 年 6 月。

10. 宋・朱熹撰，《朱熹集》，成都：四川教育出版社，1997 年 5 月。

11. 明・唐順之撰，《稗編》，收於《景印文淵閣四庫全書》冊九五三，臺北：臺灣商務印書館，1986 年 7 月。

12. 明・章潢撰，《圖書編》，收於《景印文淵閣四庫全書》冊九六八，臺北：臺灣商務印書館，1986 年 7 月。

13. 清・姜宸英撰，《湛園札記》，收於《景印文淵閣四庫全書》冊八五九，臺北：臺灣商務印書館，1986 年 7 月。

14. 清・李光地撰，《榕村語錄》，北京：中華書局，1995 年 6 月。

15. 清・宋翔鳳撰，《過庭錄》，收於《續修四庫全書》冊一一五七，上海：上海古籍出版社，2002 年 3 月。

16. 清・郭慶藩撰，《莊子集釋》，臺北：華正書局，1987 年 8 月。

17. 朱謙之撰，《老子校釋》，北京：中華書局，1996 年 8 月。

18. 章炳麟撰，《檢論》，臺北：廣文書局，1970 年 12 月。

19. 錢穆撰，《國學概論》，臺北：臺灣商務印書館，1966 年 5 月。

20. 錢穆撰，《中國文化史導論》，臺北：臺灣商務印書館，1996 年 7 月。

21. 戴君仁撰，《梅園論學集》，臺北：臺灣開明書店，1970 年 9 月。

22. 傅隸樸撰，《國學概論》，臺北：中華叢書編審委員會，1970 年 8 月。

23. 程發軔撰，《國學概論》，臺北：正中書局，1979 年 10 月。

24. 李漢三撰，《先秦兩漢之陰陽五行學說》，臺北：維新書局，1968 年 1 月。

（四）集　部

1. 唐・韓愈撰，《韓愈全集》，成都：四川大學出版社，1996 年 7 月。
2. 宋・歐陽脩撰，《文忠集》，收於《景印文淵閣四庫全書》冊一一〇二，臺北：臺灣商務印書館，1986 年 7 月。
3. 宋・蘇軾撰，《東坡全集》，收於《景印文淵閣四庫全書》冊一一〇七，臺北：臺灣商務印書館，1986 年 7 月。
4. 宋・晁說之撰，《景迂生集》，收於《景印文淵閣四庫全書》冊一一一八，臺北：臺灣商務印書館，1986 年 7 月。
5. 明・王褘撰，《王忠文集》，收於《景印文淵閣四庫全書》冊一二二六，臺北：臺灣商務印書館，1986 年 7 月。
6. 清・龔自珍撰，《龔自珍全集》，臺北：河洛圖書出版社，1975 年 9 月。
7. 梁啓超撰，《飲冰室合集》，上海：上海中華書局，1936 年。
8. 陳柱撰，《守玄閣文稿選》，上海：中國學術討論社，1938 年 8 月。

二、論　文

（一）學位論文

1. 張廣慶撰，《何休春秋公羊解詁研究》，臺北：國立臺灣師範大學國文研究所碩士論文，1989 年 5 月。
2. 曾志偉撰，《春秋公羊傳三科九旨發微》，花蓮：國立東華大學中國語文學系碩士論文，1995 年 7 月 29 日。
3. 楊雅婷撰，《公羊春秋家之革命改制思想》，臺北：私立東吳大學哲學研究所碩士論文，2002 年。

（二）期刊論文

1. 楊朝明撰，〈公羊學派春秋王魯說平議〉，《中國哲學史》1996 年第一～二期。
2. 黃朴民撰，〈公羊三統說與何休春秋王魯論〉，《管子學刊》1998 年第四期。

《春秋繁露》的天道觀與治道思想

林明昌　著

作者簡介

林明昌，1962 年生，台北市人，淡江大學中文博士。現任佛光大學文學系助理教授，兼世界華文文學研究中心主任。曾任台北「林語堂故居」執行長。

著有《想像的投射——文藝接受美學探索》、《華語教學——理論與實務》、《古文細部批評研究》（博士論文）。主編《閒情悠悠——林語堂的心靈世界》，合編《多元的交響——世華散文評析》、《視野的互涉——世界華文文學論文集》等。

提　　要

本文探究的課題為《春秋繁露》的天道觀，及以天道為中心發展出的治道思想與宏規。

《春秋繁露》天道觀的建立是治道思想的基石，論述天道觀時是以治道為實際內涵，討論治道時則以天道觀為基本原則。

天道在《春秋繁露》包含兩個面向，即統一和諧的結構，以及此結構的「尊生貴德」趨向。前者包括天地宇宙中心的「元」及十端、陰陽、五行等，並且以「同類相動」組合成立體的天道結構，以及建立與人世的關聯。後者說明天道並非平衡靜態結構，而有特定的趨向，即尊生貴陽。

由尊生貴德及陰陽五行的天道觀形成的治道思想，開展出君王法天德、正己安民、無為而治；群臣法地德、眾賢同心、分職敬事；制度上則是改制救弊、緣情立制、因材序位等政治原則。並依據尊生的天心之仁及客觀化的實踐需求，提出以「重人」和「別嫌疑」為內涵的春秋大義，作為理想國度的實現途徑及根本大法。

《春秋繁露》由天道觀開展出的治道思想，最大特色在於標舉出高於一切的「道」，天地君臣民都必須服膺此道。然而此道並非焯著可見，要依靠學者的詮釋才能彰顯，學者因此擁有天道與治道的最高詮釋權。這是藉「道尊於勢」的設計，使得學者雖然在政治結構中處於君王之下，卻能巧妙成為政治與社會的領導者。

目
次

第一章　緒　論

一、

　　《春秋繁露》的作者及眞僞問題，歷來爭議頗多。《四庫全書・總要提要》曰：

> 《春秋繁露》十七卷，《永樂大典》本，漢董仲舒撰。繁或作蕃，蓋古字相通，其立名之義不可解。《中興館閣書目》，謂繁露冕之所垂，有聯貫之象，《春秋》比事屬辭，立名或取諸此，亦以意爲説也。其書發揮《春秋》之旨，多主《公羊》，而往往及陰陽五行，考仲舒本傳，蕃露玉杯竹林，皆所著書名。而今本玉杯、竹林，乃在書之中，故《崇文總目》頗疑之，而程大昌攻之尤力，今觀其文，雖未必全出仲舒，然中多根極理要之言，非後人所能依託也。

　　「雖未必全出仲舒，然中多根極理要之言，非後人所能依託」之評語，是站在同情的立場。若依宋程大昌的看法，《春秋繁露》全書辭意淺薄，書中根極理要之言，只是「掇取董仲舒策語雜置其中，輒不相倫比」，[註1] 似乎除了董仲舒對策之語以外，其餘皆不足觀，則此書也就無甚價值了。二者結論雖有不同，然皆以書中夾雜著淺薄之語及根極之言，或董仲舒語與非董仲舒語並存。此外，古今學者不乏從篇目、書名、文意、論題等等各方面懷疑《春秋繁露》的作者與內容眞僞。[註2] 可見關於《春秋繁露》的作者與內容的眞僞精雜確實難以

〔註 1〕 程大昌〈春秋繁露書後〉，見《春秋繁露義證・春秋繁露攷證》引。

〔註 2〕 關於《春秋繁露》眞僞問題的討論，可參考賴慶鴻《董仲舒政治思想飲研究・董仲舒之生平與著作》（台北，文史哲出版社）一文，及蘇輿《春秋繁露義證・

論定。但是徐復觀卻堅決主張《春秋繁露》爲董仲舒所作，且認爲「今日所能看到的《春秋繁露》，只有殘缺，並無雜僞」。〔註3〕至於程大昌以降的質疑都不正確，「主要是不能從中國思想史的全面來把握其特點」，尤其宋人的考據更有問題。因爲「宋人包括朱元晦在內，都跳不出自己時代乃至個人的圈子，把不合脾胃的東西，化爲眞僞的問題」。〔註4〕徐復觀的論斷自有其文獻上的考據，但也可以說是徐復觀以「中國思想史的全面來把握其特點」，而認爲《春秋繁露》所包含的內容合乎董仲舒的時代背景與思想發展的可能性，也與其他文獻所記載的董仲舒思想吻合，並且希望藉《春秋繁露》的內容來討論漢代的思想，因此有此主張。亦如康有爲之論《春秋繁露》曰：

> 以董子學推之今文學家說，而莫不同，以董子說推之周秦之說，而無不同。若其探本天元，著達陰陽，明人物生生之始，推聖人制作之源，揚綱紀，白性命，本仁誼，貫天人，本數末度，莫不兼運，信乎明於《春秋》，爲群儒宗也。〔註5〕

康有爲認爲《春秋繁露》推之今文學家說與周秦之書，而無不同，且義理精當，堪稱明於《春秋》而爲群儒宗。因此可「因董子以通公羊，因公羊以通春秋，因春秋以通六經，而窺孔子之道本」。〔註6〕此康有爲以《春秋繁露》爲入觀聖學之門徑，直接以義理內容來判斷，並非文藝上的考證。

從內容來看，《春秋繁露》的確能明人物生生之始，推聖作之源，因此魏源贊之曰：

> 其書三科九旨，燦然大備。且宏通精淼，內聖而外王，蟠天而際地，遠在胡毋生、何邵公章句之上。蓋彼猶泥文，此優柔而饜飫矣；彼專析例，此則曲暢而旁通矣。故抉經之心，執聖之權，冒天下之道者，莫如董生。〔註7〕

由康有爲與魏源對《春秋繁露》的推崇，可知此書確有可觀之處。而此可觀之處，其意義乃獨立於眞僞問題之外。也就是說，不論《春秋繁露》是不是

　　　　春秋繁露攷證》（台北，河洛圖書出版社，民國63年）。

〔註3〕徐復觀《兩漢思想史》卷二，（台北，學生書局，民國78年），頁316。

〔註4〕同上。

〔註5〕康有爲《春秋董氏學·自序》，（臺灣商務印書館，民國58年）。康氏所言「董子學」即指今本《春秋繁露》。

〔註6〕同上。

〔註7〕魏源〈董子春秋發微序〉，見《春秋繁露義證·春秋繁露攷證》引。然其實《春秋繁露》並無「三科九旨」的說法。

董仲舒所著，或者是否有後人摻雜僞託，都不影響此書之爲入觀聖學門徑與抉經心、執聖權、冒天下之道的價值。

　　因此本文不討論《春秋繁露》的作者、篇名等眞僞問題，只探討《春秋繁露》的義理思想。希望經由義理的解析，勾著出《春秋繁露》的聖王一貫之道。爲此，本文將《春秋繁露》視爲理論圓滿的著作，力求清晰建構出合理的思想體系，有難解之文，則闕疑以俟後賢，絕不輕易判爲衍僞。至於作者，本文並不設定究竟是何人。只是由於《春秋繁露》中曾以董仲舒的第一人稱回答問題，[註8] 因此引用時也會以董仲舒爲第一人稱。此外，文中儘量以「《春秋繁露》」代表其作者，而有「《春秋繁露》以爲（或認爲、主張等等）」的說法，[註9] 這樣作是爲了行文方便，也爲了避免引起關於作者及眞僞問題的爭議。但同時也顯示本文是以《春秋繁露》一書的內容爲討論的範圍與對象，假如不是出現在書中的意見，即使出自於相傳爲作者的董仲舒，亦不列入討論。相同的，儘管可能爲後人僞造之文，也不排除於討論的範圍。總之，本文所討論的，爲「《春秋繁露》」的天道觀與治道思想，而不論其作者與雜僞問題。至於原書的版本，則以凌曙《春秋繁露注》（世界書局）、蘇輿《春秋繁露義證》（河洛圖書出版社）及賴炎元《春秋繁露今註今譯》（臺灣商務印書館）三本相互參證。

二、

　　《春秋繁露》在晚清受公羊學家推崇，除上述唐有爲、魏源之外，凌曙亦曰：

> （《春秋繁露》）識禮義之宗，達經權之用，行仁爲本，正名爲先。
> 測陰陽五行之變，明制禮作樂之原，體大思精，推見至隱，可謂善
> 發微言大義者已。[註10]

蘇輿也推許《春秋繁露》曰：「西漢大師說經，此爲第一書矣」。[註11] 然而民國以來的學者，對《春秋繁露》的評價就較爲複雜了。梁啓超首先以陰陽

[註8] 如〈對膠西王越大夫不得爲仁〉中出現的「仲舒」及〈五行對〉中的「溫城董君」。

[註9] 嚴格說來，應該寫成「《春秋繁露》的作者以爲」才對，因爲會「以爲」的不是書，而是書的作者。

[註10] 凌曙〈春秋繁露注序〉同註7書引。

[註11] 同註7書〈例言〉。

五行說爲「二千年來迷信之大本營」，而董仲舒〔註12〕與鄒衍、劉向等三人同宜負建設與傳播此「邪說」之「罪責」，且「仲舒二千年來受醇儒之徽號，然其書祖述陰陽家言者幾居半」。〔註13〕因此評論《春秋繁露》曰：

> 其中所含精深之哲理固甚多，要之半襲陰陽家言（最少亦受其影響），而絕非孔孟荀以來之學術，則可斷言也。〔註14〕

梁啓超首開端緒，對董仲舒「醇儒之徽號」提出懷疑之後，後繼的學者則更是眾說紛紜。如錢穆認爲董仲舒是「中國古代思想眞實的衰象」，而「其實仲舒思想的主要淵源，只是戰國晚年的陰陽家鄒衍，更使仲舒思想，由附會而轉入怪異，遂使此後的思想界中毒更深」。〔註15〕勞思光則認爲董氏之學乃是「歸於邪妄也」，而「董氏論『性』，爲漢儒惡劣思想之代表」，且「董氏又以儒者自命，其說遂又以僞亂眞。由此，使儒學在漢代之沒落成爲定向」。〔註16〕徐復觀認爲董仲舒的天的哲學乃是「迂拙神怪」，〔註17〕而「在董氏的龐雜牽附的哲學系統中，可以使合理的與不合理的並存，也正是來自他在方法上合理與不合理並存的緣故」。〔註18〕於是遂有以《春秋繁露》爲「儒學陰陽家化」的產物〔註19〕、或「儒學法家化」〔註20〕、或董仲舒吸收儒家、道家、法家、陰陽家、墨家的思想。〔註21〕而爲《春秋繁露》辯解者，也只能說董仲舒論陰陽五行「不過是大醇小疵，白璧微瑕」。〔註22〕至於民

〔註12〕 其實學者於論董仲舒思想，大多把《春秋繁露》當成董氏的著作而論，因此除少數（如戴君仁等）以外，凡言董仲舒思想，都包含《春秋繁露》在內。

〔註13〕 梁啓超〈陰陽五行說之來歷〉，見《古史辨》第五冊，（台北，藍燈文化，民國76年），頁353。

〔註14〕 同上，頁360。

〔註15〕 錢穆《中國思想史·鄒衍與董仲舒》，（台北，學生書局，民國69年），頁110。

〔註16〕 勞思光《中國哲學史》第二卷，（香港，香港中文大學，1980年），頁31。

〔註17〕 徐復觀《兩漢思想史·先秦儒家思想的轉折及天的哲學的完成》，（台北，學生書局，民國78年），頁370。

〔註18〕 同上註，頁392。

〔註19〕 如上述梁、錢、勞等諸位。

〔註20〕 如余英時《歷史與思想·反智論與中國政治傳統》，（台北，聯經，民國65年），及韋政通《董仲舒》，第二章，第三節，（台北，東大，民國75年），林聰舜〈儒學對專制政體的相容性與抗爭性——董仲舒思想中出現法家傾向之檢討〉，《清華學報》新十九卷第二期，（民國78年12月）頁67～95。當中均談及董仲舒思想及法家傾向或爲儒學法家化。

〔註21〕 如韋政通即有此說。見前揭書。

〔註22〕 林麗雪《董仲舒》，《中國歷代思想家》第九冊，（台北，臺灣商務印書館，民國76年），頁96。

國三十八年以後的大陸學術界，在民國四十年代，普遍以「階級立場決定思想方法」的觀點評析董仲舒，而認爲董仲舒的天道觀是神學目的論，其天論「特別是爲了對付農民起義」。民國五十年代，學者的議題則環遶在「董仲舒的哲學性質是唯心主義或是素樸唯物論？」及「董仲舒是與人民爲敵的、反動的，或是進步的？」等問題上。經過十年文革之後，到了民國七十年代大陸的學術界對董仲舒的研究則漸漸增多，開始有學者主張以列寧關於「哲學史即認識史」的定義重新研究董仲舒，並且認爲應當去掉「政治進步，哲學必唯物；政治反動，哲學必唯心的毫無根據的主題框框」，因此有了「董仲舒的思想倒底是進步的唯心主義或是反動的唯心主義？」之爭論。〔註23〕以一九六三年與一九八○年出版的兩本《中國哲學史》相比較，關於董仲舒部分的章節名稱分別是：

第三篇　統一的封建專制國家建立和發展時期的哲學思想

　第六章　董仲舒的唯心主義形而上學哲學體系

　　第一節　鞏固封建專制主義中央集權尊君、一統的政治理論

　　第二節　天人感應目的論的唯心主義世界觀

　　第三節　「天不變道亦不道」的形而上學思想方法

　　第四節　以名正實的唯心主義認識論

　　第五節　建立四大繩索的道德觀

　　第六節　「三統」、「三正」的循環論的唯心史觀〔註24〕

及：

第三編　封建前期唯物主義和唯心主義的鬥爭

　第二章　董仲舒的神學唯心主義形而上學思想體系

　　第一節　維護封建專制統治的政治理論

　　第二節　「天人感應」的唯心主義目的論和「天不變，道亦不變」的
　　　　　　形而上學世界觀

　　第三節　唯心主義認識論

　　第四節　循環論的唯心史觀和性三品說〔註25〕

〔註23〕關於三十八年以後大陸學界對董仲舒的研究概況，參考李宗桂〈評海峽兩岸的董仲舒思相研究〉，《哲學研究》1990年第2期，頁113。

〔註24〕任繼愈主編《中國哲學史》第二冊，（北京，人民出版社，1963），目錄。

〔註25〕北京大學哲學系中國哲學史教研室編寫《中國哲學史》上冊，（北京，中華書局，1980），目錄。據〈編寫說明〉，本書初稿編者爲：孔繁、鄧艾民、朱伯

二書的章節順序和內容固有所不同，然以「唯心主義形而上學」、「封建專制」、「循環論的唯心史觀」、「唯心主義認識論」等框框，支解了《春秋繁露》的完整形貌則一致。

　　然而，《春秋繁露》能貢獻給現代中國的，恐怕遠大於此。因此本文跳開了「專制／民主」「迷信／科學」「唯心／唯物」「醇儒／龐雜」等等標籤式的評價方式，直接進入《春秋繁露》思想內部，看看倒底《春秋繁露》主張什麼？反對什麼？看看《春秋繁露》如何面對「天」，如何討論陰陽五行與四時，如何由天道貫串至人道、王道，如何對待「君」，又如何界定「君臣」的關係，以及《春秋繁露》的理想世界爲何，又以何者爲達到理想世界的途徑……等等問題。簡言之，就是分析《春秋繁露》如何提出天道觀，並以天道爲核心展開治道思想的宏規。

　　昆、湯一介、張岱年、杜繼文、鄔本順、樓宇烈等。後經鄧艾民、朱伯昆、許抗生、張岱年、姜法曾、樓宇烈等人修改而成。

第二章　天道與治道

天道觀是《春秋繁露》的基本理論，而治道則是《春秋繁露》的終極關懷。就理論包含的範圍而言，治道思想是天道觀中屬於群體的部分，然而以《春秋繁露》全書的旨趣與立論的目的來說，天道觀的建立，只是爲治道思想奠定基石，只是整個治道思想當中屬於「世界觀」或「宇宙觀」，或更貼切的說，是治道思想中的天道觀部分。因此《春秋繁露》的天道與治道，可謂二而一，也可說是「即天道即治道」。當《春秋繁露》討論治道時，乃是以天道觀爲基礎；而討論天道時，又以治道爲實際內涵。因此以天道觀爲核心，展開《春秋繁露》的治道理論，乃是極佳的進路。

第一節　「天道觀」的涵義

人類自古即對大自然的奇幻現象充滿好奇、迷惑與畏懼，於是不斷努力探討宇宙的奧秘，希望對自然現象能有合理可信的解釋與說明，或者更進一步尋找出宇基本規律。〔註1〕在解釋、說明以及歸結出規律之前，人類經過了

〔註1〕人類對宇宙自然的奧妙感到好奇，是古今如一的，試看當今國立編譯館編著的《國民中學理化教材》第一冊〈緒論〉開場白即說道：「你曾經在夜晚抬頭瞭望那閃爍的星空嗎？當你靜靜的凝視著那深遠無涯的天空，冥思遨遊於星際時，你是否體會到天上的眾星，是在有規則地緩緩移動著？你曾經到過林木茂密、滿山翠綠的野地嗎？那一叢叢的野花、一棵棵的大樹，那流水浮雲、那奇岩怪石、那蟲魚鳥獸，整個大自然真可說是包羅萬象，變幻無窮。可是，你是否感覺它們之中存在著一種內在的規則呢！只要我們稍微用點心思，仔細的去觀察和思考，一定會發現許多的問題，諸如：爲什麼日、月、星辰的隱現是如此的有規則？四季更替、風雨雷電的自然現象是怎樣形成的

觀察、想像、推理或分析、歸納等等複雜的心理過程和步驟，總結出對宇宙、自然乃至人世、個人生命的解釋與說明。這些解釋與說明可能將宇宙的根本歸結給超越的主宰，也可能抽離出基本的普徧法則，或得證生命的意義，甚至也能因而否定世界的合理性或價值。種種結論可能均不相同，乃至大異其趣、相互牴牾。然而經由解釋與說明的過程，人類建構出對宇宙萬物及個人生命的基本看法。這種看法就可以稱爲廣義的「世界觀」。

　　不論人類文明演進的歷史，或個人生命成長的歷程，都有建構世界觀的過程。就人類文明而言，初民對複雜多變的現象世界抱持著畏懼而好奇心態，於是不斷加以觀察與思考，並且在歷時久遠的交流過程中，相互激盪、衝突、修正、融合，產生了不同時代、不同地域、不同派別的不同結論，也就是具有各學派或各族群特色的世界觀。這個歷程，其實乃與稚童的成長有頗多相似之處。不同的是，個人生命由幼稚至於成熟，即是由脆弱蒙昧日漸苗壯明智，在脆弱蒙昧時必須面對人世社會強大的原有觀念與規範，往往只能全盤接受，因此個人對宇宙天地及生命基本觀念受環境影響甚大。且日後修改所需要的時間和動力，相對於個人生命的短暫及柔弱，就顯得十分不易。但是對每個人而言，就是在生命本身成長與探索，以及與外在觀念與規範互動等錯綜複雜的歷程裏，建立了獨自的「世界觀」，並且生活於這個世界觀之中。於是我們可以說，人類其實是生活在自己建構的想像世界中；而建構這個想像世界的，正是每個人的「世界觀」。

　　《春秋繁露》當中呈現出的世界觀，肯定宇宙天地與人類萬物的生滅消長，遵循著共同的規律。這個規律是天地間的普遍原則，亦即爲「天道」。因此《春秋繁露》的世界觀應當稱爲「天道觀」。

　　然而《春秋繁露》的天道觀，其實並不是清楚地爲「天」及「天道」劃歸屬性，或規定性格。相反地，在《春秋繁露》裏，「天道」保留了相當程度的模糊與可變性。「天道」不是可以明白指述描繪的對象，必須透過聖人的智慧或對物象及人自身生命的觀察體悟，才得見「天意」，故曰：「天意難見也，其道難理。」（〈天地陰陽〉）又曰：「天意有欲、有不欲也。所欲、所不欲者，

呢？聲音和光又是如何傳遞的呢？電扇的轉動、煤炭的燃燒、車輛的行駛、物體墜落……四周事物的變動繁多而複雜，我們禁不住要問：『事物眞的是如此的複雜嗎？』『什麼原因使它們發生變化呢？』『這種種的變化有一定的規則嗎？』」此種對大自然的好奇正是人類文明發展出科學和哲學的同一根源。

人內以自省，宜有懲於心，外以觀其事，宜有驗於國。」(〈必仁且智〉) 人必須內自省以懲於心，外觀事而驗於國，才能體會難見之天意。而且「天」的人格性或自然性或形上色彩，也不是一成不變的，我們盡可以將「天以天下予堯舜」(〈堯舜不擅移，湯武不專殺〉) 或「國家之失乃始萌芽，而天出災害以譴告之」(〈必仁且智〉) 的天視為具有人格傾向的天，或把「凡天地之物，乘其泰以生，厭其勝以死，四時之變是也」(〈循天之道〉) 中的天視為對自然現象的描述，也可以認為「天有五行，木火土金水是也」(〈五行對〉) 或「父授之，子受之，乃天之道也」(〈五行對〉) 的天只是純就義理上而言天。但是恐怕還是得將這種種不同性質的天綜合起來，比較符合《春秋繁露》作者心目中的「天」所擁有的豐富多變的意義。對此「天」及「天道」觀念的不確定，亦不當視為是因為漢代思想家的分析或界定概念的能力不足，也不是因為當時科學程度低落。而是創作《春秋繁露》的思想家對自己的感知經驗負責。因為在人類的經驗裏，「天」代表十分複雜多樣的意義，固然在稱說的時候，可以用不同的界定方式來指稱「天」的部分意義，如形上天、自然天、義理天等等。但這亦僅是在一個理論內部或思想系統中的方便說，不如此很難建立理論規模，然而一旦拿來與人們所欲稱述的那個「天」相較，不但沒有任何一個詞彙能代表，即使把這些詞彙全部加起來也不能表達。這原也是語言與經驗必然存在的差距。因此當我們努力地分析《春秋繁露》中的天，倒底有無意志、是否人格化時，也不可忽略「有無意志」、「是否人格化」等等只是我們用以分析或說明天而使用的標準，而當《春秋繁露》的作者提到天或天道時的著眼點，可能與這些標準完全無關。因此以這些標準來看，《春秋繁露》的天或天道會顯得曖昧不清；若拋棄這些標準，則《春秋繁露》所描述的渾然多元的天道，反倒可算是十分逼近於豐富多采而難以定性「天」。

此外，《春秋繁露》的立論，也不只是基於對客觀世界的描摹，除了陳述並運用自然的基本規律之外，更重要的是藉此彰顯天道「尊生」的性質。

有些學者認為在中國哲學裏，「道」一詞可以有四個意義：「道路」、「言說」、「能生的根源」、「變化的規律」。〔註2〕這是分別就「道」一詞的詞義而言，實則四義仍重疊互通，如「自然天」不能言語，「天」的言說是藉「變化」以呈顯，故《論語‧陽貨》孔子曰：「天何言哉？日月行焉，百物生焉，天何言哉！」，而天的變化，在「天」為日月之行，在地則為百物之生。因此日月

〔註2〕如沈清松於《物理之後》(台北，牛頓出版社，民國76年)，第20頁所云。

之行與百物之生，都是天不言之言，故孟子云：「天不言，以行與事示之而已。」，《春秋繁露》也云：「天無所言，而意以物。」（〈循天之道〉）此不言之言又均爲天之所「行」，故又可回歸「道路」義。因此「道」一詞的四義，在中國哲學中，經常旁借混用，明爲一義，實含多指。而且，中國哲學中的「道」一詞，又不只此四義。或者說，此四義並不能充分含括「道」字的涵義，也並不能完全精確對準「道」字的義。尤其儒家所說的「道」，如「君子務本，本立而道生」〔註3〕「吾道一以貫之」〔註4〕「天下有道，則見；無道，則隱」〔註5〕及「道不行，乘桴浮於海」〔註6〕等等「道」字，都不是此四義能解釋清楚。同樣的，《春秋繁露》中道字的用法，雖然較接近「變化的規律」，但又不只是客觀的「變化的規律」，而同時有對萬物生機的肯定。換言之，天道不只是天的變化規律，而是天以促使萬物生長爲導向的規律。《春秋繁露》的天道觀，就是在以促使萬物生長爲導向的規律下提出。

第二節　天道觀的提出

由於《春秋繁露》的天道觀，並不是以單純描述宇宙自然規律或探討自然的奧祕與眞相爲歸趣，因此天道觀雖以說明天道現象與變化規律爲主要內容，但我們仍必得進一步分判的是，《春秋繁露》何以要說明天道現象，以及如何說明天道現象。即《春秋繁露》何以提出天道觀，以及如何提出天道觀。

一、《春秋繁露》何以提出天道觀

天道觀的提出，可以是基於對外在世界的好奇或畏懼，可以是出自宗教情感或回應教義的需要，也可能是由於建構理論的學術動機，或是企圖了解宇宙、掌握自然。《春秋繁露》所以提出天道觀，其旨趣與前述各類均不相同，乃是提出理論安頓個人、群體、自然與未知界之間的關係，期能完成全體的圓滿和諧，並且彰顯對生命尊貴的肯定；而其中又以人爲實踐天道的主體。

個人、群體、自然與未知界在圓滿和諧的關係中，相互調和融攝。其中各別的規律、規範，得以統一協調。也就是個人生存不僅依循個人生存的規

〔註3〕　《論語・學而》。
〔註4〕　《論語・里仁》。
〔註5〕　《論語・泰伯》。
〔註6〕　《論語・公冶長》。

律範則，同時也不違背群體、自然乃至未知界的各種規律範則，此統一的規律範則即爲天道的基本規模與架構。

全體圓滿和諧，除了規律範則的統一之外，還必須是互依共存的。個人、群體、自然與未知界等各個層面，並非各自存立，而是一存而全存。因此談論個人，並不是孤立於群體、自然與未知界而論個人，而是指與群體、自然與未知界共在的個人。此即可稱爲「天道的個人觀」。群體、自然與未知界亦然，雖不必然全部提及，但均在全體觀照之中，而形成「天道的群體觀、自然觀、未知界觀」。因此個人、群體、自然及未知界的和諧圓滿，即是天道的和諧圓滿，必然相互依存，且相互統一。

在和諧圓滿且統一關係中，以群體爲中心的描述則稱爲「禮」。故曰：

> 禮者，繼天地，體陰陽，而愼主客、序尊卑、貴賤、大小之位，而差外內、遠近、新故之級者也。（〈奉本〉）

禮乃是由繼天地的尊卑、體陰陽，而愼主客、序尊卑、貴賤、大小之位以及外內、遠近、新故之級的各種相對關係。也就是說，從群體當中分出主客、尊卑等等差別的地位及級次，乃是由天地、陰陽之道引伸而來。此所以王道與天道乃合而爲一。至於個人亦與天之道相應合，乃是因爲人之元與天地之元爲同一元，而與天地自然及未知界之理相通。其徵又呈現於「同類相動」的現象上。故人道、王道、天道三者統一。此統一即指向個人、群體、自然與未知界的和諧共存。

人道、王道、天道的統一，成就了《春秋繁露》天道觀的基本架構。在這個穩定平衡的架構上，《春秋繁露》又以對生命之爲「生」的重視，使天道觀不只是客觀存在的架構，而出現了積極性的主導力量。天道的穩定架構也因而與生命的流動性相結合。《春秋繁露》肯定「生」的積極意義，認爲天道的基本傾向是「貴陽賤陰」，而陽氣暖燠溫柔，可促使萬物之生長，故爲貴。以人事而言，「陽爲夫而生之，陰爲婦而助之」（〈基義〉）故陽爲貴。又，以陽爲德，陰爲刑，爲人主之道，當法「天之任陽不任陰，好德不好刑」（〈陰陽位〉），而「使德之厚於刑也，如陽之多於陰也」（〈陰陽義〉），因此貴德即貴陽，而貴陽又即貴生。陽之貴，在於促進萬物的生育養長；陰助陽，故次之，而爲賤。陽與陽的貴賤尊卑，即以「促使萬物生長」爲標準立定，愈對萬物生長有正面積極作用者爲貴。不及者相對而爲賤。天道對生機的肯定，即是肯定天有仁心。若以人的立場來體會天意，則天生養萬物之奉人，可知其人也。故曰：

> 仁之美者在於天。天，仁也。天覆育萬物，既化而生之有養而成之，
> 事功無已，終而復始，凡舉歸之以奉人，察天之意，無窮極之仁也。
> 　（〈王道通三〉）〔註7〕

天之意乃無窮極之仁，即是對生機的肯定。

　　然而，對生機的肯定，亦可以是直接肯定萬物的生命本身。雖然「人超然萬物之上，而最爲天下貴」（〈天地陰陽〉），但是肯定萬物生命，卻不必然經過人的過渡，而基於此項肯定，天道就不再只是客觀世界「變化的規律」，而有整體的流向。有流向則有順逆；有順逆則價值系統即可確立。

　　因此《春秋繁露》的天道觀，結合了兩個面向而成，一是提出統一和諧的秩序和規律，一是確立此一秩序和規律的整體流向爲尊生貴德。

二、《春秋繁露》如何提出天道觀

　　在這個基礎之下，我們就可以進一步探討《春秋繁露》是如何提出天道觀了。

　　首先，《春秋繁露》的天道觀，是以個人、群體、自然及未知界爲天道的主體，其理論的架構爲：以元爲中心，開展爲「天、地、陰、陽、木、火、土、金、水、人」等十端，再顯用於萬物萬象。

　　《春秋繁露》的天道觀肯定了宇宙內的天、地、人之間的確有統一的規律。這些規律不僅可以用來說明天地間自然變化如四時輪替、寒暑交錯和日月運行、星辰羅列等等之外，也是人世聖王明君治國平天下及個人修身養性所不可不依循的法則。〔註8〕

　　天地人之所以會有統一的規律，是因爲有共同的本原。此「本原」《春秋繁露》名之爲「元」。「元」之爲「本原」，並非指宇宙或生命創生的起源，乃是以元作爲萬物萬象形上本原的說明，而非實指一個超越或具體的存有。

　　萬物本原的「元」，包含天地之元與人之元，故曰：

> 故元者爲萬物之本，而人之元在焉。安在乎？乃在乎天地前。（〈玉
> 英〉）〔註9〕

〔註7〕〈王道通三〉云：「仁，天心也。」

〔註8〕因此《春秋繁露》的天道觀，實已包含了「宇宙論」、「倫理學」在內，然而卻又以「治道」爲理論基準。

〔註9〕「元」是萬物之本，且人之元亦在其中。則包含了「人之元」的「元」就可視爲天地萬物及人類之「本原」。

人之元在乎天地之前，是因爲人和天地都是本於同一元，因此人與天地的關係是處於平等的地位。〔註10〕故曰：「唯人道爲可以參天」（〈王道通三〉）。又曰：「天地人，萬物之本也」（〈立元神〉）。

由元爲中心的天道理論，以天地人及陰陽五行等「十端」展開了基本架構。故曰：

> 何謂天之端？天有十端，十端而止已，天爲一端，地爲一端，陰爲一端，陽爲一端，火爲一端，金爲一端，木爲一端，水爲一端，土爲一端，凡十端而畢，天之數也。（〈官制象天〉）

「天」的十端，當是指元（即天元即人元）的展開，因此又包含了天之一端，而與地、人、陰陽、五行相對成十端。此十端是解釋萬物萬象的理論基礎，超乎萬物萬象。故曰：

> 天、地、陰、陽、木、火、土、金、水九，與人而十者，天之數畢也。〔註11〕故數者至十而止，書者以十爲終，皆取之此。聖人何其貴者，起於天，至於人而畢。畢之外，謂之物，物者，投其所貴之端，而不在其中，以此見人之超然萬物之上，而最爲天下貴也。人下長萬物，上參天地，故其治亂之故，動靜順逆之氣，乃損益陰陽之化，而搖蕩四海之內。（〈天地陰陽〉）

天地、陰陽、五行以及人，都是同本原於「元」，故陰陽、五行以及人的位序，都與天地平行，且超乎萬物之上。於是人可以下長萬物，上參天地；人的治亂之故，動靜頑逆之氣，可以損益陰陽之化，而搖蕩四海之內。

《春秋繁露》的天道觀，就是以「元」爲萬物萬象的形上本原，再以天地、陰陽、五行及人的統一規律爲說明萬物萬象的基本理論。因此元可以正天端，也可以正王、正天下及正人。故曰：

> 以元之深，正天之端；以天之端，正王之政；以王之政，正諸侯之即位；以諸侯之即位，正竟內之治。五者俱正，而化大行。（〈玉英〉）

以「元」爲核心，推而廣之，天端、王政、諸侯即位、境內之治一路而下，都只是「元」的發用。與此相同的，四時輪替、寒來暑往、萬物滋生等等也是天元的發用。

〔註10〕此處的天地是指自然界而言。

〔註11〕此處「天之數」的「天」與前述「天、地、陰、陽、木、火、土、金、水九，與人而十者」的「天」不同，當指「天元」而言，而「天元」亦即「人元」。

《春秋繁露》天道觀架構可表解如下：

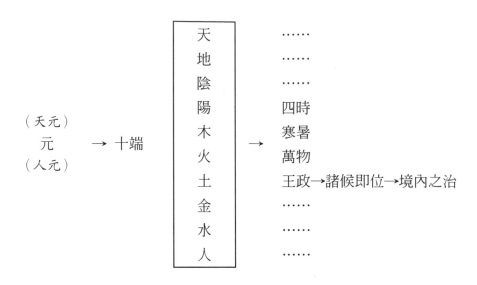

十端是《春秋繁露》天道觀的主要基礎理論。這些理論的提出，是基於對萬物萬象的了解與思索。亦即以「個人、群體、自然即未知界」為母體，經觀察研究與思考之後，所獲致的統一理論。因此抽象層次高於萬物之上。但是《春秋繁露》對個人、群體、自然即未知界的反省與了解，是以各個相對主體範圍，完成內部圓滿及主體間的統一和諧。換言之，《春秋繁露》不是以「個人」或「群體」或「自然」或「未知界」中的任一範圍為主體發展，而是同時照顧各個主體。同時以各個範圍為主體所得到的統一法則，即可照顧到各個主體。因此，《春秋繁露》的天道，可以用之於個人修己治身，也可加諸於君臣政事與天下法度，即為春秋之法。呈顯於自然，則是日月之行，四時寒暑；至敬乎未知，則有宗廟鬼神與郊天之際。天道在各個範圍內部得以圓滿無漏，在範圍與範圍之間，又和諧統一，不相妨礙。此即天道觀的理論架構。

第三節　天道觀為《春秋繁露》治道思想中心

《春秋繁露》天道觀的建立，是為了說明統一和諧而尊生貴德的理論，但是在建構理論之時，又是以人為天道的實踐者，也就是以人為實踐天道的主體。

　　《春秋繁露》認爲天有仁心，人受天命亦取天之仁而爲仁。故曰：「仁之命於天也，取仁於天而仁也。」（〈王道通三〉）仁的表現，即是愛，在人的立場，就是愛人，故曰：「人者，愛人之名。」（〈仁義法〉）至於何謂「愛人」，《春秋繁露》選擇了以「思患而豫防」爲首義，而曰：「愛人之大者，莫大於思患而豫防之。」（〈俞序〉）此即表現出《春秋繁露》以治道爲歸趣的天道觀特色。故有「霸王之道，皆本於仁。仁，天心」（〈王道通三〉）之說。

　　也因爲《春秋繁露》天道觀是以治道爲設想的對象，因此「人」在天道中有特殊的重要地位。

　　「人」在十端之中，乃是天道運行的變數，故曰：「人下長萬物，上參天地，故其治亂之故，動敬順逆之氣，乃損益陰陽之化，而搖蕩四海之內」（〈天地陰陽〉）人即成爲影響天地萬物的最重要因素，可損益陰陽，搖蕩四海。在政事上，「人主以好惡喜怒變成習俗」，正如同「天以暖清寒暑化草木」。若天「當暑而寒、當寒而暑，必爲惡歲矣」，而人主「當喜而怒，當怒而喜，必爲亂世矣」（〈王道通三〉）。聖人「行天德」以除天下之患，即是要人主順天道以教化萬民、治理天下。故《春秋繁露》引孔子之言曰：「吾因其行事，而加乎王心焉，以爲見之空言，不如行事博深切明。」（〈俞序〉）其所以選擇政事爲加乎王心之處，是因爲政治以群體生活爲中心，關係甚爲深遠，故曰：「王者，人之始也。王正，則元氣和順，風雨時，景星見，黃龍下；王不正，則上變天，賊氣並見。」（〈王道〉），人主就是「立於生殺之位，與天共持變化之勢」（〈王道通三〉），可作爲聖人實踐天道的施力處。《春秋繁露》的論述，以關係群體至鉅的政治爲主要論題。天道觀的主張，也展現在具體的政治思想之中。

　　如果就理論內部的本末次序而言，則以天道觀爲優先，包括治道思想在內的種種思想都必須合乎天道原則，亦即人道、王道當法天道。〔註12〕然而，如果以立論旨趣而言，則《春秋繁露》言天道，只是爲了建構整體的世界觀。其意在爲安頓宇宙、群體、個人及萬物提供理論，經由這樣的理論安頓，可安頓整個「天下」。換言之，只要接受這套包容甚廣的理論，則亦不得不同時接受理論中的政治理論，即其中的治道思想。《春秋繁露》這種以理論設計來

〔註12〕然而現實世界上，惡歲、亂世所在多有，可見天道的「規律義」，爲應然之規律。此應然又非道德上之應然，而是指順之則成，逆之則敗，欲成則必順此天道。

安排君王及天下臣民的方式，不可用「權利——義務」或「權力平衡」的角度來理解和衡量，否則無法看清這種以學術「安排」天下的作法。以學術安排天下，即是以天道為天下最高準則，天下人人均須遵天道而行，君王臣民都以天道為尊。然而，實際上是服從了天道理論的建立者及詮釋者的安排。這種以道為尊的尊道傳統，使知識分子可凌駕一切政治力量之上，而為最高指導者。因此《春秋繁露》建構天道理論的目的，實是為建構整個治道思想。於此可謂《春秋繁露》的天道與治道，乃是一而二，二而一，非離治道別有天道，離天道亦無治道，乃是「即天道即治道」。

第三章　明陰陽以觀天志

第一節　陰陽觀概說

　　「陰陽」觀念在中國思想史上，極爲重要，也有頗多爭議。《說文解字》阜部云：「陰，闇也，水之南、山之北也。」「陽，高明也。」然阜旁爲孳乳後起，段玉裁注云：「今人陰陽字，小篆作霒。」又，勿部昜字下段注云：「此陰陽正字也。陰陽行而霒昜廢矣。」則本字爲「霒昜」。《說文解字》雲部云：「霒，雲覆日也；從雲，今聲。霒，古文。」勿部云：「昜，開也；從日、一、勿。一曰揚，一曰長也，一曰彊者眾皃。」段注云：「從勿者，取開展意。」又，朱駿聲《說文通訓定聲》壯部昜字下云：「按此即古暘字，爲霒昜字。霒者見雲不見日也，昜者雲開而見日也。」戴君仁認爲段、朱二人都說得很對，「尤其朱氏見日不見日爲霒昜，更說得明白。引申爲向日和背日的處所，乃加阜而作陰陽。」〔註1〕其實戴氏與前二人的說法並不完全相同，〔註2〕且亦只取《說文解字》的部分解釋。

　　姑不論古今體字，《說文解字》對「陰陽」（霒昜）的解釋分別是：陰（霒），闇也，水之南、山之北也；雲覆日也。陽（昜），高明也；開也。可見陰字除雲覆日之義以外，尚有闇、水之南、山之北之義。朱氏取「雲覆日」以說陰字，已只是部分義；戴氏解爲「不見日」，乃是更加引申，不必然爲「本義」。

〔註1〕戴君仁《梅園論學集・陰陽五行學說究原》，（台北，臺灣開明書店），頁352。
〔註2〕朱氏所言，乃是「見雲不見日」與「雲開而見日」，在此戴氏則將之簡化爲「見日」與「不見日」，二者之義恐不儘相同。

陽字亦然，原有高明及開之義，而朱氏將「開」解爲「雲開而見日」已有引申，戴氏釋爲「見日」，亦是更加引申，亦不必視爲「本義」。

對於「陰陽」二字字義的考察，梁啓超認爲：

> 侌爲雲覆日，此其本義；引申爲凡覆蔽之義。覆蔽必闇，因又引申爲闇義。背日之地必闇，城市多倚北而背日，因又引申爲背面或裏面或北方之義。此陰字字義變遷之大凡也。易從日從一者，日在地上，即日出之意。從勿者，《說文》云：「勿，州里所建旗象。……」日出地上而建旗焉，氣象極發揚，此其本義。引申以表日之光彩，故日稱太陽，朝日稱朝陽，夕日稱夕陽。日出則暖故又引申謂和暖之氣爲陽氣。向日乃能見陽光，故又引申爲正面或表面或南方之義。此陽字字義變遷之大凡也。南北向背相對待，故陰陽二字連用常此表南北或表裏之義。〔註3〕

據梁氏之說，陰字以「雲覆日」爲本義，而引申出「覆蔽」、「闇」、「背面」、「裏面」、「北方」等義。陽字本義爲「日出地上而建旗，氣象發揚」、引申爲「日之光彩」、「日」、「和暖」、「正面」、「表面」、「南方」等義。梁啓超的說法，較能涵括《說文解字》的解釋。但徐復觀認爲，霒字爲「雲覆日」，固然不錯，然而對易字的解釋則有不同的看法：

> 許（愼）氏對易字之解釋，王筠在《說文釋例》中已指其欠妥。並從而加以改正說，「竊謂從一者地也。勿非字，祇象易氣鬱勃湊地而出之形」。按王謂「勿」非字者甚是；但此乃象日初出時的光芒，不可謂「象易氣鬱勃湊地而出之形」。因爲在造易字時尚無此觀念。日出照於地上爲易；日出照於地上則明朗；而山之南，水之北，爲日所易照之處，故孳乳爲陽字。〔註4〕

因此徐氏認爲，「由此可以總括的說，侌易二字，與『日』有密切的關係，原意是有無日光的兩種天氣」。〔註5〕徐氏的說法雖修正了《說文解字》，但大致上仍立於《說文解字》的基礎上。

然而「陰陽」二字更有一種用法，爲代表兩種相對待性質的抽象概念，

〔註3〕 梁啓超〈陰陽五行說之來歷〉，見《古史辨》第五冊下編，（台北，藍燈文化，民國 76 年），頁 343。

〔註4〕 徐復觀〈陰陽五行及其有關文獻的研究〉，見《中國人性論史》附錄二，（台北，臺灣商務印書館），頁 510。

〔註5〕 同上。

而與雲日無關。如《老子》：「萬物負陰而抱陽。」及《易》乾初九〈象傳〉：「潛龍勿用，陽在下也。」坤初六〈象傳〉云：「履霜堅冰，陰始凝也。」《易・繫辭傳》：「一陰一陽之謂道。」「陽卦多陰，陰卦多陽。其故何也？陽卦奇，陰卦偶。」「乾，陽物也；坤，陰物也。陰陽合德而剛柔有體。」「陰陽之義配日月，易簡之善配至德。」《易・說卦傳》：「觀變於陰陽而立卦。」「立天之道，曰陰與陽。立地之道，曰柔與剛。立人之道，曰仁與義。」《易・文言傳》：「潛龍勿用，陽氣潛藏。」「陰雖有美含之。」「陰疑於陽必戰，為其嫌於無陽也，故稱龍焉。」等等。以上所引諸文中的「陰陽」二字，有其獨特的用法及義涵。戴君仁也說：「我們看《易傳》裏陰陽二字的意義，差不多等於正反、開合、動靜、剛柔等相對的兩種作用，……應用在政治上、人事上，陰陽消長，即是好壞兩種勢力的推移。陰為小人，陽為君子」。這是「陰陽」的另一種用法，與《說文解字》上雲日與建旗之相去甚遠。〔註6〕

《春秋繁露》中「陰陽」二字的用法，即是以代表兩種相對待性質的抽象概念為主，在整個「天道觀」中占極重要地位。故曰：「陰陽之理，聖人之法也。」（〈王道通三〉）但其中「陰陽」卻和「日光」無直接相關。勉強可解釋為和日光照射與否的引申義有關之處，唯有用以說明四時寒暑變化的「陰陽」和「陰陽氣」。例如：

> 陽氣暖而陰氣寒（〈陽尊陰卑〉）

以及：

> 陽氣始出東北而南行，就其位也，西轉而北入，藏其休也；陰氣始出東南而北，亦就其位也，西轉而南入，屏其伏也。是故陽以南方為位，以北方為休；陰以北方為位，以南方為伏。陽至其位而大暑熱；陰至其位而大寒凍；陽至其休，而入化於地；陰至其伏，而避德於下。是故夏出長於上，冬入化於下者，陽也；夏入守虛地於下，冬出守虛位於上者，陰也。（〈陰陽位〉）

又曰：

> 天之道，初薄大冬，陰陽各從一方來，而移於後，陰由東方來西，

〔註6〕 徐氏認為這種「以陰陽為宇宙間兩種相反而復相成的基本元素或動力，因而以此來說明宇宙間各種現象成壞變化的法則或根源的，是經過相當時期的發展演變而來」。其實陰陽觀念的發展當然是經過相當時期，但若必說是由「有生日光的兩種天氣」發展而來，恐怕也只是臆測之辭。

> 陽由西方來東，至於中冬之月，相遇北方，合而爲一，謂之曰至；
> 別而相去，陰適右，陽適左。（〈陰陽出入上下〉）

「陰陽」顯然和寒暑有關。但「陰陽」並不就是「四時寒暑」，[註7] 而是用陰陽二氣的出入損益來形容說明寒暑變化：

> 春夏、陽多而陰少，秋冬、陽少而陰多，多少無常，未嘗不分而相
> 散也，以出入相損益，以多少相漑濟也。（〈陰陽終始〉）

《春秋繁露》以陰陽二氣相互出入就藏、損益漑濟說明寒暑變化；而就現代地球科學理論以言，寒暑的確與日光直射與否有關。此即《春秋繁露》中「陰陽」與「日光」引申義勉強有關者，然亦僅於此。《春秋繁露》中的「陰陽」，主要並不在說明寒暑，而是代表種種相對現象：

> 陽氣暖而陰氣寒；陽氣予而陰氣奪；陽氣仁而陰氣戾；陽氣寬而陰
> 氣急；陽氣愛而陰氣惡；陽氣生而陰氣殺。是故陽常居實位而行於
> 盛，陰常居空位而行於末。（〈陽尊陰卑〉）

可見「暖寒」只是陰陽的眾義之一，陰陽還代表了「予奪、仁戾、寬急、愛惡、生殺、實空、盛末」等相對性質。但陰陽也不只是代表這些相對的性質，而是更進一步地由陰陽之間的關係，說明種種相對性質之間的關係，也可說是用以說明天道變化之理。因此討論《春秋繁露》陰陽觀的重點，當不是在「陰陽是什麼？」，而是「陰陽的關係爲何？」。即所謂：「明陽陰入出、實虛之處，所以觀天之志」，乃是以陰陽的出入實虛等運行變化及相對關係來闡明天之志。

第二節　陰陽關係

一、對反相成

　　《春秋繁露》陰陽觀所代表的第一義爲「對反相成」。即將天下事理視爲兩個相反的面向結合而成。其中包含了「對立二分」與「相反相成」的兩個概念。

　　對立二分是指事理的內部對立性。即任何事理都可視爲陰陽兩面組成，故曰：

〔註7〕四時之變化不只是陰陽之相會，尚得和五行相與。詳見第四章〈辨五行以觀
　　　　天道・五行分類與次序〉。

天地之常，一陰一陽。（〈陰陽義〉）

而且此陰陽二面必須並立才能結合成事理。故曰：

> 凡物必有合：丘必有上，必有下；必有左，必有右；必有前，必有
> 後；必有表，必有裏。有美必有惡；有順必有逆；有喜必有怒；有
> 寒必有暑；有畫必有夜，此皆其合也。陰者，陽之合；妻者，夫之
> 合；子者，父之合；臣者，君之合。物莫無合，而合各有陰陽。（〈基
> 義〉）

「物莫無合，而合各相陰陽」，就是以陰陽相合來看待種種事物事理。其中包
含上下、左右、前後、表裏等空間方位概念，和美惡主觀判斷概念，順逆、
寒暑、畫夜等客觀描述及喜怒的個人情緒表現。換言之，在《春秋繁露》中，
用陰陽來表示事理的相對性，而且這種相對性具有普徧性。即：

> 在上下，在大小，在強弱，在賢不肖，在善惡，惡之屬盡爲陰，善
> 之屬盡爲陽。（〈陽尊陰卑〉）

凡是「上、大、強、賢」等善之屬，都爲陽。凡是「下、小、弱、不肖」等惡
之屬，都爲陰。因此陰陽便脫離了說明四時寒暑的「陰陽氣」，而成爲可說明一
切事理相對性質的「陰陽之理」和「陰陽之道」了。但是，爲陰爲陽，只是相
對的屬陰與相對的屬陽。因此相對於婦人而言，丈夫即爲陽，且不論該丈夫的
其他條件如何，皆屬陽；同理，相對於丈夫而言，婦人即爲陰。故曰：

> 丈夫雖賤皆爲陽，婦人雖貴皆爲陰。（〈陽尊陰卑〉）

但是同屬「陽類」的事理中，又可依相對的性質而分出陰陽；同樣的，同屬
「陰類」的事理，也可再分出陰陽：

> 陰之中亦相爲陰，陽之中亦相爲陽。諸在上者皆爲其下陽，諸在下
> 者皆爲其上陰。（〈陽尊陰卑〉）

於是陰陽的觀念，只要依據「屬陰」「屬陽」的性質，就可以不斷地用來二分
所有的事理。用陰陽二分來說明事理的相對性，及將事理視爲陰陽二者相結
合而成，即陰陽「對反相成」中「對立二分」的觀念。

相反相成，即陰陽不僅二分，且相反。故曰：

> 天道大數，相反之物也，不得俱出，陰陽是也。（〈陰陽出入〉）

又曰：

> 陰與陽，相反物也。（〈天道無二〉）

天道表現於陰陽，乃是藉陰陽的相反性質來呈顯天道的特質。然而陰陽究竟

如何「相反」？還是應當從陰陽相合的關係來了解。如前所引文：

> 凡物必有合；合必有上，必有下；必有左，必有右；必有前，必有
> 後；必有表，必有裏。有美必有惡；有順必有逆；有喜必有怒；有
> 寒必有暑；有晝必有夜，此皆其合也。（〈基義〉）

陰陽相反，即如上下、左右、前後、表裏、美惡、順逆、喜怒、寒暑、晝夜之不但相反且相成。當中相反並不是性質上的「衝突或矛盾」，而是以二者間的「相對性」而言。例如要確立「上下」的關係時，必然是「上」和「下」同時相對相依而立，無「上」則無所謂「下」，反之亦然。而上下所代表的只是觀念上的相對性。其他各組及陰陽也都一樣，要確立一項，必須同時確立另一項，且每一組觀念的內部關係，是建立在相對性而不是衝突矛盾上。換言之，陰陽相反乃相對相依而生，故曰：

> 陰陽無所獨行，其始也不得專起，其終也不得分功，有所兼之義。（〈基義〉）

又曰：

> 陽兼於陰，陰兼於陽。（〈基義〉）

如此方可以明白何以君臣、父子、夫婦亦爲「陰陽相反」：

> 君臣、父子、夫婦之義，皆取諸陰陽之道。君爲陽，臣爲陰；父爲陽，子爲陰；夫爲陽，妻爲陰。（〈基義〉）

君臣、父子、夫婦的確立，也必須是一時兩立的，無君則無所謂臣，無父則無所謂子，無夫則無所謂婦，正如無上則無所謂下一般。若以相對性而言，君之確然爲君，是和臣相對而言；臣之確然臣，也是和君相對而言。就如上之爲上，乃是和下相對以言一般。君相對於臣乃爲君，相對於子則是「父」，相對於婦則爲「夫」。此人爲君、爲父、爲夫的角色，端視相對於何者而言，但君臣、父子、夫婦的關係一如陰陽之相對乃不改變。此即陰陽的相反相成關係。

二、溉濟調和

《春秋繁露》陰陽的第二義爲「溉濟調和」。然而「溉濟調和」又以「天道無二」的觀念爲基礎。

「天道無二」是說明陰陽對立的穩定性。陰相對於陽而言，乃爲陰，且只要所對之陽不變，則此陰之爲陰亦不變。亦即陰陽的相對性不變。故曰：

> 天之常道，相反之物也，不得兩起，故謂之一；而不二者，天之行

也。陰與陽，相反之物也。（〈天道無二〉）

又曰：

> 天道大數，相反之物也，不得俱出，陰陽是也。（〈陰陽出入〉）

「不得兩起」、「不得俱出」固可如蘇輿注曰：「陰陽不兩盛。」〔註8〕然而此說卻難以說明何以「陰陽無所獨行」（〈基義〉），且於四時中會有俱南、俱北及相交的情形：

> 或出或入，或右或左，春俱南，秋俱北，夏交於前，冬交於後，並行而不同路，交會而各代理，此其文與。（〈天道無二〉）

不得「兩起」、「俱出」，是因爲陰陽雖然「俱南」、「俱北」、「交於前」、「交於後」，但是陰陽乃並行而不同路、交會而各代理。即就陰陽的相反性質而言，縱使俱南俱北或相交，其路其理各不相同。其路其理的不同，當然也不是在三度空間上設想，如高低氣壓和冷氣團移動或日光直射點的回歸路徑；而是陰陽成立必不可缺乏相反及相依性質。由於陰陽相反是確定了一項判準之後才能分立，且在此一標準之下，其分立乃穩定不可混淆，故若在此標準下以陰爲出、爲起，則陽自然不可視爲具有出、起的性質，反之亦然。於此，陰陽的相對相反性質是穩定不變的，陰之爲陰、陽之爲陽，不可更改替換。也由於陰陽爲相依而立，因此其立必然是同時兩立。因此俱南、俱北或交於前後，就兩立而言即爲可能。故陰陽或出或入、或右或左的不同，即當在相反相依下理解其理與路的不同。不論以四時言：

> 春出陽而入陰，秋出陰而入陽，夏右陽而左陰，冬右陰而左陽。（〈陰陽出入上下〉）

或只就陰陽的基本形式而言：

> 陰出則陽入，陽出則陰入，陰右則陽左，陰左則陽右。（〈陰陽出入上下〉）

陰陽的不同，是理的不同，即使形式上相近，「意」也不同：

> 天之道，有一出一入，一休一伏，其度一也，然而不同意。（〈陰陽出入上下〉）

即陰陽雖同爲出入休伏，但實際上仍大不相同：

> 陽之出，常縣於前，而任歲事；陰之出，常縣於後，而守空虛。陽之休也，功已成於上，而伏於下；陰之伏也，不得近義，而遠其處

〔註8〕蘇輿《春秋繁露義證》，（台北，河洛圖書出版社，民國63年）。

也。(〈天道無二〉)

陰陽同為出,其意不同:一縣於前,一縣於後;一任歲事,一守空虛。因此陰陽之不同,並非只是出入休伏不同,尚有「意」之不同。同樣的,陰陽俱南俱北,其意其理亦不相同,此即不俱起、不俱出也。因此天道無二,是就意與理之不同而言。而陰陽確立,就是以意與理的相反為基礎。此說更清楚地指明了陰陽何以相反。

陰陽意與理的相反義,又更進一步說明了陰陽相對性的穩定性。因為陰陽的相反在意與理,若陰陽不在同一的標準下,則無所謂相對與相反。因此與陰陽的第一義「對反相成」著眼處並不同。

陰陽對反相成,是陰陽相對性的提出,且此相對性具普遍性和擴充性。因此一物相對陽者而言為陰,相對於陰者而言為陽。而陽中又可分出陰陽,陰亦然。此外陰陽相依而立,必同立或同滅。此為相對性的初步性質。天道不兩起,一而無二,卻是就單一組陰陽的立論。

每一組陰陽,都依一項標準而立;不同組的陰陽,即依於不同的標準。因此一組陰陽中的陰與陽,與另一組陰陽中的陰與陽,並非相對。這又可分成兩種情形:一是兩組並無關聯,一是由一組中的陰或陽再細分陰陽。

兩組無關的陰陽,當中的陰陽並非互為陰陽。例如天之陰與人之陽不可相對,並非互為陰陽。換言之,天之陽與人之陽並非「俱起」「俱出」。

由一組陰陽中的陰或陽再細分出陰陽,當中的陰陽也不與原陰陽相對。詳言之,若原陰陽為「婦為陰」與「夫為陽」,再依「陰之中亦相為陰」在婦之中又定出陰陽,則此處之陰不同於原之「婦為陰」,亦不與原「夫為陽」相對而互為陰陽。

因此在一組陰陽之中,屬陰者即恆為陰,屬陽者則恆為陽,除非標準改變。此即:

> 天無常於物,而一於時。時之所宜,而一為之。故開一,塞一,起一,廢一,至畢時而止,終有復始於一,一者,一也……故常一而不滅,天之道。(〈天道無二〉)

若以不同的標準視之,則任何時候,都同時有不同的開塞起廢。正如此處有一陰陽,他處有另一陰陽一般。但在不同標準下分立的陰陽,並無相對義。有相對義的陰陽,是在同一標準下而言。在同一標準下,陰之外無陰,陽之外無陽,陰不可再分出陰陽,陽亦不可分,此即「一為之」。因為是「一為之」,

確立了標準，所以才有開塞起廢可言。否則開之中另見其塞，或開之外另立其塞，則「開」就無從討論了。因此也唯有「陰」確立爲「陰」，「陽」確立爲「陽」，才可進一步討論陰與陽是如何溉濟調和。

　　《春秋繁露》中認爲天道乃是終而復始，其中最明顯的表現就是四時變化。而四時變化即爲陰陽溉濟調和而成：

　　　　天之道，終而復始，故北方者，天之所終始也，陰陽之所合別也。
　　　　冬至之後，陰俛而西入，陽仰而東出。出入之處，常相反也，多少
　　　　調和之適，常相順也。（〈陰陽終始〉）

儘管出入之處相反，陰陽之多少仍將調和。其調和之道爲：

　　　　有多而無溢，有少而無絕。春夏，陽多而陰少；秋冬，陽少而陰多。
　　　　多少無常，未嘗不分而相散也，以出入相損益，以多少相溉濟也。（〈陰
　　　　陽終始〉）

陰陽之有多與少之別，但「多而無溢，少而無絕」。這也是強調陰陽相依並立，不可單獨成立。因此春夏秋冬各季的陰陽比例雖多少不同，但相互調和溉濟，即：

　　　　其氣相俠，而以變化相輸也。（〈陰陽終始〉）

若陰陽二氣變化相輸，以至均平，即謂之「和」：

　　　　和者，天之正也，陰陽平也。（〈循天之道〉）

四季之中，中春、中秋之陰陽相半：

　　　　至於中春之月，陽在正東，陰在正西，謂之春分。春分者，陰陽相
　　　　半也。……至於中秋之月，陽在正西，陰在正東，謂之秋分，秋分
　　　　者，陰陽相半也……（〈陰陽出入上下〉）

因此以中春爲東方之和，中秋爲西方之和：

　　　　其動於下者，不得東方之和不能生，中春是也；其養於上者，不得
　　　　西方之和不能成，中秋是也。（〈陰陽出入上下〉）

然而即使非中春、中秋，陰陽仍相互調和，而不致相滅。若陰陽相滅，則必有災，故求止雨之祝乃曰：「無使陰滅陽，陽滅陰，不順於天」（〈止雨〉）。又禹之時有水災，湯之時遇旱災，《春秋繁露》也認爲是「遭世氣之變而陰陽失平」（〈暖燠常多〉）之故。陰陽溉濟調和，亦可視爲陰陽之合的進一步說明。即是「物莫無合，而合各有陰陽」，且其合是「多少無常」而相溉濟調和。此即陰陽溉濟調和之觀念。

三、貴陽賤陰

貴陽賤陰是陰陽二者並非均平對等，而有差異性。其前提爲前提是陰陽不只是相反符號，亦有相應的內涵意義。

陰陽固是代表相反的性質，但陰陽並不只是兩個相反的符號，二者不可代換。陰所代表的性質，顯然和陽所代表的不同。

然而究竟陰、陽所代表的性質爲何？

前文曾言，《春秋繁露》的陰陽問題，當以「陰陽的關係」爲中心。此處雖然討論「陰陽所代表的性質爲何」，但仍是在相對反的基礎上，探討在兩項對反的性質中，如何決定陰陽所代表的是那一項，並不是就「陰爲何？」「陽爲何？」而言。

儘管《春秋繁露》中並未對陰陽二字下定義，但在「天地」這一組相對概念中，「陽」大多代表天或天的特性。如：

> 陽，天氣也。（〈人副天數〉）

> 陽者，天之寬也。（〈循天之道〉）

相對的，而陰則代表地或地的特性。如：

> 陰，地氣也。（〈人副天數〉）

> 陰者，天之急也。（〈循天之道〉）

但以「陽之中亦相爲陽」而言，天之中再分陰陽則爲：

> 陽，天之德也；陰，天之刑也。（〈陰陽義〉）

此爲以天之中的「德、刑」來區分陰陽，因爲德與刑原本就可用以區分陰陽：

> 陽爲德，陰爲刑。（〈陽尊陰卑〉）

> 陰，刑氣也；陽，德氣也。（〈王道通三〉）

此外，陽與陰在「上下」「大小」「強弱」「賢不肖」「善惡」等一組組相對觀念中，陽代表「上、大、強、賢、善」等「善之屬」，陰代表「下、小、弱、不肖、惡」等「惡之屬」。〔註9〕當注意的是，並非「上即爲陽」、「下即爲陰」，而是當我們以陰陽來區分「上下」這對概念時，必須以陽代表上，以陰代表下，兩者不可互換。基於此，就可了解「君爲陽，臣爲陰；父爲陽，子爲陰；夫爲陽，婦爲陰」等，也是同樣唯有在以陰陽區分一對概念時才有意義。而且「陰中亦相爲陰，陽之中亦相爲陽，諸在上者皆爲其下陽，諸在下者皆爲

〔註9〕見〈陽尊陰卑〉。

其上陰」，因此「丈夫雖賤皆爲陽」是丈夫相對於婦人而言，「婦人雖貴皆爲陰」也是婦人相對於丈夫而言。同爲丈夫，可以相爲陽而分出陰陽；同爲婦人，也可以相爲陰而分出陰陽。若把陰陽從天地和人世社會的範圍縮小到個人的身體上，「天有陰陽，人亦有陰陽」（〈同類相動〉），則可以腰部繫帶處爲界，分出上下，「帶以上者，盡爲陽；帶而下者，盡爲陰」（〈同類相動〉）。

陽氣與陰氣，也代表「暖寒、予奪、仁戾、寬急、愛惡、生殺、實空、盛末」等相對性質。故曰：

> 陽氣暖而陰氣寒；陽氣予而陰氣奪；陽氣仁而陰氣戾；陽氣寬而陰氣急；陽氣愛而陰氣惡；陽氣生而陰氣殺。是故陽常居實位而行於盛，陰常居空位而行於末。（〈陽尊陰卑〉）

再以經、權觀念區分陰陽，則「天以陰爲權，以陽爲經」，且「經用於盛，權用於末」，是故「陽常居實位而行於盛，陰常居空位而行於末」。

綜合以上陰陽所代表的眾義，可以列表如下：

陽	天氣	天之寬	天之德	德	德氣	上	大	強	賢	善	暖	予	寬	愛	生	盛	經	實位
陰	地氣	天之急	天之刑	刑	刑氣	下	小	弱	不肖	惡	寒	奪	急	惡	殺	末	權	空位

分別了陰陽代表的義涵之後，就可以進一步探討《春秋繁露》給予陰與陽的不同地位了。即《春秋繁露》「貴陽賤陰」的主張。

《春秋繁露》主張陽尊陰卑，認爲「陰猶沈也，何名何有？皆并一於陽，昌力而辭功」（〈陽尊陰卑〉），而有貴陽賤陰之說，並從「萬物應陽」、「暖燠常多」、「陽實陰空」三方面說明陽貴陰賤之理。

「萬物應陽」是指萬物出入盛衰皆應於陽。故曰：

> 陽氣出於東，入於西北，發於夏春，畢於孟冬，而物莫不應是。陽始出，物亦始出，陽方盛，物亦方盛，陽初衰，物亦初衰；物隨陽而出入，數隨陽而終始，三王之正，隨陽而更起。以此見之，貴陽而賤陰也。（〈陽尊陰卑〉）

一年之間，陽氣出入盛衰各有不同，而萬物隨之，可見陽貴於陰。又曰：

　　　　故數日者，據晝而不據夜，陰不得達之義。（〈陽尊陰卑〉）

數日據晝不據夜，亦可見陽貴陰賤。至於萬物如何隨陽，《春秋繁露》進一說明曰：

　　　　陽者，歲之主也，天下之昆蟲隨陽而出入，天下之草木隨陽而生落，天下之三王隨陽而改正，天下之尊卑隨陽而序位，幼者居陽之所少，老者居陽之所老，貴者居陽之所盛，賤者居陽之所衰。藏者言其不得當陽，不當陽者，臣子是也，當陽者，君父是也。故人主南面以陽為位也，陽貴而陰賤，天之制也。（〈天辨在人〉）

陽為歲主，而天下萬物隨之，即如三王之改正、尊卑序位及幼老貴賤君臣父子之所居，都隨陽而不隨陰，此為陽貴陰賤的第一個理由。

　　「天道暖燠多而清凓少」也可見陽貴陰賤之理。因為天道「出陽為暖以生之，出陰為清以成之」，而其中陽又較多，故曰：

　　　　是自正月至於十月，而天之功畢，計其間，陰與陽各居幾何？薰與凓其日孰多？距物之初生，至其畢成，露與霜其下孰倍？故從中春至於秋，氣溫柔和調，及季秋九月，陰乃始多於陽，天於是時出凓下霜。出凓下霜，而天降物，固已皆成矣。故九月者，天之功大究於是月也，十月而悉畢，故案其跡，數其實，清凓之日少少耳。（〈暖燠常多〉）

自正月萬物初生，至十月萬物長生，溫柔和調之日多，出凓下霜之日少，且下霜時，萬物已成長，不受霜害。因此在萬物成長的期間，受暖燠影響較大，也就是陽多於陰。二者比重，相距甚遠。故曰：

　　　　天出陽為暖以生之，地出陰為清以成之，不暖不生，不清不成。然而計其多少之分，則暖暑居百而清寒居一。（〈基義〉）

「暖暑居百而清寒居一」，百與一之分，當是就陰陽的「貴賤」而言。即以萬物生成的角度視之，則陽之暖暑居較重要地位，並非指一年之中寒暑時間的比例。因為一年之中，寒暑時間，其實並無太大差別。不同的在於同為出，而作用相異，且對萬物生長而言，陽的重要性大於陰，因此貴陽賤陰。

　　陰陽的重要性，不在一年之中出現的時間長短，而在實際作用上，即所居之位不同。一年之中，陰陽各半，而所居之位不同，故曰：

　　　　是故陰陽之行，終各六月，遠近同度，而所在異處。陰之行，春居東方，秋居西方，夏居空右，冬居空左。夏居空下，冬居空上，此

陰之常處也。陽之行，春居上，冬居下，此陽之常處也。陰終歲西

移，而陽常居實，非親陽而疏陰，任德而遠刑與。（〈天辨在人〉）

又曰：

陰陽二物，終歲各一出，壹其出，遠近同度而不同意；陽之出也，

常縣於前而任事；陰之出也，常縣於後而守空虛，此見天之親陽而

疏陰，任德而不任刑也。（〈基義〉）

以及：

天之道，有一出一入，一休一伏，其度一也，然而不同意。陽之出

常於前，而任歲事，陰之出也，常於後而守空虛；陽之休也，功已

成於上而伏於下；陰之伏也，不得近義，而遠其處也。天之任陽不

任陰，好德不好刑，如是。（〈天道無二〉）

以上所引諸文，都是強調陰陽雖各六個月，但各處不同地位，遠近同度而不

同意。陽為歲主，居實位而任事，陰多處空位以助陽。故曰：

天之志，常置陰空處，稍取之以為助。故刑，德之輔；陰者，陽之

助也。（〈天辨在人〉）

陰居空處為輔，陽居實位為主，此即親陽疏、貴陽賤陰的重要原因，故曰：

陽出實入實，陰出空入空，天之任陽不任陰，好德不好刑如是也。（〈陰

陽位〉）

「實位」「虛位」，是論陰陽所發揮的真實功用。在萬物生長的過程中，陽所

發揮的實際功用大於陰，因此「貴陽賤陰」。

　　綜以上所述，《春秋繁露》判分陰陽貴賤的關鍵，在於「萬物生成」。不

論「萬物應於陽」、「暖燠常多」或「陽居實、陰居空」，都是根據影響萬物出

入生落為主要因素而言。

第三節　陰陽理論的治道化

　　《春秋繁露》的陰陽觀包含了對反相成、溉濟調和及貴陽賤陰三項理論。

這三項理論固然是由陰陽的原理而來，但是《春秋繁露》在提出這三項理論

時，同時是以「治道」為預想，即是以治天下的實際情況作為陰陽理論提出

的依據、說明的實例與實踐的對象。因此這三項理論可落在治道層面上，而

成為治道的理念。

在治道層面上，「對反相成」表示人倫可視爲兩個相對而相合的關係，如陰陽之對立相反且相成一般。故曰：「君臣、父子、夫婦之義，皆取諸陰陽之道。」（〈基義〉）而此處所謂取諸陰陽之道，即取諸陰陽相合無所獨行之義。即：

> 陰者，陽之合；妻者，夫之合；子者，父之合；臣者，君之合。物莫無合，而合各相陰陽。（〈基義〉）

物莫無合，而合各相陰陽，於是人倫亦以陰陽之義合成。但是合只說明了物由陰陽二者合成，若更進一步說明相合時陰陽二者乃不可缺一，則是「陰陽相兼」。故曰：

> 陽兼於陰，陰兼於陽；夫兼於妻，妻兼於夫；父兼於子，子兼於父；君兼於臣；臣兼於君。（〈基義〉）

就事物存在的本質上而言，萬物乃陰陽兼合而成，陰陽二者均不可或缺，如君臣、父子、夫妻亦是相對的二者兼合而成立。故曰：

> 君爲陽，臣爲陰；父爲陽，子爲陰；夫爲陽，妻爲陰。陰陽無所獨行，其始也不得專起，其終也不得分功，有所兼之義。（〈基義〉）

陰陽是相對而生，無陰則無陽，無陽則無陰，因此其始不得專起。同樣的，君臣、父子、夫妻不得單一而論，無君則無臣，無臣則無君；無父則無子，無子則無父；無夫則無妻，無妻則無夫。至於陰陽兼合之功，也不是可以分陰陽之功。所以在成立人倫的立場上，君臣、父子、夫婦是不可分功的。此即「對反相成」理論在成就以人倫爲治道基礎上的意義。

「溉濟調和」是指天道中陰陽運行並非相互平等，而且陰陽的相反亦不只是性質上的相反，乃有運行之道的相反。然而此不平等與運行的相反，正好相互溉濟調和，而成天之功。於是禮制及倫常運作上乃可以有等次差別，如在政制禮儀上君臣並不平等，君爲國之元，「發言動作，萬物之樞機」（〈立元神〉），而爲人臣者，「常竭情悉力，而見甚短長，使主上得而器使之」（〈離合根〉）。但二者的不同是要相互溉濟調和，人臣居陽位而陰道，人君居陰位而爲陽道，「陰道尚形而露情，陽道無端而貴神」（〈立元神〉）即：

> 爲人君者，居無爲位，行不言言之教，寂而無聲，靜而無形，執一無端，爲國源泉，因國以爲身，因臣以爲心，以臣言爲聲，以臣事爲形。（〈保位權〉）

人君要以無爲爲道，因臣以爲心、聲、形；而臣則敬事進功，故曰：

是以群臣分職而治，各敬而事爭進其功，顯廣其名，而人君載其中。
（〈保位權〉）

因此「功出於臣，名歸於君」（〈保位權〉），君當「居倡之位，而不行倡之勢；不居和之職，而以和爲德」（〈立元神〉），相反的，臣當居和之職，不以和爲德；不居倡之位，而行倡之勢。此即是治道之中的陰陽溉濟調和之道。

至於「貴陽賤陰」，即是以「天之親陽而疏陰」而說明聖人應當「多其愛而少其嚴，厚其德而簡其形」（〈基義〉）即是貴德賤刑之意。故曰：

故爲人主之道，莫明於在身之與天同者而用之，使喜怒必當義而出，如寒暑之必當其時乃發也，使德之厚於刑也，如陽之多於陰也。（〈陰陽義〉）

人主之道，當法天之貴德賤刑，若爲政而任刑，則爲逆天。故曰：

是故人主近天之所近，遠天之所遠，大天之所大，小天之所小。是故天數右陽而不右陰，務德而不務刑；刑之不可任以成世也，猶陰之不可任以成歲也；爲政而任刑，謂之逆天，非王道也。（〈陽尊陰卑〉）

逆天者，當然不足以爲王道也。此即《春秋繁露》重德的一貫主張。

故「明陽陰入出、實虛之處，所以觀天之志」。而天之志，以陰陽表現者，即爲「好仁惡戾，任德遠刑」（〈天地陰陽〉）。

第四章　辨五行以觀天道

第一節　五行觀概說

　　《史記‧曆書》太史公曰：「蓋黃帝考定星曆，建立五行，起消息，正閏餘。於是有天地神祇物類之官，是謂五官。」據此說法，五行為黃帝所建立，然而此說並無文獻上直接證據，難以進一步考證。文獻中關於五行的記載，以《尚書》中的〈甘誓〉及〈洪範〉最早，次為《墨經》及《荀子》，至《呂氏春秋》而形成完善體系。至於《詩經》《儀禮》《易經》《老子》《論語》《孟子》等均無論及五行之文。

　　五行於《尚書‧甘誓》中的記載，十分簡略而難曉。〈甘誓〉云：

　　　有扈氏威侮五行，怠棄三正。

梁啟超認為「威侮五行，怠棄三正」應解釋為「威侮五種應行之道，怠棄五種正義」。他說：

　　　此語作何解，頗難臆斷。後世注家多指五行為金、木、水、火、土；
　　　三正為建子、建丑、建寅。然據彼輩所信：子、丑、寅三建分配周、
　　　商、夏。〈甘誓〉為《夏書》，則時未有子丑二建，何得云三正？且
　　　金、木、水、火、土之五行，何得云威侮，又何從而威侮者？竊疑
　　　此文應解為威侮五種應行之道，怠棄三種正義。其何者為五，何者
　　　為三固無可考，然與後世五行說絕不相蒙蓋無疑。〔註1〕

　　徐復觀卻認為此處「威侮五行」當依《經義述聞》改作「威侮五行」且

〔註1〕　見梁啟超〈陰陽五行說之來歷〉，《古史辨》第五冊。

解釋爲「輕威侮慢了五行之官，及五行之政」〔註2〕

「五行之官」的說法，引自《左傳》。《左傳》昭二九年晉蔡墨答魏獻子「蟲莫知於龍」之問云：

> ⋯⋯官宿其業，其物乃至⋯⋯故有五行之官，是爲五官，實列受氏姓，封爲上公，祀爲貴神，社稷五祀，是尊是奉。木正曰勾芒，火正曰祝融，金正曰蓐收，水正曰玄冥，土正曰后土。

徐氏認爲「威侮五行」的五行就是指此處的「五行之官」，也就是主管水、火、木、金、土等「民生不可缺少的實物」的官員。而古代在政治上對水、火、木、金、土、穀等社會生活資材非常重視，所以在夏朝是把五行，〔註3〕當作政治上的大經大法。而管理五行事務的政治設施，即是五行之政。因此徐氏認爲〈甘誓〉中的「五行」當指「五行之官」及「五行之政」，而「五行之官」中的「五行」爲水、火、木、金、土。

徐復觀將五行當成水、火、木、金、土的說法，在〈甘誓〉原文無法證實，但卻符合〈洪範〉中的五行說。〈洪範〉云：

> 初一曰五行，⋯⋯一、五行：一曰水，二曰火，三曰木，四曰金，五曰土。水曰潤下，火曰炎上，木曰曲直，金曰從革，土爰稼穡。
>
> 潤下作鹹，炎上作苦，曲直作酸，從革作辛，稼穡作甘。

這裡的五行，明顯的是指水、火、木、金、土，因此梁啓超也說：「此不過將物質區爲五類，言其功用及性質耳。」但是他並不認爲〈甘誓〉中的「五行」，也必然與此相同，指五類物質而言。因此梁氏雖知〈洪範〉的「五行」指五類物質，仍將〈甘誓〉中的「五行」解釋爲「五種應行之道」。

將五行解釋爲五種應行之道，實在是從以五倫解釋五行的路數而來。而以五倫解釋五行，則是與《荀子》有關。《荀子・非十二子》云：

> 略法先王而不知其統，猶然而材劇志大，聞見雜博。案往舊造說，謂之五行。甚僻違而無類；幽隱而無說；閉約而無解。案飾其辭而祗敬之曰：「此其先君子之言也。」子思唱之，孟軻和之。

唐楊倞於「五行」下注曰：

> 案前古之事而自造其說，謂之五行。五行、五常，仁、義、禮、智、

〔註2〕 徐復觀〈陰陽五行及其有關文獻的研究〉，見《中國人性論史》附錄二，（台北，臺灣商務印書館，民國64年），頁535。

〔註3〕 注原文還談及「六府」。

信。〔註4〕

楊倞將五行釋爲五常，引起許多討論，遂亦有「五行說始於思孟」的說法，主要就是把五行解釋成五常或五倫。〔註5〕梁啓超解釋〈甘誓〉中的五行爲「五種應行之道」，即是順此一路數。〔註6〕

至於〈洪範〉的五行，由於清楚地表明是指「水、火、木、金、土」，因此並無爭議。但是既然將五行與「潤下、炎上、曲直、從革、稼穡」及「鹹、苦、酸、辛、甘」結合，則是否意味著五行可以更進一步地與其他事物相結合呢？

梁啓超非常反對將五行與其他事物結合，認爲「欲將凡百事物皆納入五行中」的是「後世愚儒」，而且這樣的努力並無意義，因此「愚儒之心勞日拙，大可憐也」。至於〈洪範〉中的五行，梁啓超認爲「不過將物質區分爲五類，言其功用及性質耳」，因此當然不可以將凡百事務納入其中。〔註7〕梁氏的說法，仍有商榷的餘地。因爲：一、如果五行是將物質區分成五類，那麼是否包含所有物質？如果是，則後人將凡百事物中的「物」納入五行中，就沒有什麼不可以了。二、用「潤下、炎上、曲直、從革、稼穡」來說明五行的功用與性質，已經不只是從生活上具體的功用上來說，而是對五類物質的性質予以規定。經由這種規定，使五種物質代表特殊的意義，而不再只是具體生活中「水、火、木、金、土」的性質。例如「水」這項物質的功用和性質十分複雜繁多，絕不只是「潤下」而已。特別標準「潤下」作爲水的性質，使「水」成爲代表「潤下」的符號。代表潤下的「水」，和「逝者如斯」、「盈科而後進」的「水」，就有不同的含義。因此規定了五行的功用與性質，就是用「水、火、木、金、土」來作爲代表「潤下、炎上、曲直、從革、稼穡」等性質的符號。三、「潤下作鹹」數句更不可解釋爲「言其功用及性質」，因爲鹹、苦、酸、辛、甘並不是「功用」或「性質」。不如像孔穎達《尙書正義》所說的，是「言其氣味」較爲恰當些。〔註8〕但是水的氣味（或功用、性質）

〔註4〕 見《荀子集解‧非十二子》，《中國思想名著》第一冊，（台北，世界書局，民國48年），頁59。

〔註5〕 如饒宗頤《中國史學上之正統論》（香港，龍門書店）及譚戒甫〈思孟「五行」攷〉見《古史辨》第五冊。

〔註6〕 雖然梁氏並不確定荀子中的五行究竟何所指。同註1。

〔註7〕 同註1。

〔註8〕 見孔穎達《尙書正義》，（台北，藝文印書館）。

何以爲「鹹」？火又有何氣味可言？又如何是「苦」？木、金、土的氣味又如何是酸、辛、甘？〔註9〕況且經文又是說：「潤下作鹹，炎上作苦，曲直作酸，從革作甘，稼穡作甘」，是以「潤下」和「鹹」相連接，以「炎上」與「苦」合說。試問潤下與鹹又有何關聯？炎上怎會有苦的氣味？更難以圓其說了。

由於五行說不只是從生活上具體的功用上來說明物質性質和功用，而是對水、火、木、金、土等五類物質的性質予以規定。而且經由這種規定，使這五種物質代表特殊的意義，而不再只是具體生活中「水、火、木、金、土」的性質。因此五行和「潤下、炎上、曲直、從革、稼穡」等五類性質及「鹹、苦、酸、辛、甘」等五味及「仁、義、禮、智、信」等五常結合，只是依同類的原則加以分類罷了，並不表示在性質上可以互相解釋。換言之，依五行分類時，潤下、鹹、仁都和「水」同類，並不是仁有鹹味或鹹味是潤下。餘四行亦然。也因此，只要依同樣的原則，就可將萬物萬象都與五行結合。

《春秋繁露》的五行說，即是順著此一思路發展而成。而且由五行「分類」更進一步建構出五行的相生、相勝、相干等「動態結構」。因此《春秋繁露》的五行說可視爲物象結構化的理論。

第二節　五行分類與次序

一、五行分類

五行結構必須建立在五行分類的基礎上。五行分類的困難則在如何由〈洪範〉中的「潤下」等五事及五味擴展開來，以歸納萬物萬象。細論之，又可以分成兩個問題。即：何謂「同類」？及該如何安排難以五分或習慣上不五分的事務？

「同類」的觀念在《春秋繁露》的理論中占極重要的地位，不但陰陽的理論靠「同類」的觀念而擴充其解釋力，五行的基本理論架構也必須依「同類」的觀念才能確立，而且《春秋繁露》天道觀的根本規律「同類相動」，也

〔註9〕孔安國傳與孔穎達正義對五行和五味結合的理由十分牽強。如孔傳於「潤下作鹹」下注曰：「水鹵所生」。而正義則曰：「小性本甘，久浸其地，變而爲鹵，鹵味乃鹹。」。又，「從革作辛」孔傳云：「金之氣」，而正義曰：「金之在火，別有星氣，非苦非酸，其味近辛，故辛爲金之氣味。」如此曲折而牽強的解釋，十分不合理。

建立於「同類」的觀念上。

　　五行的分類方式，唯有確立事物中何者與五行的那一行「同類」，才能依此標準分類。如仁與鹹同歸於「水」一類，是否表示仁與鹹正有「水」所代表的某項特性。若是，則該特性爲何？如果能明確指出這項標準，則凡合乎此標準者，都可歸入「水」類。然而《春秋繁露》中並沒有說明五行分類的分類標準。

　　《春秋繁露》中並沒有爲五行的各類範疇下過明確定義，只是如論陰陽時一樣，以列舉的方式將事務五分後歸入各行之下。例如，將官職與五行合論而曰：

> 木者，司農也。……
>
> 火者，司馬也。……
>
> 土者，君之官也，其相司營。……
>
> 金者，司徒也。……
>
> 水者，司寇也。……（〈五行相勝〉）

再加上方位及五常，則又成爲：

> 東方者木，農之本，司農尚仁，……
>
> 南方者火也，本朝司馬尚智，……
>
> 中央者土，君官也，司營信尚，……
>
> 西方者金，大理，司徒也，司徒尚義，……
>
> 北方者水，執法，司寇也，司寇尚禮，……（〈五行相生〉）

若將四時與五行相配，則加上「季夏」或「夏中」成五時，故曰：

> 水爲冬，金爲秋，土爲季夏，火爲夏，木爲春。（〈五行對〉）

以及：

> 木者春，生之性，……
>
> 火者夏，成長……
>
> 土者夏中，成熟百種，……
>
> 金者秋，殺氣之始也。……
>
> 水者冬，藏至陰也，……（〈五行順逆〉）

其中「生之性」、「成長」、「成熟百種」、「殺氣之始」、「藏至陰」是指萬物生長的情形。

　　若把五行與王者的「五事」及「五音」結合，則爲：

> 王者與臣無禮，貌不肅敬，則木不曲直，……風者，木之氣也，其
> 音角也……
> 王者言不從，則金不從革，……霹靂者，金氣也，其音商也，……
> 王者視不明，則火不炎上，……電者，火氣也，其音徵，……
> 王者聽不聰，則水不潤下，……雨者，水氣也，其音雨，……
> 王者心不能容，則稼穡不成，……雷者，土氣也，其音宮也，……
> （〈五行五事〉）

角、商、徵、羽、宮爲五音，風、霹靂、電、雨、雷爲五種天氣，貌、言、視、聽、心（思）則爲五事。〔註10〕而五行和五色的關係爲：

> 木用事，其氣燥濁而青……
> 火用事，其氣慘陽而赤……
> 土用事，其氣溼濁而黃……
> 金用事，其氣慘淡而白……
> 水用事，其氣清寒而黑……（〈治水五行〉）

《春秋繁露》對於五行的分類，並不止於此。除了與四時、五方、五官、五常、五音、五種天氣、五事之外，還詳細地描述出五行在政事上的表現及與各種蟲類的關係，尤其當人君之施逆於五行時，則人民會因此患各種不同的病，使五行的解釋範圍更擴大甚多。以木爲例，其文曰：

> 木者春，生之性，農之本也。勸農事，無奪民時，使民歲不過三日，
> 行什一之稅，進經術之士，挺群禁，出輕繫，去稽留，除桎梏，開
> 門闔，通障塞，恩及草木，則樹木華美，而朱草生，恩及鱗蟲，則
> 魚大爲，鱣鯨不見，群龍下。如人君出入不時，走狗試馬，馳騁不
> 反宮室，好淫樂，飲酒沈湎，縱恣不顧政治，事多發役，以奪民時，
> 作謀增稅，以奪民財，民病疥搔溫體，足胻痛，咎及於木，則茂木
> 招槁，工匠之輪多傷敗，毒水涒群，漉陂如漁，咎及鱗蟲，則魚不
> 爲，群龍深藏，鯨出現。（〈五行順逆〉）

與木相關的蟲爲「鱗蟲」，相關的病爲「疥搔溫體，足胻痛」。而與火、土、金、水相關的病則爲：

> 火者夏，……羽蟲……民病血，壅腫，目不明。……
> 土者夏中，……倮蟲……民病心腹宛黃，舌爛痛。……

〔註10〕「五事」之說亦出自〈洪範〉。

金者秋，……毛蟲……民病喉咳嗽，筋攣，鼻軌塞。……

水者冬，……介蟲……民病流腫、水張、痿痺、孔竅不通。……（〈五行順逆〉）

由此可見五行分類標準的問題，《春秋繁露》並未觸及。至於究竟何所本而如此分類，徐復觀認爲這種以天道通貫一切，構成一個龐大的體系，「是直承《呂氏春秋・十二紀・紀首》的格套、內容，發展下來的」，呂氏的賓客們按照陰陽四時的變化，「把五行硬配到裏面去，以定禮制及政令，使與之相應」。因此「在〈十二紀紀首〉中，把許多事物，都組入進去，而成爲陰陽與五行所顯露之一體，以構成包羅廣大的構造」。〔註11〕徐氏並舉例說明：

例如孟春之月「其日甲乙」，把起源很早的天干組入進去了。「其蟲鱗」，把動物組入進去了。「其音角，律中太簇」，把音樂組入進去了。「其數八」把數的觀念組入進去了。「其味酸，其臭羶」，把臭味組入進去了。「其祀戶，祭先脾」，把祭祀、房屋、身體構造組入進去了。「東方解凍，蟄蟲始振，魚上冰，獺祭魚，候雁北」，把氣候，及節物的活動，都組入進去了。「食麥與羊其器疏以達」，把飲食器具組入進去了。「孟春行夏令，則風雨不時，草木早槁，國乃有恐。行秋令，則民大疫……行冬令，則水潦爲敗，霜雪大摯，首種不入」。把風雨、草木、疾病、雨水、霜雪、稼穡等，都組入進去了。〔註12〕

徐復觀又認爲《呂氏春秋・十二紀・紀首》的這些說法，則是「吸收了〈夏小正〉及《周書》的〈周月〉、〈時訓〉，加以整理；而另發展了鄒衍的思想，以此爲經；再綜合了許多因素，及政治行爲，以組織成『同氣』的政治理想的系統」。就前述「孟春之月」的例子可見，「其中由〈夏小正〉來的，本是與時令相關的，這是合理的一部分；其餘的都是憑藉聯想，而牽強附會上去的」。〔註13〕

《呂氏春秋》及以後論及五行的各家，是否如徐氏所言，除吸收了〈夏小正〉等書之外，其餘皆「憑藉聯想，而牽強附會上去的」，亦不可知。值得注意的是，除《呂氏春秋》之外，《春秋繁露》對諸病的歸類，與《黃帝內經》

〔註11〕徐復觀《兩漢思想史》卷二，頁371。
〔註12〕同上，頁21。
〔註13〕同上，頁22。

相似而不全同。如《黃帝內經‧素問氣交變大論》所云，歲火太過則「血溢血泄注下」，此與《春秋繁露》「民病血」的說法近似；歲土太過則「民病腹痛」，又與《春秋繁露》「民病心腹宛黃」相近；歲金太過則「喘咳逆氣」，與《春秋繁露》「民病……咳嗽」相似。然而除此數言之外，《黃帝內經》又詳細敘述五運之化太過的症狀，其中的清晰細微就不是《春秋繁露》能比擬。如咳嗽一項，〈素問氣交變大論〉中除前引「歲金太過」的「喘咳逆氣」之外，尚有歲火太過的「少氣咳喘」及歲水太過的「喘咳寢汗出」。可見《黃帝內經》在「喘咳」中仍有細分，《春秋繁露》則無。又，《黃帝內經》中五竅的分法為：目屬木、舌屬火、口屬土、鼻屬金、耳屬水。而《春秋繁露》只有「舌」一項相同，目、鼻兩項則顯然不同。倒是「方位」、「五音」、「五味」、「時序」等數項，二書並無差異。〔註14〕

　　《春秋繁露》和《黃帝內經》同樣都以五行，建立了分類系統，但二者用意不同，前者長於天道與人政，後者則詳備於人之一身，因此有詳略的差異。但相同處則是二者都沒有說明分類的標準，只用列舉的方式，說明分類後的結果。或許五行分類並不是先預設了各類的標準和特性，再將事物依性質劃分入各類。而是先有五行關係的理論，再將合於此關係的各項事物，依其間的交互關係劃分五行。故曰：「行者，行也，其行不同，故謂之五行。」（〈五行相生〉）五行各有不同，五行的確立，就在於五行相對的差異性與交互關係。如木之為木行，乃是由於與其他四行的差異性與交互關係。此為五行分類理論的根本精神。

二、五行與四時

　　在分類的過程也會遇到難以五分或習慣上不五分的事物。由於《春秋繁露》並未說明分類的標準，只對列舉的項目分類，所以對於實在難以五分和習慣上不五分的事物儘可避而不談，或以陰陽、三統、四法來討論。但是仍然難以完全避免，例如「四時」的問題，即十分困難而又不得不面對。

　　《春秋繁露》認為春暖以生、夏暑以養、秋清以殺、冬寒以藏等四時，是異氣而同功（〈四時之副〉），而五行中的木、火、金、水正代表四時之氣。故曰：

〔註14〕《黃帝內經‧素問‧氣交變大論》，（台南，王家出版社，民國72年），頁270。

　　木居東方而主春氣，火居南方而主夏氣，金居西方而主秋氣，水居
　　北方而主冬氣。（〈五行之義〉）

以五行解說四時的說法正可以彌補陰陽氣出入調和說的不足。據陰陽氣的說法，陰陽氣「春俱南，秋俱北，夏交於前，冬交於後」（〈天道無二〉），「交於前」是陰陽氣冬季相遇於南方，「交於後」是夏季相遇於北方。於是有難者曰：

　　陰陽之會，一歲再會，遇於南方者以中夏，遇於北方者以中冬。冬，
　　喪氣之物也，則其會於是何？（〈天辨在人〉）

難者認為，同樣是陰陽交會，何以一為夏一為冬？而且既然冬季為喪物之氣，何以陰陽二氣能同時出現？《春秋繁露》針對這兩個問題，說明四時的變化，並不是只靠陰陽二氣的出入調和，必須與五行並氣才能成四時；而冬季喪氣，「水獨有喪而陰不與焉」。故曰：

　　如金木水火各奉其主，以從陰陽，相與一力而并功，其實非獨陰陽
　　也，然陰陽因之以起，助其所主。故少陽因木而起，助春之生也；
　　太陽因火而起，助夏之養也；少陰因金而起，助秋之成也；太陰因
　　水而起，助冬之藏也。陰雖與水并氣而合冬，其實不同，故水獨有
　　喪而陰不與焉，是以陰陽會於中冬者，非其喪也。（〈天辨在人〉）

四時的變化，其實是以五行中的金木水火四行為主要因素，陰陽二氣只是因之以起，助其所主。因此以陰陽氣說四時，只是說明陰陽氣在四時之間的變化，並不要用陰陽氣的運行就可以解釋四時現象。也因此冬季之喪，是指五行和四時結合時「水」居喪之位，自然與陰陽無涉。《春秋繁露》的說法，顯現用陰陽五行建立詮釋四時理論的用心；另一方面，在解釋的過程，五行之中只用了四行，正是因為以五行之「五」，要和四時之「四」配合，非曲折迴旋不可。

　　欲將五行和四時結合，必須面對「五」與「四」的差異。或者是五行減其一，而為四行；或是四時添一，成五時之數。

　　五行可以減一，是因為土為五行之主，不可名以一時之事。故曰：

　　土者，天之股肱也，其德茂美，不可名以一時之事，故五行而四時
　　者，土兼之也。（〈五行之義〉）

這是以土兼四時來說明。另外又可以「孝」之義來解釋。曰：

　　土者，火之子也。五行莫貴於土，土之於四時，無所命者，不與火
　　分功名。（〈五行對〉）

土之所以無所命，是不火分功。

　　這兩種說法，都是五行減其一，以合四時。另一種方法，是在四時之中加上一時而為五時，以與五行配。即是在春、夏、秋、冬之中分出一部分成第五時。《春秋繁露》中也分成「夏中」和「季夏」兩種說法。在〈五行順逆〉章中是以春、夏、夏中、秋、冬五時配木、火、土、金、水五行，也就是以多出來的「夏中」和土相配。然而並沒有解釋「夏中」是指那些日子。另一種說法是把夏季的最後一月「季夏」獨立出來，當作「土」。「季夏」是指夏季的最後一月。〈官制象天〉曰：

> 春者，少陽之選也；夏者，太陽之選也；秋者，少陰之選也；冬者，太陰之選也。四選之中，各有孟、仲、季，是選之中有選，故一歲之中有時，一時之中有三長，天之節也。

天有四時，每時又分成孟、仲、季三長，則季夏即為夏季的第三長。《呂氏春秋》與《淮南子‧時則篇》中也有相似的說法。《呂氏春秋》的〈十二紀〉，將一年四季依孟、仲、季的順逆分述星宿、蟲、音律、味、色、臭、祭等等事項。其中春季的三月蟲為鱗、音為角、味為酸、色尚青；夏季的三月蟲為羽、音為微、味為苦、色尚赤；秋季的三月蟲為毛、音為商、味為辛、色尚白；冬季的三月蟲為介、音為羽、味為減、色尚玄。這些均和《春秋繁露》相同，但是缺乏「土」行的相對應季節，只在「季夏紀」的最後有一段文曰：

> 中央土，其日戊己，其帝黃帝，其神后土，其蟲倮，其音宮，律中黃鐘之宮，其數五，其味甘，其臭香，其祀中霤，祭先心，天子居太廟太室，乘大輅，駕黃騮，載黃旂，衣黃衣，服黃玉，食稷與牛，其器圓以揜。

這段描述顯然是指五行中的「土」行特徵，但是何以列於「其日丙丁，其帝炎帝，其神祝融，其蟲羽」的「火」行之後？在四時之中究竟屬於那些日期？《呂氏春秋》中並沒有解釋。而《淮南子》的〈時則篇〉，幾乎全都承繼了《呂氏春秋‧十二紀》的說法。唯有夏季的最後一月「季夏」，去掉了「火」行的特徵，改為「其位中同，其日戊己，盛德在土，其蟲嬴，其音宮，律中百鐘，其數五，其味甘」及「中宮御女黃色，衣黃采」的「土」行特徵。《春秋繁露》「土為季夏」說的用心，當與《淮南子‧時則篇》相近，同樣都為了解決五行與四時相結合時的困難。但是如此的配法，卻造成了五行在一年中所佔時間長短不一。因為木為春，包含孟春、仲春、季春三月；金為秋，包含孟秋、

仲秋、季秋三月；水爲冬，包含孟冬、仲冬、季冬三月。木、金、水各佔一
年中的三個月，而火爲夏，只有孟夏和仲夏兩個月，土則只有季夏一個月。
如此，木、火、土、金、水在一年之中所占的時間比例爲三比二比一比三比
三（3：2：1：3：3）的比例。

另外《春秋繁露》又有五行各用事七十二日的說法：

> 日冬至七十二日，木用事，其氣燥濁而青；七十二日，火用事，其
> 氣慘陽而赤；七十二日，土用事，其氣溼濁而黃；七十二日，金用
> 事，其氣慘淡而白；七十二日，水用事，其氣清寒而黑；七十二日，
> 復得木。（〈治水五行〉）

木、火、土、金、水各用事七十二日，合爲一年三百六十日。這種五行均分
說與土爲季夏說有明顯的差異。對於這種差異，徐復觀認爲正好表示把許多
事物與五行的互相配合，都是出於「牽強傅會」，而且「由此所說出的一套道
理，都是胡謅出來的，並不代表某種真實存在。但在胡謅的演進歷程中，卻
含有一種合理的要求在裡面」。〔註15〕

就四時配五行時的混亂錯雜情形，可見五行理論發展初期所面對的困難與
不周之處。但亦不可因此而忽略了古人建立五行理論的用心。至少在《春秋繁
露》中，藉五行理論，表達了作者對萬物萬象複雜的交互關係所作的歸納與說
明。這也就是徐復觀所說：「對五行觀念的運用，卻主要是放在由這五種元素的
相互關係，即所謂相生相勝的相互關係上，以說明政治、社會、人生、自然各
方面現象的變化。」〔註16〕雖然《春秋繁露》中的五行關係不止於相生相勝而
已，但五行之間的相互關係，的確是五行理論最重要且精采的部分。

三、五行之序

建立五行理論的初期，尚有「五行之序」的問題眾說紛紜。

《尚書‧洪範》提及五行，其順序是「水、火、木、金、土」，與後世的
五行相生或相勝順序都無關。後人談論五行，也幾乎不依此順序。

後世常用的五行順序有「金木水火土」、相勝序及相生序等。

「金木水火土」的五行順序見於《國語》等書。《國語‧鄭語》有言曰：
「先王以土與金木水火雜，以成百物。」此中雖未排出土的位置，但金木水

火的順序則是不錯。《白虎通・五行》也云；「五行者何謂也？謂金木水火土
也。」亦是以金木水火土爲序。此外，《黃帝內經・藏氣法時論》也說：「五
行者，金木水火土也。」〈移精變氣〉曰：「合之金木水火土」。然其分論五行
與四時、五藏、五味的關係時，亦多采五行相生或相勝的順序。

　　《春秋繁露》即是以五行相生的順序爲五行的「天次之序」。故曰：

> 天有五行：一曰木，二曰火，三曰土，四曰金，五曰水。木，五行
> 之始也；水，五行之終也；土，五行之中也。此其天次之序也。（〈五
> 行之義〉）

又曰：「天有五行：木、火、土、金、水是也。」（〈五行對〉）。而此順序則代
表「比相生而間相勝」（〈五行相生〉）的關係。即順此次序以數，相鄰兩行爲
相生，間隔的兩行則相勝。

　　《春秋繁露》在論述五行與方位、四時、官職、政事等等的關係時都是
順相生的天次之序。即使〈五行相勝〉、〈五行順逆〉、〈治亂五行〉、〈五行變
救〉等章的敘述結構，亦是順著五行相生的次序開展。然而其實在五行理論
中，相勝的次序極早即有。

　　五行相勝的次序是木勝土、土勝水、水勝火、火勝金、金勝木，因此是木、
土、水、火、金。左思〈魏都賦〉有云：「考曆數之所在，察五德之所蒞」，李
善注引《七略》曰：「鄒子有《終始五德》，從所不勝，木德繼之，金德次之，
火德次之，水德次之。」其說以土爲首，依次爲木、金、火、水，由於是「從
所不勝」，因此後行勝前行，若以勝者在前的順序排列，則爲「水、火、木、金、
土」合於五行相勝順序。若此文屬實，則五行相勝說衍已言之。自漢墓出土的
《孫臏兵法》中〈地葆〉篇有「五壤之勝」曰：「青勝黃，黃勝黑，黑勝赤，赤
勝白，白勝青。」〔註17〕若以木爲青、火爲赤、土爲黃、金爲白、水爲黑（〈治
水五行〉），則五壤之勝中的五色相勝次序，即是前勝後的相勝次序：木、火、
土、金、水。此外《呂氏春秋・應同》也以五行相勝說來解釋歷史：

> 凡帝王之將興也，天必先見詳於下民。黃帝之時，天先見大螾大螻。
> 黃帝曰：「土氣勝！」土氣勝，故其色尚黃，其事則土。及禹之時，
> 天先見草木、秋冬不殺。禹曰：「木氣勝！」木氣勝，故其色尚青，
> 其事則木。及湯之時，天先見金刃生於水。湯曰：「金氣勝！」金氣
> 勝，故其色尚白，其事則金。及文王之時，天先見火，赤鳥銜丹書

〔註17〕《十一家注孫子》里仁書局。

集於周社。文王曰：「火氣勝！」火氣勝，故其色尚赤，其事則火。
代火者，必將水；天且先見水氣勝。水氣勝，故其色尚黑，其事則
水。水氣勝而不知數備，將徙於土。

此即是《呂氏春秋・蕩兵篇》所云：「五帝固相與爭矣，遞興廢，勝者用事。」
其次序木、土、水、火、金亦是後者勝前者，即與《春秋繁露》「間相勝」的
說法相同。〔註18〕

　　木、金、火、水、土的次序，除了用在相勝之外，《春秋繁露・五行五事》
中，也用以與「五事」結合：

貌不肅敬，則木不曲直，而夏多暴風。風者，木之
氣也，其音角也，故應之以暴風。王者言不從，則金不從革，而秋
多霹靂。霹靂者，金氣也，其音商也，故應之以霹靂。王者視不明，
則火不炎上，而秋多電。電者，火氣也，其音微也，故應之以電。
王者聽不聰，則水不潤下，而春夏多暴雨。雨者，水氣也，其音羽，
故應之以暴雨。王者心不能容，則稼穡不成，而秋多雷。雷者，土
氣也，其音宮也，故應之以雷。（〈五行五事〉）

於此顯然是以五行來配合五事，因為「貌、言、視、聽、思」等為五事之說
出自〈洪範〉，其次序也不容更動，所以只能改變五行次序以配合五事順序。
梁啓超則力斥以五行配合五事的說法，認為「後世愚儒欲取凡百事物皆納入
五行中，於是首將第二疇之五事：貌、言、視、聽、思，分配水、火、木、

〔註18〕　李善注引鄒衍終始五德説與《孫臏兵法》、《呂覽》的五行相勝次序完全相同。
　　　　然饒宗頤卻說：「依其（鄒衍）相勝之順序，應為土、木、金、火、水；出土
　　　　之孫臏兵法則為木（青）、土（黃）、水（黑）、火（赤）、金（白）、木（青），
　　　　序次有異。然《呂覽・應同篇》……則其序次為土、木、金、火、水，與《七
　　　　略》所引鄒子說全同……」又說：「鄒、呂以土剋木，木剋金；孫則以金剋木，
　　　　木剋土。」此說謬甚。鄒衍言「從所不勝」是指後者乃前者之所不勝，如土
　　　　不勝木，而從所不勝者，即從木，故曰「木德繼之」。木德繼之，是木勝土，
　　　　故從土。因此鄒衍五德序次排成「土、木、金、火、水」是後者勝前者；木
　　　　勝土，金勝木、火勝金、水勝火、土勝水；若勝者排於前，則為「水、火、
　　　　金、木、土」之序次，與《孫臏兵法》相同。《呂氏春秋》亦然，明明白白言
　　　　曰黃帝之時是土氣勝，及禹之時為木氣勝，湯之時為金氣勝，文王之時為火
　　　　氣勝，代火者必將水。則後者勝而化前者，並無疑義。故以勝者排於前，則
　　　　序次為「水、火、金、木、土」，也與《孫臏兵法》相同。饒氏只見三者說明
　　　　的次序，而不曉前勝後與後勝前之別，故有此誤也。說見《中國史學上之正
　　　　統論》（四），（香港，龍門書店），頁13～15。

金、土」。〔註19〕然其中仍待分辨的是，《春秋繁露》以五行配五事，並不是採取〈洪範〉五行的次序：水、火、木、金、土，也不是以五行相生的次序：木、火、土、金、水，而是以後勝前的相勝次序：木、金、火、水、土。

　　然而若說《春秋繁露》以五行配合五事時，乃根據後勝前的五行次序，固然說得通，但是硬生生的套用此一順序意義何在？又，何必非套用此一順序不可？「五事」之間亦有後勝前的相勝關係嗎？而且《春秋繁露》論述五行與五事的關係，十分清楚而分明，似乎有其未言明的內在理則。因此或許《春秋繁露》是根據五事與五行的特性，而行此分類，再配合五事以形成木、金、火、水、土的次序。

第三節　五行的交互關係

一、相　生

　　《宋書・符瑞志》云：「五德遞王，有二家之說，鄒衍以相勝立體，劉向以相生為義。」顧頡剛認為五行相生說始見于於董仲舒書，即《春秋繁露》的〈五行相生〉。〔註20〕錢穆也認為「五行相生的排列法，在董仲舒的書裏早已採用，不俟到劉向」，然而《春秋繁露》之前並非沒有五行相生的說法，只不過用五行相生來配搭五德遞王的，《春秋繁露》以前有否則不可考。今可見《春秋繁露》以前的五行相生說，只說及時月政令，並不說五德遞王。如《呂氏春秋・十二紀》與《淮南子》的〈時則篇〉及〈天文篇〉中都有五行相生的排列法。〔註21〕但是雖然《春秋繁露》中並未論及五德遞王，而今傳資料中清楚地說明並使用五行相生理論的，仍以《春秋繁露》為最早。〈五行對〉云：

> 河間獻王問溫城董君曰：「孝經曰：『夫孝，天之經，地之義。』何
> 謂也？」對曰：「天有五行：木、火、土、金、水是也。木生火，火
> 生土，土生金，金生水。水為冬，金為秋，土為季夏，火為夏，木
> 為春。春主生，夏主長，季夏主養，秋主收，冬主藏，藏，冬之所

〔註19〕同註1，頁350。
〔註20〕顧頡剛〈五德終始說下的政治和歷史〉，《古史辨》第五冊，頁486。
〔註21〕見錢穆〈評顧頡剛「五德終始說下的政治和歷史」〉，《古史辨》第五冊，頁624。
　　　　錢穆並認為顧頡剛是先否認了《呂氏春秋》和《淮南子》，才會忽視《春秋繁露》之前即有「五行相次轉用事」的五行相生說。見同書頁622。

成也。是故父之所生，其子長之；父之所長，其子養之；父之所養，
其子成之。諸父所爲，其子皆奉承而續行之，不敢不致如父之意，
盡爲人之道也。故五行者，五行也。由此觀之，父授之，子受之，
乃天之道也。故曰：夫孝者，天之經也。此之謂也。

董仲舒以五行相生來說明孝爲天之經，可見五行理論可以用爲論述的根據，
且這樣的論述是當時人所能接受的。

河間獻王所問的問題，在於孝本是人倫關係，如何會與天地的經義有關。
換言之，人倫關係和天地現象之間是怎樣的關聯？董仲舒則舉五行相生來說
明。

五行何以能相生？《五行大義》引《白虎通》云：

木生火者，木性溫煖伏其中，鑽灼而出，故生火。火生土者，火熱
故能焚木，木焚而成灰，灰即土也，故火能生土。土生金者，金居
石依山津潤而生，聚土成山，山必生石，故土生金。金生水者，少
陰之氣溫潤流澤，銷金亦爲水，所以山雲而從潤，故金生水。水生
木者，因水潤而能生，故水生木。〔註22〕

此處之文是將五行視爲木、火、土、金、水等五種物質來推論。徐復觀對這
種說法也有批評：

「木生火」，這是由鑽燧取火而來，這說法是可以成立的。「火生土」，
當由火焚物成灰而來，這說法已經很幼稚。「土生金」，因金藏於土，
故誤以爲金由土所生。「金生水」，當由金可融成液而來；水來於地
下者曰泉，水來自天上者爲「雲行雨施」之雨，這是中國很早便有
的常識；金生水的說法，簡直是不通的說法。「水生木」是木須水的
澆溉；但若說「土生木」，豈不更爲合理嗎？由此可以了解，五行的
相勝相生，實際是很幼稚乃至不合理的說法。〔註23〕

的確，這樣解釋下的五行相生與相勝說，十分不合理。而其癥結在於將五行
視爲五種物質，再從五種物質的關係上去設想，期能尋出相生的合理解釋。
然而如果不將五行當成五種實物，而是代表五行分類下的五種不同特性，五
行分類即可在這些特性的區分與交互關係下成立。而且在實物的關係上，五

〔註22〕 蕭吉《五行大義》，收於《百部叢書集成‧知不足齋叢書》，台北，藝文印書
館。然今本《白虎通》不見此文。
〔註23〕 同註20，頁524。

行相生之「生」實難解釋得通。如木生火是木鑽而著火，火生土是木燃燒而成灰，土生金是金在土石中，金生水是銷金爲水，水生木是木吸收水而生長。則這五種「生」代表的意義都不同，且都難以說明何以謂之「生」。

《春秋繁露》認爲「木生火，火生土，土生金，金生水，水生木，此其父子也」（〈五行之義〉）。因爲是類似於父子關係，故可謂之「生」。五行之生，也正如父子之授受，故曰：「木受火而火受木，土受火，金受土，水受金也。諸授之者，皆其父也；受之者，皆其子也。」（〈五行之義〉）即依木、火、土、金、水之序，前行授之，後行受之，如父授子受般。換言之，如前引〈五行對〉所言：「是故父之所生，其子長之；父之所長，其子養之；父之所養，其子成之。諸父所爲，其子皆奉承而續行之，不敢不致如父之意，盡爲人之道也。」五行表現在春、夏、季夏、秋、冬之相繼，乃是居後者奉承前者之所爲而續行之，故謂居前者爲父、處後者爲子可也。既爲父與子的關係，則就是「生」的關係了。「生」的關係以父生子、子繼父爲最根本要義，由此擴而充之，凡授受相繼部屬於「生」的關係。因此可說五行是「孝子忠臣之行也」（〈五行之義〉），相同的五官功能上的溉濟也可稱爲「生」的關係（〈五行相生〉）。

〈五行相生〉以司農、司馬、司營、司徒、司寇等五官的互助關係來說明相生原理，故有「五行者，五官也」之說。認爲司農「知地形肥磽美惡，立事生則因地之宜」而能「親入南畝之中，觀民墾草發淄，耕種五穀，積蓄有餘，家給人足，倉庫充實」，可提供軍用食糧，於是軍政乃可推行。因此軍政可謂依於農政而生，無農政則軍政無由立；而掌軍政的司馬，也就可說是依掌農政的司農而生了。同樣地，司營、司徒、司寇、司農也都依於前者而生，此即五官的相生關係。

《春秋繁露》用父子的承繼關係和五官的依助關係來說明五行相生，其用意倒不是如《白虎通》之試圖解釋「五行何以相生」的問題，而是說明「五行如何相生」。換言之，《春秋繁露》並未說明「木何以能生火？火何以能生土？」等等問題，而是說明了所謂五行之相生，是指如父子授受承繼父及五官依助而生的情形。

二、相　勝

五行相勝說起源甚早，依今傳鄒衍及《呂氏春秋》的資料所見，其基本

原則是「從所不勝」，即從於勝者。〔註24〕至於五行相勝的原理，《白虎通·五行》曰：

> 五行所以相害者，天地之性眾勝寡，故水勝火也；精勝堅，故火勝
>
> 金；剛勝柔，故金勝木；專勝散，故木勝土；實勝虛，故土勝水也。

顧頡剛也認為「相勝的意義，我們一想就想得出來。例如拿了一柄斧頭跑到樹林裏砍下下一棵樹，這就叫做『金勝木』。又如拿了一盆水澆滅一爐火，這就叫做『水勝火』。這是原始的相勝說。」而《白虎通》的說法則是「進步的相勝說，因為已經說得很抽象了」。〔註25〕

　　但是相勝的意義並不見得簡單到「一想就想出來」。因為這些說法都只是用來詮釋相勝說，並非相勝說根據這些說法而成立。否則針對這些說法都可以找到許多反證。例如，以斧砍樹為金勝木，則以火燒木不也可說是「火勝木」？大水可以沖倒樹木、大石可以壓垮樹木，何不言「水勝木」「土勝木」？又，以水滅火則為水勝火，則土亦可滅火，是否可說是「土勝火」？且顧氏只舉兩個例子，其他三者「火勝金」「木勝土」「土勝水」是否也一想就想得出來呢？恐怕不儘然。《白虎通》的說法也有問題，如水何以為「眾」，火何以為「寡」？火何以為「精」而金何以為「堅」？木何以為「專」，土又何以為「散」？這些都是難以解決的問題。因此徐復觀評論《白虎通》的說法云：「土可以勝水，水又何常不可以勝土？這已經沒有什麼道理可說。」〔註26〕可見將五行相勝當作是五種物質的相對關係，恐怕難以自圓其說。

　　另外欒調甫還有一種解釋相勝的說法，認為五行說當分成「常勝派」和「非常勝派」兩種。常勝派主張五行的相生相勝是一定不變的。自鄒衍的陰陽家，一直到現在的醫卜星相，講的均是常勝派的理論。而非常勝派「是反對常勝而產生，為五行進一步的學說」，其說本於《墨經》「五行毋常勝，說在宜」及「火鑠金，火多也。金靡炭，金多也」等數語。欒氏認為經文中的「宜」字當作「多」，且認為墨子等非常勝派主張以多者為勝，故云：

> ……五行相遇固然不免相勝，但他相勝卻不是一定不移的。而且他
>
> 們的相勝，因著種種機遇，且能生出變化來。譬如常勝派所說的五
>
> 行相勝是說火勝金的，但火能鑠金必非一星之火；反過來說，金也

〔註24〕　參見本文第四節〈五行之序〉。

〔註25〕　同註20，頁484。

〔註26〕　同註2，頁524。

可以勝火。(《莊子·天下篇》辯者之談火不熱，據高誘《淮南子·
詮言篇》注云：炭不熱，知古人以炭代表五行之火）這是金與火之
間有一種當值之量：金過此量，金能勝火；火過此量，火能勝金。
金火二者更迭相勝，只是能過此量者爲勝，不能過者不勝。過者其
物必多，不過者其物必少。這是五行相勝，因於多方勝少的緣故，
並不是一定不變的常勝。〔註27〕

欒氏是希望爲「何謂相勝」尋出較合理的解釋，並打破固定的五行相勝關係。
〔註28〕而這種說法下的五行關係就不是五行「性質」上的關係，而是「量」
的關係。而且相勝的對象也就不固定了。(但這些說法，都不違反「從所不勝」
的原則。)《春秋繁露》的五行相勝說卻是固定的相勝關係，且依「木、火、
土、金、水」的間相勝順序爲「火、金、木、土、水」。至於《春秋繁露》的
相勝說，其精義並不只是固定機械式的「一行勝一行」，而在於「防弊除害」。

　　《春秋繁露》說明五行相勝是接與五行相生合說。〈五行相生〉以司農、
司馬、司營、司徒、司寇等五官的依助關係來說明相生原理，〈五行相勝〉則
以五官的制衡防弊來說明相勝原理。其文曰：

……夫木者，農也；農者，民也。不順如叛，則命司徒誅其率、正
矣。故曰：金勝木。
……夫火者，大朝。有邪讒熒惑其君，執法誅之。執法者，水也。
故曰：水勝火。
……夫土者，君之官也。君大奢侈，過度失禮，民叛矣。其民叛，
其君窮矣。故曰：木勝土。
……金者，司徒。司徒弱不能使士文，則司馬誅之。故曰：火勝金。
……夫水者，執法司寇也。執法附黨不平，依法刑人，則司營誅之。
故曰：土勝水。(〈五行相勝〉)

五行分屬之五官，各有所司，亦各有所制。如木者，司農也，若司農爲姦，

〔註27〕〈梁任公五行說之商榷〉，《古史辨》第五冊下編，頁383。
〔註28〕此外欒氏又引《孫子·虛實》爲證，認爲《孫子》文中的「五行無常勝」，即
「無常勝」說的一明證。然觀《孫子》「故五行無常勝，四時無常位」之語，
似指五行無一常勝，有所不勝亦有所不勝，乃相互輪替，與四時輪替一樣，
並不是指五行沒有一定的相勝關係。故杜佑注曰：「五行更王。」王晳注曰：
「迭相克也。」李筌注曰：「五行者，休囚王相遞相勝也。」見《十一家注孫
子·虛實》，里仁書局。

則屬金之司徒誅其率，而歸於正。司農爲姦，則是弊害之端；司徒誅其率而使歸正，則是除其弊害。同樣的，司馬爲讒，司寇執法以誅之；司營爲神，〔註29〕民叛君窮；司徒爲賊，司馬誅之；司寇爲亂，司營誅之。這些都是以職務的制衡關係來防止五官爲害。五官的防弊除害，並非就五官的各自性質上立論，而是就制衡的功能上而言。可見《春秋繁露》的五行相勝說，亦不是分別就木、火、土、金、水五者的特性來推論相勝的理論，而是以五官的制衡功能，來說明五行的相勝是指防弊除害的功能而言。

三、相　干

五行的相互關係除相生相勝之外，還有「相干」，相干即五行之亂。

五行各有其德，逆反其德則五行亂矣。故〈五行相生〉云：「五行者，五官也，比相生而間相勝也。故爲治，逆之則亂，順之則治。」順五行則治，逆五行則亂。逆五行即指逆五行之德與五行相干。

《春秋繁露》人君當順五行之德以治天下，〔註30〕如木之於四時者爲春，其德乃爲生，而生即爲農之本也。故順木德之政爲：

> 勸農事，無奪民時，使民歲不過三日，行什一之稅，進經術之士，
> 挺群禁，出輕繫，去稽留，除桎梏，開門閭，通障塞，恩及草木，
> 則樹木華美，而朱草生，恩及鱗蟲，則魚大爲，鱣鯨不見，群龍下。
> （〈五行順逆〉）

若人君逆木之德以施，「出入不時，走狗試馬，馳騁不反宮室，好淫樂，飲酒沈湎，縱恣不顧政治，事多發役，以奪民時，作謀增稅，以奪民財」則必有亂木德之咎：民病疥搔溫體，足胻痛。咎及於木，則茂木枯槁，工匠之輪多傷敗，毒水涒群，漉陂如漁，咎及鱗蟲，則魚不謂，群龍藏，鯨出現。（〈五行順逆〉）同樣的，順火、土、金、水之德則治，逆其德則亂。由此可見人君違背五行之德將導致人民生病、咎及草木魚蟲，甚至氣象異常、天災爲害，此即五行有變。五行之變，是人君的施政逆五行之德所致。如「繇役眾，賦歛重」，則有「春凋秋榮，秋木冰，春多雨」的木之變；「王者不明，善者不

〔註29〕劉師培云：「疑爲誅之訛。」又，俞樾云：「宣三年《左傳》：『使民知神姦』是神與姦同類。上云『司農爲奸』，此云『司營爲神』，則神亦不美之名，故與司馬爲讒、司徒爲賊、司寇爲亂一律矣。」見《諸子平議》卷二十六，（台北，世界書局）。

〔註30〕《淮南子‧天文篇》也有類似的說法。

賞，惡者不絀，不肖在位，賢者伏匿」則有「冬溫夏寒」的火之變；「不信仁賢，不敬父兄淫佚無度，宮室榮」，則有「大風至，五穀傷」的土之變；「棄義貪財，輕民命，重貨賂」，則有「畢昴為回三覆，有武，多兵，多盜寇」的金之變；「法令緩，刑罰不行」則有「冬濕多霧，春夏雨雹」的水之變。要救五行之咎，就得要去改變失德之政，故曰：

> 五行變至，當救之以德，施之天下，則咎除；不救以德，不出三年，
> 天當雨石。（〈五行變救〉）

此種發揮五行之德的說法，是《春秋繁露》重德的主張與五行說相結合，也就是五行化的德政論。

五行相干也會使五行之德不得發揮。《春秋繁露》詳細臚列出五行相干的災害，即各行受其他四行相干的結果，如「火干木，蟄蟲蚤出，蚳雷蚤行」、「土干木，胎夭卵毈，鳥蟲多傷」、「金干木，有兵」、「水干木，春下霜」等等，共計二十種情況。〔註31〕然而何謂相干？《春秋繁露》中並沒有說明。其意或指四時中的五行久氣相侵犯摻雜，使氣象違常、災害致生。至於五行何以會相干？《春秋繁露》中也沒有說明。但是〈五行五事〉中敘述「錯時行政」即將造成災害，其情形與五行相干頗為類似。〈五行五事〉中主張王者能慎行五事，則可得四時之氣，得四時之氣則可行四時之政。四時之政應當合乎時令，春行春政、夏行夏政、秋行秋政、冬行冬政不可違背，若王者之政不應時令，則必生災害。故曰：

> ……春行秋政，則草木凋；行冬政，則雪；行夏政，則殺。春失政
> 則。〔註32〕
> ……秋行春政，則華；行夏政，則喬；行冬政，則落。秋失政，則
> 春大風不解，雷不發聲。
> ……夏行春政，則風行；秋政，則水行；冬政，則落。夏失政，則
> 冬不凍冰，五穀不藏，大寒不解。
> ……冬行春政，則蒸；行夏政，則雷；行秋政，則旱。冬失政，則
> 夏草木不實，霜，五穀疾枯。（〈五行五事〉）

此處所謂失政，當是指行不適宜之政，如應當行春政之時卻行秋政，即不適宜。而所謂適宜之政，是在特定的時空情境下的最佳選擇，或是在特定事物

〔註31〕《淮南子‧天文篇》也有相干的說法，且相干的結果十分近似。
〔註32〕疑有缺文。

上的最佳措施。這些選擇和措施，有鮮明的方向與作爲，亦有區分義上的獨特性，不容混淆。但是另一方面，適宜之政，不必然完全配合或牽就時節，而是就事情本身的條件而言。因此〈如天之爲〉中談如何順四時曰：「宜行而無留」，又曰：「若留德而待春夏，留刑而待秋多也，此有順時之名，實逆於天地之經。」順時並非牽就時節，而是行其所宜，否則雖有順時之名，實逆於天地之經。五行相干的意義，也就是強調德政的純粹圓滿與行其所宜而言。若人君之政未能純粹圓滿，行非所宜、宜行而未行，則是五行相干，甚者五行變至。救五行之變，要施之以德。《春秋繁露》認爲王者法天的第一要義爲「重德」，於陰陽理論中寓意於「尊陽」，於五行理論中則說以「依助」「防弊」「救變」之中。因此可以說「重德」的主張，是《春秋繁露》天道觀中，人主法天的中心精神。

第四節　五行理論的治道化

　　《春秋繁露》的五行理論，是以「相生」「相勝」「相干」三種關係爲核心。而此三種關係表現在治道上，則是以互助、相救及分職爲官制思想的基本原則。

　　五行相生的理論，在《春秋繁露》中是以五種官制相互幫助爲例，實則此亦是《春秋繁露》提出五行理論的用意。

　　五行相生是依木、火、土、金、水的順序，後者爲前者所生，而木又爲水所生，形成循環的相生關係。《春秋繁露》並且以父子關係說明五行的相生關係，認爲前者與後者的關係，與父子關係的部分特徵相同。如五行表現季節上是以水爲多、金爲秋、土爲季夏、火爲夏、木爲春。而春主生，夏主長，季夏主養，秋主收，多主藏。其中生、長、養、收、藏的關係，乃可視爲前者所生，後者長之；前者所長，後者養之；前者所養，後者成之，此與父子相承續的關係十分接近。故曰：

> 父之所生，其子長之；父之所長，其子養之；父之所養，其子成之。
> 諸父所爲其子皆奉承而續行之，不敢不致如父之意，盡爲人之道也。
> 　（〈五行對〉）

於是所謂相生，乃是後者奉承前者之所生而續行之，不敢不致如前者之意。因此相生有承續之義，而且同時也表示後者乃依前者之助而生成。即前者之

所生，乃有助於後者。《春秋繁露》對此依助和相承的相生關係，乃是藉司農、司馬、司營、司徒、司寇等五官的關係來說明。即司農為農之本，司農之職將使倉庫充實，而司馬實穀，因此司農有助於司馬；即司馬之事須靠司農之助。而司農屬木，司馬屬火，此即木生火。此外司馬與司營、司營與司徒、司徒與司寇、司寇與司農的關係亦皆如此。因此在官制上，相生關係乃是依助關係，前者生後者，即是後者依於前者之助。以此種相生關係來解釋五官的依助關係，則認為每個官職都依另一官職之助而能成立和運作，而每一官職也都能幫助另一官職，由此形成互助結構。在這種互相依助的結構下，五官的關係十分緊密。

《春秋繁露》的五行相勝說表現在治道上，則是救失除害的政制結構。

五行相勝是以木、土、水、金、火的順序，前者勝後者，而木又火，形成循環的相勝關係。這種相勝關係，《春秋繁露》亦也是以司農、司馬、司營、司徒、司寇等五官的關係來說明。即司農屬木，若農民不順而叛，則命司徒誅其率，司徒者金也，故為金勝木。其餘亦如是，即：

> ……夫火者，大朝。有邪讒熒惑其君，執法誅之，執法者，水也。故曰水勝火。……夫土者，君之官也。君大奢侈，過度失禮，民叛矣，其君窮矣，故曰木勝土。……金者，司徒。司徒弱不能使士眾，則司馬誅之，故曰火勝金。……夫水者，執法司寇也。執法附黨不平，依法刑人，則司營誅之，故曰土勝水。（〈五行相勝〉）

因此在官制上，相勝關係為除害救失關係，前者有失，則後者救之。同樣的，以相勝關係來解釋五官的相救關係，則認為每個官職皆有另一官職可救其失，而且每一官職也都能救另一官職之失。

五行種關係還有不相干的要求。五行不相干指五行各行其德，不可相互混淆干擾。若五行之間相互干擾，則有災變發生。如「火干木，蟄蟲蚤出，蚿雷蚤行」「金干木，則五穀傷有殃」等等。五行不相干的要求，表現在治道上，則是「分職敬事」的思想。即各官員之間的職務，必須要能清楚的區分開來，不使相混淆，也不使相妨礙。

在相依助與相救失與分職敬事的關係下，各官員結合成各司其職、各盡其能及相互扶助、相互救失的政制結構，此即五行理論用於治道上的形成的政制思想。

第五章　同類相動與天道一貫

第一節　同類相動的基礎理論

　　《春秋繁露》以陰陽和五行展開了天道理論的架構，使天道的內涵和基本法則藉陰陽五行的理論呈現出來。然而陰陽五行理論可用在說明某一個特定範疇的內部關係，卻難以建立範疇之間的共通性。也就是說，分別用陰陽五行說明天象、地理、人身、社群，都足以表明天道的顯用，但是要說明天象的陰陽五行和地理、人身、社群中的陰陽五行為一致之理，或者要證明這些不同領域的陰陽五行原為同一天道的發用，則必須靠其他理論了。而此理論的基本問題即在說明兩件事物之間何以會有共通性。《春秋繁露》是以「同類相動」說明天道的一致性。並且以陰陽、五行、四時等分類方式，建立同類相動理論；而且認為萬物之理可多連博貫，此乃是同類相動理論的基礎。

　　《春秋繁露》認為萬物之理可以多連而博貫之，故論《春秋》的方法學曰：

> 今《春秋》之為學也，道往而明來者也。然而其辭體天之微，效難知也。弗能察，寂若無；能察之，無物不在。是故為《春秋》者，得一端而多連之，見一空而博貫之，則天下盡矣。(〈精華〉)

《春秋》之辭「體天之微，效難知」，但是只要能察之，就會發現無物不在其中。而察的方法，即是「得一端而多連之，見一空而博貫之」。這個觀點說明了萬物具有可「多連博貫」的共通性。這種萬物共通性的觀念，是構成《春秋繁露》天道理論一致性的根據，也是說明萬物共通事理的依據。故又舉例

說明多連博貫的方法曰：

> 以魯人之若是也，亦知他國之皆若是也；以他國之皆若是，亦知天
> 下之皆若是也，此之謂連而貫之。故天下雖大，古今雖久，以是定
> 矣。（〈精華〉）

天下雖大，古今雖久，只要用連而貫之的方法，就可以類推眾物的特性。此是《春秋繁露》論解讀《春秋》的方法學，然而同時亦是《春秋繁露》解釋天道一致性的基本論點。因此說：「所聞天下無二道，故聖人異治同理也；古今通達，故先賢傳其法於後世也。」（〈楚莊王〉）而天道所以有一致性乃是由於「萬物同本」。

《春秋繁露》將萬物之本稱為元，曰：「元者為萬物之本，而人之元在焉。」（〈玉英〉）。由於天、人、萬物同皆以元為本，故天、人、萬物之道可一以貫串之。這是根據「務本後末」的思想而來。

務本後末的思想是認為「本」為「末」的要件，要保障「末」的成立，必先完成「本」的成立。故曰：「終不及本所從來而承之，不能遂其功。」（〈玉英〉）又曰：「夫為國，其化莫大於崇本，崇本則君化若神，不崇本則君無以兼人；無以兼人，雖峻刑重誅，而民不從。是所謂驅國而棄之者也，患孰甚焉。」（〈立元神〉）而本末觀念乃是先秦以來極普徧而重要的論題。如有子即根據「本立而道生」的觀念，推論云：

> 其為人也孝弟，而好犯上者鮮矣；不好犯上而好作亂者，未之有也。
> 君子務本，本立而道生。孝弟也者，其為仁之本與。[註1]

由於「本立而道生」且孝弟為不犯上之本、不犯上為不作亂之本，則「其為人也孝弟，而好犯上者鮮矣；不好犯上而好作亂者，未之有也」的說法就能成立。《大學》也有務本的說法曰：「物有本末，事有終始，知所先後，則近道矣。」，且「其本亂，而末治者，否矣」，並且推論曰：

> 知止而后有定，定而后能靜，靜而后能安，安而后能慮，慮而后能
> 得。

此處知止、定、靜、安、慮、得的關係，即是以本末先後的發展關係來看待。認為知止為定之本，因此知止而後就能有定，靜、安、慮、得的關係亦是如此類推。同樣的，以個人、家庭、國家、天下的這一發展線路而言，以個人的修身為本；修身則以格物為本。因此從個人格物到修身到平天下的本末過

〔註1〕 《論語‧學而》。

程爲：

> 物格而后知至，知至而后意誠，意誠而后心正，心正而后身脩，身
> 脩而后家齊，家齊而后國治，國治而后天下平。〔註2〕

反過來說，要平天下則必須先格物：

> 古之欲明明德於天下者，先治其國；欲治其國者，先齊其家；欲齊
> 其家者，先脩其身；欲脩其身者，先正其心；欲正其心者，先誠其
> 意；欲誠其意者，先致其知。致知在格物。〔註3〕

此種本末先後的理論，也正是孔子正名思想的根據。《論語·子路》載，子路
問孔子曰：「衛君待子而爲政，子奚先？」孔子回答說：「必也正名乎。」子
路不了解孔子正名說的深意，不以爲然的說：「有是哉！子之迂也。奚其正。」
於是孔子以正名至安民爲一本末發展關係的說法，解釋何以爲政必先正名。
孔子曰：

> 名不正則言不順；言不順則事不成；事不成則禮樂不興；禮樂不興
> 則刑罰不中；刑罰不中則民無所措手足。

同樣的，《呂氏春秋》和《淮南子》也有重本的說法。如《呂氏春秋》云：「凡
爲天下，治國家，必務本而後末。」〔註4〕、「求之其本，經旬必得；求之其
末，勞而無功。」〔註5〕及「故凡養生，莫若知本，知本則疾無由生矣。」
〔註6〕及《淮南子》曰：「本立而道行，本傷而道廢。」〔註7〕都是根據本末
觀而來。務本後末的觀念，之所以會成爲如此重要的論題，主要是爲了詮釋
事物之間的類似性及關聯性。因爲具類似性，因此只要此某種方式去解釋或
看待，就可以由這些事物間獲得普遍的共理。但如果再考慮其間的關聯性，
似乎又發現這些事物間的關係並不是平等的，其間的共理也不是完全相同。
當中的某些事物似乎受另外一些事物的影響，甚至受這些事物決定。因此以
本末關係來形容和說明這種類似性和關聯性。

　　《春秋繁露》曰：「動其本者，不知靜其末。」（〈天道施〉）「本」原是指
樹木的根處，「末」則指樹梢。經過本末關係說明的事物，即可以視爲只是同

〔註2〕　《大學》。
〔註3〕　同上。
〔註4〕　《呂氏春秋·孝行覽》。
〔註5〕　《呂氏春秋·本味》。
〔註6〕　《呂氏春秋·盡數》。
〔註7〕　《淮南子·本經篇》。

一件事物的不同發展過程或不同部位，亦可譬如一株樹木的根處與樹梢之間的某些關係。由於是同一件事物，因此其理一也；由於是不同的發展過程，因此發展的後期受前期的影響、發展前期決定後期；由於是同事物的不同部位，因此可以找出何者屬核心處或根本處，何者屬外圍部分或末梢處，而核心處或根本處對整體具決定性的影響，也就容易理解。《春秋繁露》根據此種本末關係論而曰：「法正之道，正本而末應，正內而外應，動作舉錯，靡不變化隨從，可謂法正也。」（〈三代改制質文〉）認為「本」和「內」可決定「末」和「外」。且把「大本小末」列為「十指」之一。〔註8〕此即「修本末之義」（〈玉杯〉）。

由於天人萬物同出一元，因此各自和元之間有一貫之理，且均受元的影響；也因此天人萬物之間會有類似性。此理論即使「同類相動」成為可能。而同類相動即為天道一致性在萬物萬象的具體呈現。

第二節　同類相動

天道施於天、地、人、萬物等不同領域之中，會有類似連貫之處，且都類於其本元，因此聖人可以「見端而知本」，可以「得一而應萬類之治也。」（〈天道施〉）而萬類之間則又是同類相應。故曰：

> 今平地注水，去燥就濕；均薪施火，去濕就燥；百物去其所與異，
> 而從其所與同。故氣同則會，聲比則應，其驗皦然也。（〈同類相動〉）

以尋常可見的水、火去就等自然現象，很容易得出「百物去其所與異，而從其所與同」，及「氣同則會，聲比則應」等結論。如《呂氏春秋·應同》曰：

> 類固相召，氣同則合，聲比則應。鼓宮而宮動，鼓角而角動。平地
> 注水，水流濕。均薪施火，火就燥。

也是以水火為例。至於鼓宮鼓角之應的現象，《春秋繁露》也舉為例證曰：

> 試調琴瑟而錯之，鼓其宮，則他宮應，鼓其商，而他商應之，五音
> 比而自鳴，非有神，其數然也。（〈同類相動〉）

《春秋繁露》雖然未說明何以百物會去其所與異而從其所與同，及氣同則會、聲比則應，但是對此現象只視為理所當然，並不加上神祕色彩，故云：

> 故琴瑟報，彈其宮，他宮自鳴而應之，此物之以類動者也。其動以

〔註8〕　《春秋繁露·十指》。

> 聲而無形，人不見其動之形，則謂之自鳴也。又相動無形，則謂之
> 自然。其實非自然也，有使之然者矣，其數然也。物固有實使之，
> 其使之無形。（〈同類相動〉）

琴瑟不自鳴，皆是聲使鳴，只是聲無形，因此難以觀察，而容易使人誤以爲
弦可自鳴。這是《春秋繁露》企圖對氣同則會、聲比則應等現象作合理解釋。
於是排除了神祕化的可能性，認爲物之相會相應，是基於同類之應，如鼓琴
瑟之相應。由此就可知物的相應乃是以類爲原則。故曰：

> 美事召美類，惡事召惡類。類之相應而起而，如馬鳴則馬應之，牛
> 鳴則牛應之。帝王之將興也，其美祥亦先見；其將亡也，妖孽亦先
> 見。物故以類相召也。（〈同類相動〉）

物之以類相召相應，《淮南子》亦曾言之，卻不得不歎其理玄妙難解曰：「夫
物類之相應，玄妙深微。知不能論，辯不能解。」〔註9〕《春秋繁露》也曰：
「天道各以其類動，非聖人孰能明之。」（〈三代改制質文〉）至於何謂「其類」？
《易經‧文言》引孔子論同類相應曰：

> 同聲相應，同氣相求。水流濕，火就燥，雲從龍，風從虎，聖人作
> 而萬物睹。本乎天者親上，本乎地者親下。則各從其類也。

「各從其類」和上引諸家的結論相同，但所謂從其類的「類」則有「本乎天
者親上，本乎地者親下」的說明。亦即以天、地爲相對標準來討論親上親下
的可能性，凡本於天者歸一類，本於地者歸一類，於是可就此二類知其親上、
親下的特性。這是先定立分類的標準，再說明各類之間的關係。《春秋繁露》
對天人萬物等各類相似性的說明，認爲可分成「可數」與「不可數」兩種情
形，也就是有形與無形兩種。有形者之間的相似，是以數目來表現；無形的
則以「類」來相應。故曰：「於其可數也，副數，不可數者，副類。」（〈人副
天數〉）從有形可數部分的相似情形，就可以推論出無形不可數部分的相似情
形，即「陳其有形，以著無形者；拘其可數，以著其不可數者」（〈人副天數〉）。
因此討論天人萬物等各類的相似性，其有形可數者，以數相副；至於天道於
天人萬物的顯用，無形可數者，則以類的關係來表現其相應。故曰：「此言道
之亦宜以類相應。」（〈人副天數〉）此處以類相應，也是先行分類，再依各類
討論相應的情形，即如《易經》分成本乎天之類與本乎地之類，再分別就二
類來討論相應關係。不同的是，儘管「非獨陰陽之氣可以類進退，雖不祥禍

〔註9〕　《淮南子‧覽冥篇》。

福所從生,亦由是也」(〈同類相動〉),但《春秋繁露》所採取的分類標準仍是以「陰陽」「五行」及由陰陽五行結合而成的「四時」為主。

一、陰陽類動

由於陰陽的關係是在相對的觀念下分立而成,而事務的陰陽類屬,是在某一特定的標準下成立,標準改變則陰陽的分法則亦可能不同,因此一人可以在「君臣」關係中為臣屬陰,卻在「夫婦」關係中為夫而屬陽,同時又是「父子」關係中為人父屬陽,及為人子屬陰。但是如果分判的標準不變,則陰陽的關係即為固定。同類相動理論中所討論的陰陽關係,即是在各個固定的分判標準下,陰與陰相應、陽與陽相動。換言之,所謂的「同類」,是指同為陰類和同為陽類。以陰陽為分類的同類相動,即是指同為陰類者會有類似性及相應性,同為陽類者亦然。

《春秋繁露》舉例說明以陰陽為分類的同類相動曰:

> 天將陰雨,人之病故為之先動,是陰相應而起也;天將欲陰雨,又使人欲睡臥者,陰氣也;有憂,亦使人臥者,是陰相求也;有喜者,使人不欲臥者,是陽相索也;水得夜,益長數分;東風而酒湛;病者至夜,而疾益甚;雞至幾明,皆鳴而相薄,其氣益精。(〈同類相動〉)

天將雨屬陰,人之病亦屬陰,因此天將雨時人的疾病會相應而動,這就是陰與陰同類相動。同樣的,人欲臥,也是屬陰類,因此也會受天將雨的影響;人心中有憂,相對於心中有喜也屬陰類,因此會與陰相索求而欲睡臥;水屬陰,至夜晚而增加,也是陰類相應而動。陽與陽的相動也是如此,如有喜者與不欲臥同屬陽,故相應而動等等。而相應的方式是陽益陽、陰益陰,故曰:「陰陽之氣因可以類相益損也。」(〈同類相動〉)若總括以天和人的陰陽類動關係,則為:

> 天有陰陽,人亦有陰陽,天地之陰氣起,而人之陰氣應之而起,人之陰氣起,天地之陰氣亦宜應之而起,其道一也。(〈同類相動〉)

人的陰陽氣會應天地之陰陽氣而起,因此陰陽氣之動亦會使人致病。〔註10〕

《春秋繁露》並認為同類相動不只是理論上的說明或假設,亦可以應用到在實務上,如求雨和止雨,故曰:「明於此者,欲致雨,則動陰以起陰;欲止雨,

---

〔註10〕 〈人副天數〉中有言及此,然有闕文,故莫知其詳。

則動陽以起陽。故致雨，非神也，而疑於神者，其理微妙也。」（〈同類相動〉）
因此《春秋繁露》的求雨與致雨之議，雖立壇禱祭且有十分繁複嚴密的祝儀與
禁忌，亦使巫者跪拜陳祝辭，但皆是以同類相動的原理設計，而不是求神降雨。
只是由於類動的理論過於微妙，使不知者誤以爲是神的力量。因此總結求雨的
方法，是起陰而藏陽。在人事上以丈夫代表陽、女子代表陰則是「丈夫欲藏匿，
女子欲和而樂」（〈求雨〉）；止雨的方法則反是，故曰：「凡止雨之大體，女子欲
其藏而匿也，丈夫欲其和而樂也，開陽而閉陰。」（〈止雨〉）。

　　陰陽類動理論，用在政事上，則曰：「陰陽之理，聖人之法也。」（〈王道
通三〉）陰陽之理則爲「尊陽卑陰」。故曰：

> 陰終歲四季，而陽常居實……天之志，常置陰空處，稍取之以爲助，
> 故刑者，德之輔。陰者，陽之助也；陽者，歲之主也。天下之昆蟲
> 隨陽而出入，天下之草木隨陽而生落，天下之三王隨陽而改正，天
> 下之尊卑隨陽而序位，幼者居陽之所少，老者居陽之所老，貴者居
> 陽之所盛，賤者居陽之所衰。（〈天辨在人〉）

以天道之陰終歲四移、陽常居實，及陰者陽之助、陽者陰歲之主，知陽陰尊
卑之理，故天下昆蟲、草木、三王、尊卑均隨陽而出入、生落、改正、序位，
幼老貴賤之所居也應陽而定。由於天道尊陽，而且「陽爲德，陰爲刑」，因此
可見天乃「好德不好刑」，人主也當「務德而不務刑」；而「陰之不可任以成
歲」，也可見「刑之不見任以成世」。若人主之行異於是，「爲政而任刑」則「謂
之逆天，非天道也。」（〈陽尊陰卑〉）這是《春秋繁露》貴陽賤陰的一貫主張。

二、五行類動

　　《春秋繁露》以五行爲分類，把各類事物分別納入，而且各種事物之間
也以同類相動的理論建立相應關係。

　　梁啓超十分反對把「凡百事物皆納入五行中」的作法，認爲：

> ……將宇宙間無量無數之物象事理，皆硬分爲五類，而以納諸所謂
> 五行者之中。此種詭異之組織，遂二千年蟠據全國人之心理，且支
> 配全國人之行事。嘻！吾輩死生關係之醫藥，皆此種觀念之產物。
> 〔註11〕

〔註11〕　〈陰陽五行說之來歷〉，《古史辨》第五冊。

梁氏懷疑以五行分類法區分宇宙間無量無數物象事理的合理性。此一懷疑實又包含兩個問題,即事物是否全可五分,〔註 12〕及如何說明各種事物五分之後的五項特質乃相應。後一項問題即是:假如事物果真可以五分,則何以此一五分和彼一五分的結果,有相應關係,而可以完全「納諸所謂五行者之中」。的確,五色和五方、五聲、五味的關係究竟如何建立?若只是簡單的分派入五行之中固然十分容易,但是如果考慮青色和東方、角音、酸味的關係,則又難有合理的解釋。而《春秋繁露》則以同類相動的理論,來說明此一問題。

《春秋繁露》並不是直接面對如何建立顏色和方位、聲音、味道之間關係的問題。而是認為當各種事物依五行分類法分類之後,同屬一類的事物之間就具有共通的特質,且會相應相動。亦即先以「陳其有形,以著無形者;拘其可數,以著其不可數者。以此言道之亦宜以類相應,猶其形也,以數相中也。」(〈人副天數〉)肯定無形、不可數的事物之間,只要是同屬一類,則有相動的可能性,再進一步以五行為分類標準,確定同類事物之間的相應關係。

因此《春秋繁露》根據同類相動的理論,推論人主順木之德以治天下,則恩及草木、鱗蟲,反之則咎及於木、鱗蟲;順火之德以治天下,則恩及於火、羽蟲,反之則咎及於火、羽蟲;同樣的,順土、金、水之德以治天下,則恩及於土及倮蟲、金石及毛獸、水及介蟲,反之則此等亦得咎(〈五行順逆〉)。又,當王者施政違背五行之德,亦將使五行變至。如繇役眾、賦斂重,則使木有變,而春凋秋榮,秋木冰,春多雨;王者不明,善者不賞,惡細,不肖在位,賢者伏匿,則使火有變,而冬溫夏寒;王者不信仁者,不敬父兄,淫佚無度,宮室榮,則使土有變,而大風至,五穀傷;王者棄義貪財,輕民命,重貨賂,則使金有變,而畢昴為回三覆,有武,多兵,多盜寇;法令緩,刑罰不行,則使水有變,而多濕多霧,春夏雨雹。若王者改正其過,以德治天下,則可救五行之變。故曰:「五行變至,當求之以德,施之天下,則咎除;不救以德,不出三年,天當雨石。」(〈五行變救〉)可見《春秋繁露》認為王者之德,亦有其類,可依失德之類,知道將使何種變咎相應而起。亦即失德之類,會造成同類之變咎。

若再把五行類動的主動者,由王者之政更縮小至王者的行止,則王者的貌、言、視、聽、心五事,亦會有五行變亂之徵。因此如果王者與臣無禮,

〔註12〕五行的分類問題參見本論文第四章之討論。

貌不肅敬，則木不曲直，而夏多暴風；王者言不從，則金不從革，而秋多霹靂；王者視不明，則火不炎上，而秋多電；王者聽不聰，則水不潤下，而春夏多暴雨；王者心不能容，則稼穡不成，而秋多雷。（〈五行五事〉）

　　人主之治，能恩及或咎及木、火、土、金石、水與蟲獸；王者之政若失德可致使五行有變，而季節異常；甚至於當王者本身的行爲舉止有所偏差，亦將有氣候之變。此即順五行類動理論而形成重君德的治道思想。

三、四時類動

　　四時變化是陰陽與五行二者結合而成的綜合表現，即「金木水火各奉其主，以從陰陽，相與一力而并功」，詳論則是「陰陽因之以起，助其所主。故少陽因木而起，助春之生也；太陽因火而起，助夏之養也；少陰因金而起，助秋之成也；太陰因水而起，助冬之藏也。」（〈天辨在人〉）但是結合爲四時之後，即成新的分類系統。

　　四時類動的理論，是分成四分類，此四類相互輪替，且各有特性，如春夏秋冬一般。《春秋繁露》認爲，人的喜怒哀樂和天的四時相應，故曰：

　　　　人生有喜怒哀樂之答，春秋冬夏之類也。喜，春之答也；怒，秋之答也；樂，夏之答也；哀，冬之答也。（〈爲人者天〉）

但人的喜怒哀樂和四時的關係，是以清暖寒暑爲中介的。故曰：

　　　　夫喜怒哀樂之發，與清暖寒暑其實一貫也，喜氣爲暖而當春，怒氣爲清而當秋，樂氣爲太陽而當夏，哀氣爲太陰而當冬。四氣者，天與人所同有也。（〈王道通三〉）

由於喜怒哀樂之發，與清暖寒暑其實一貫。因此喜氣於天爲暖，而成春；怒氣於天爲清，而成秋；樂氣於天爲太陽，而成夏；哀氣於天爲太陰，而成冬。但不論喜怒哀樂、清暖寒暑或春夏秋冬，以合類的角度視之，則天與人同有。故曰：

　　　　喜怒之禍，哀樂之義，不獨在人，亦在於天；而春夏之陽，秋冬之陰，不獨在天，亦在於人。人無春氣，何以博愛而容眾；人無秋氣，何以立嚴而成功；人無夏氣何以盛養而樂生；人無冬氣，何以哀死而恤喪。天無喜氣，亦何以暖而春生育；天無怒氣，亦何以清而冬殺就；天無樂氣，亦何以疏陽而夏養長；天無哀氣，亦何以激陰而冬閉藏。故曰：天乃有喜怒哀樂之行，人亦有春秋冬夏之氣者，合

類之謂。(〈天辨在人〉)

春夏秋冬之氣表現於人，即為博愛、立嚴、盛養、哀死的根源；而喜怒哀樂之義呈顯於天，即為四時的生育、殺就、養長、閉藏。因此可說天有喜怒哀樂之行，而人有春秋冬夏之氣。這就是以四時合類的理論來看待天人關係。故又曰：

> 天亦有喜怒之氣，哀樂之心，與人相副，以類合之，天人一也。春，喜氣也，故生；秋，怒氣也，故殺；夏，樂氣也，故養；冬，哀氣也，故藏；四者，天人同有之，有其理而一用之。(〈陰陽義〉)

喜怒哀樂四氣與春秋夏冬四時，以類合之，則天人可謂一也。然而人類當中又以人主的作為，影響最深遠，因此人主的好惡喜怒與四時可謂關係密切。故曰：

> 然而主之好惡喜怒，乃天之春夏秋冬也，其俱暖清寒暑，而以變化成功也；天出此物者，時則歲美，不時則歲惡；人主出此四者，義則世治，不義則世亂。(〈王道三〉)

人主的好惡喜怒乃類似於天之暖清寒暑，故曰：「天地人主一也，然則人主之好惡喜怒，乃天之暖清寒暑也，不可不審其處而出也。」(〈王道通三〉) 不可不審其處而出，是因為其影響既大且遠。

人主的好惡喜怒，若化成實際的作為，則為慶賞罰刑，而此四者與四時也是以類相應的。故曰：

> 天之道，春暖以生，夏暑以養，秋清以殺，冬寒以藏。暖暑清寒，異氣而同功，皆天之所以成歲也。聖人副天之所行以為政，故以慶副暖而當春，以賞副暑而當夏，以罰副清而當秋，以刑副寒而當冬。慶賞罰刑，異事而同功，皆王者之所以成德也。慶賞罰刑，與春夏秋冬，以類相應也，如合符。(〈四時之副〉)

天道暖暑清寒的作用為生養殺藏，而生養殺藏又可以類應王者的慶賞罰刑，於是王者的慶賞罰刑與天道的春夏秋冬、暖暑清寒藉生養殺藏而以聯結成為直貫天人的四時類動理論。

四、同類相動與譬喻

《春秋繁露》描述的「同類相動」理論中，有部分相似於「譬喻」。如敘述四時類動時謂：

慶賞罰刑之不可不具也，如春夏秋冬不可不備也；慶賞罰刑，當其
處不可不發，若暖暑清寒，當其時不可不出也；慶賞罰刑各有正處，
如春夏秋冬各有時也；四政者不可以相干也，猶四時不可相干也；
四政者不可以易處也，猶四時不可易處也。（〈四時之副〉）

似乎是以四時的種種變化情況來說明王者應當如何慎行四政。論陰陽類動時又
曰：「刑之不可以任以成世也，猶陰之不可任以成歲也。」（〈陽尊陰卑〉）也似
乎是以陰陽與成歲的關係來比喻德刑與成世的關係。若依此說，則《春秋繁露》
的同類相動理論只是譬喻法的應用。但實際上並非如此，因為《春秋繁露》的
確有「天道固以其類動，非聖人孰能明之」（〈三代改制質文〉）「物固以類相召」、
「類之相應而起」（〈同類相動〉）的說法，及以同類相動的方法求雨或止雨。且
認為人世的秩序應當應乎天之道，合乎天之制，屢稱「天人同有」「天人一也」
「天地人主一也」，不合乎天制則謂之「逆天，非王道也」。人主掌好惡喜怒之
發而無失，使「好惡喜怒未嘗差也，如春秋多夏之未嘗過，可謂參天矣。深藏
此四者而勿使妄發，可謂天矣。」（〈王道通三〉）所謂「參天」及「可謂天矣」
者，都不是譬喻的用法，而確實是以同類相動理論所作的類推。

　　譬喻法是以較易觀察和理解的事物和現象，幫助了解難以言明的事理。
《墨子・小取》曰：「辟也者，舉也物而以明之也。」王引之注云：「也非衍
字，也與他同。」〔註13〕意即以易了解的「他物」來說明不易了解之物。

　　《春秋繁露》也使用譬喻法，但都能懂守譬喻法的分類，只用在取譬曉
喻，並不任意比類。如論性之善惡時舉米禾為喻云：「善如米，性如禾，禾雖
出米，而禾未可謂米也；性雖出善，而性未可謂善也。」（〈實性〉）這裡的「如」
當然只能是「譬如」，是以禾雖可出米而未可謂米，比喻性雖可出善而未可謂
善。即以米和禾的關係，比喻善和性的關係。並不是指米和善或禾和性有何
相似之處。此外，《春秋繁露》又以譬喻法來說明如何觀物之德。如云山之德
似仁人志士，並舉孔子之言曰：

山川神祗立，寶藏殖，器用資，曲直合：大者可以為宮室臺榭，小
者可以為舟輿浮瀆：大者無不中，小者無不入。持斧則匠，折鐮則
艾；生人立，禽獸伏，死人入；多其功而不言，是以君子取譬也。（〈山
川頌〉）

〔註13〕孫詒讓《墨子閒詁》，（台北，世界書局，《中國思想名著》第八冊，民國 48
　　　年），頁 250。

至於水之德，則更論之甚詳：

> 水則源泉混混沄沄，晝夜不竭，既似力者；盈科後行，既似持平
> 者；循微赴下，不遺小間，既似察者；循谿谷不迷，或奏萬里而
> 必至，既似知者；障防山而能清淨，既似知命者；不清而人，潔
> 清而出，既似善化者；赴千仞之壑，入而不疑，既似勇者；物皆
> 困於火，而水獨勝之，既似武者；咸得之而生，失之而死，既似
> 有德者。孔子在川上曰：「逝者如斯夫，不舍晝夜。」此之謂也。
> （〈山川頌〉）

水之似力者、平者等等，是取譬上的相似，有其詮釋意義上的共誦性。但是此共通性只能用在取譬曉喻，而非可類推的類似；其共通性是詮釋者所給予。

譬喻法之所以不足以建構天道的理論架構，即是因為其間的共通性並不穩固，會隨詮釋者的解釋而改變，且不能旁開連貫。如孔子曰：「為政以德，譬如北辰，居其所而眾星共之。」〔註14〕包咸注曰：「德者無為，猶北辰之不移，而眾星共之。」〔註15〕朱熹云：「北辰，北極，天之樞也。居其所不動也。共，向也。言眾星四面旋繞而歸向之也。為政以德，則無為而天下歸之，其象如此。」〔註16〕是以天象來說明以德為政的成果。又如《大學》：「詩云：『緡蠻黃鳥，止于丘隅』子曰：『於止，知其所止。可以人而不如鳥乎？』」朱注云：「止者，所當止之地，即至善之所在。」又云：「言人當知所當止之處也。」〔註17〕是以黃鳥知道棲止於丘隅，來說明人亦當知其所當止之處。但是譬喻法中譬喻的內容和譬喻對象所建立的關係並不穩固。如眾星拱北辰的天象，只是星辰的排列方式，何以會和為政以不以德有關？同樣的，鳥可以棲止於丘隅，亦可以棲止於樹椏草叢或屋頂房簷，但都不是鳥的「大學之道」，如何會因此說明人當知其所當止？當然這些問題並不存在，因為這二者所說的，是譬喻而不是類比。是由於為政何以要以德的理由不易說明，因此以容易觀察的星拱北辰，來形容以德為政之後的成效，即「無為而天下歸之」；同樣的，人何以應當「知所當止」的道理也不易描述，因此以黃鳥知道棲止之所的景況來點醒。至於天象與為政之間、黃鳥棲止與人的至善之間，究竟有無關聯，

〔註14〕《論語・為政》。
〔註15〕《論語正義》引，（台北，世界書局），頁20。
〔註16〕朱熹《四書集注》。
〔註17〕同上。

則不是這兩段話的重點。然而譬喻法中內容與對象之間也不能全無關係，至少有模糊的類似之處，才能使用譬喻法。如眾星和北辰的排列方式，可以視為北辰居眾星的中心，這種居中心而眾拱衛的形勢，和孔子心中以德為政之後，天下臣民拱衛歸向君王的情景十分類似。黃鳥的棲止和人所當止之地，都同樣有個止的觀念。棲止處是鳥盤旋翱翔後落腳安身的地方；而人所當止之處，是至善所在的地方。二者同具有類似的「處所」意義。於是論者可以利用這種類似，使聞者聯想旁通而曉論。

譬喻法用在喻知不易說明的事理，即如《潛夫論·釋難篇》所云：「夫譬喻也者，生於直告之不明，故假物之然否以彰之。」所假之物即是容易觀察和理解的事物。但由於「所假物」（如星辰、黃鳥棲止）和說明的對象（如為政、人的行止）間的類似性並不明確，通常都只是曖昧朦朧，必須經過跳躍式的聯想才能彷彿見其類似處。這種類似關係，不是立論的重點，而只是用以表明其他事理，立論的重點應在欲說明的事理才是。因此譬喻法的內含不可以擴充漫延，例如不可追問前二例中的北辰是否真的居其所而不移，或黃鳥會離丘隅覓食是否表示人為生存則可暫離至善云云。

而《春秋繁露》的同類相動理論，不是用以喻知不易說明的事理，而是可以類推的。即由於同類之間會有相應相召相動的關係，因此可由一物的特性推論與其類似之物的特性。

《史記》載鄒衍的學說云：「其語……必先驗小物，推而大之，至於無垠。先序今，以上至黃帝，學者所共術，大並世盛衰，因載其機祥度制，推而遠之，至天地未生，窈冥不可考而原也。先列中國名山大川通谷禽獸，水土所殖，物類所珍，因而而推之及於海外，人之所不能睹。」〔註18〕驗小而推大、序今而推遠、列中國而推海外，即是利用小與大、今與遠、中國與海外之間的類似性來推論。若小大、今遠、中外之間無類似性，則無法推之。至於何以小與大、今與遠、中國與海外之間會有類似性，是否鄒衍亦應用同類相動的理論說明之，則不得而知。〔註19〕但可確定的是，他們都感覺到各類事物

〔註18〕《史記·孟子荀卿列傳》。
〔註19〕《史記·孟子荀卿列傳》云：「其語閎大不經。」又云：「王公大人初見其術，懼然顧化……或曰，伊尹負鼎而勉湯以王，百里奚飯牛車下而繆公用霸。作先合，然後引之大道。鄒衍其言雖不充，儻亦有牛鼎之意乎？」司馬遷認為，鄒衍的學說，用意在於引起諸侯重視，使「王公大人初見其術，懼然顧化」，其真正的目的則在「引之大道」。可見至少司馬遷也不了解或不同意鄒衍學說

具有普遍的類似或相應關係。而這種類似或相應關係，就成爲《春秋繁露》的天道觀中，各個陰陽或五行分類之後能夠統一的基礎，也就是天道一致性的根據了。

的理論意義。

第六章 治道論

第一節 治道的發動：天命

　　《春秋繁露》重視「人」在天地間的重要性，認爲人下長萬物，上參天地，而最爲天下貴。故曰：

> ……以此見人之超然萬物之上，而最天下貴也。人下長萬物，上參天地，故其治亂之故，動靜順逆之氣，乃損益陰陽之化，而搖蕩四海之內。(〈天地陰陽〉)

人的治亂順逆，可損益陰陽之化，搖蕩四海之內，不只是人群社會之事，亦即天下共通之理。而能取天地與人之中以爲貫通者，唯王者，故曰：

> 古之造文者，三畫而連中，謂之王。三畫者，天地與人也；而連其中者，通其道也。取天地與人之中以爲貫，而參通之，非王者孰能當是。(〈王道通三〉)

王者可通貫天人，而王者之政可以參天，也可以逆天。因此據春秋之道，正天及至正天下，即是《春秋繁露》眞正用心之處，故曰：

> ……春秋之道，以元之深，正天之端；以天之端，正王之政；以王之政，正諸侯之即位；以諸侯之即位，正竟內之治。五者俱正，而化大行。(〈二端〉)

由王政以下的諸侯即位、境內之治，爲人世之治；王政以上的元之深、天端，爲天之道。天人以類合，王者當法天以治天下，此即「以人隨君，以君隨天」(〈玉杯〉)。又，《春秋繁露》舉《春秋》序辭例說明王者的重要地位曰：「《春

秋》之序辭也，置王於春正之間，非曰上奉天施，而下正人，然後可以爲王也云爾？」（〈竹林〉）而王者的重要，即是源自其奉天施，並以天德正天下人。因此也可以說天下都是受命於天，有奉天之責。故曰：

> 天子受命於天，諸侯受命於天子，子受命父，臣妾受命於君，妻受
>
> 命夫，諸所受命者，其尊皆天也，雖謂受命於天亦可。（〈順命〉）

此乃是以天命爲治道的發動根源。至於所謂的「天命」，即是指王者當「以德安樂民」，故天命之予奪，乃是「其德足以安樂者，天予之；其惡足以賊害民者，天奪之。」（〈堯舜不擅移湯武不專殺〉）。天命，即是天「以德安民」之命。

天下都受命於天，而王者必須擔負天道實踐的主導之責，承受以德安樂民之命。所以《春秋繁露》對君王有極嚴格的要求與重視。這是以實踐的立場視天道，而以王者爲人世奉行天道的關鍵。因此《春秋繁露》以治道思想爲天道觀的實踐，而治道又以君王奉天命爲中心展開。

第二節　治道行使的主導者：君王

《春秋繁露》以君王作爲天道實踐的主導者，是因爲君王爲政治組織及運作的中心，經由君王的主導，整個政治組織將可朝向實踐天道的方向運作，因此以對君王的要求，作爲對政治組織的引導。所以政治組織爲治道行使的組織，亦是天道實踐的組織，而影響政治組織與運作最爲重要的主動力量，即人主君王的作爲。

《春秋繁露》採取此一角度的最大特點，在於使儒家的治世理論與政治現實之間的距離得以縮短。因此《春秋繁露》的治道思想是儒家思想發展中，聖王思想一體貫通的範例。

《春秋繁露》並非以權利義務或權力關係來規範君王，而是賦予人主君王一些「基本責任」。藉著表明基本責任，可以釐清從政者或政治主體應當具備的條件和規範。亦即王者必須擔負起治理天下的重責大任，不但要能正己之身，也要能正所有的從政者，並使政治機構能恰當的將天心之仁化成實際的措施，讓天下萬民能「大安」。

孔子論政亦是以「責任」爲中心，如「爲政以德」「君使臣以禮，臣事君以忠」「政者，正也。子帥以正，孰敢不正。」，﹝註1﹞即是分別說明爲政者應

﹝註1﹞ 三段引文分別見《論語》〈爲政〉〈八佾〉〈顏淵〉等各篇。

盡各自角色的責任，而權利義務或權力架構則是在責任之外的可變因素。唯有經由確立爲政者理想角色的責任標準，才能確定如何保障爲政之本。

　　君王的責任爲「法天」，即法天德以正己安民。分而論之，則有奉天命、體天心、分天工、法天行等。

一、奉天命 —— 安民以德

　　天子之稱，即取受命於天、以天爲父之義。故曰：

> 受命之君，天意之所予也。故號爲天子者，宜視天爲父，事天以孝道也。（〈深察名號〉）

王者是受命於天，而非受之於人，此二者並不相同。故曰：

> 王者必受命而後王，王者必改正朔，易服色，制禮樂，一統於天下，所以明易姓非繼人，通於己受之於天也。（〈三代改制質文〉）

改正朔，易服色，制禮樂，即爲顯現新王乃承天命而立，必須向天命負責，而非向前王負責。故又曰：

> 今所謂新王必改制者，非改其道，非變其理。受命於，非繼前王而王也。若一因前制，修故業，而無有所改，是與繼前王而王者無以別。受命之君，天之所大顯也；事父者承意，事君者儀志，事天亦然；今天大顯己，物襲所代，而率與同，則不顯不明，非天志也。故必徙居處，更稱號，改正朔，易服色者，無他焉，不敢不順天志，而明自顯也。（〈楚莊王〉）

不但王者乃受命於天，天下均可謂受命於天。故曰：

> 天子受命於天，諸侯受命於天子，子受命父，臣妾受命於君，妻受命夫，諸所受命者，其尊皆天也，雖謂受命於天亦可。（〈順命〉）

由天子以下，各奉天命以命人，其用意則在對君提出順天命的要求，因爲唯有順天命者，才可以命人。因此君臣、父子、夫婦三者，雖有三綱之說，然推其根源者，則均是受命於天。若天子不順天之命，則民亦不順天子之命。故曰：

> 唯天子受命於天，天下受命於天子，一國則受命於君。君命順，則民有順命；君命逆，則民有逆命。（〈爲人者天〉）

然而天之命天子，並非賦予天子權威，是因王者之德而命之，是賦予行天德的責任。故曰：「故德侔天地者，皇天右而子之，號稱天子。」（〈順命〉）因

此當天子失其德，而不足以侔天地，則不足以為天子。然而何謂德侔天地？
即以天德安樂民也。若夫子不以天德安樂民，則將失去為天子的資格。故曰：
「故其德足以安樂者，天予之；其惡足以賊害民者，天奪之。」（〈堯舜不擅
移湯武不專殺〉）以德安樂民即是天授命天子的目的。

天子之為天子，是受命於天；而天之所命於天子，則是要天子行天之德
於天下。也就是為萬民而立王。故曰：「……天之生民，非為王也；而天之立
王，以為民也。」（〈堯舜不擅移湯武不專殺〉）因此天子之責即安樂民，否則
天將奪其所命矣。此即天子之責。

《春秋繁露》另以「王」「君」二字的字義，來說明天子的責任。

以字義來說明事義，這是基於特殊的「名號」觀而來。《春秋繁露》認為
名號乃是表達天意者，故曰：

> 古之聖人謞而效天地，謂之號；鳴而施命，謂之名。名之為言鳴與
> 命也；號之為言謞而效也。謞而效天地者為號，鳴而命者為名。名
> 號異聲而同本，皆鳴號而達天意者者也。（〈深察名號〉）

名號傳達天意，而取之天地即是名號之大義。故曰：

> 是非之正，取之逆順；逆順之正，取之名號；名號之正，取之天地。
> 天地為名號之大義也。（〈深察名號〉）

因此名號可以正順逆、是非。若天下之順逆、是非皆順於聖人所制之名，則
天人乃合而為一。故云：「是故事各順於名，名各順於天，天人之際，合而為
一。」（〈深察名號〉）聖人以所造之名號合天人，這也是以名號歸之於天，再
以將制定名號的責任賦予聖人，而後世學者即可經由解釋名號以表達聖人立
名號之意。

《春秋繁露》認為「王」一字有皇、方、匡、黃、往五個意義而這五個
意義就代表王者的五項責任。故曰：

> 深察王號之大意，其中有五科：皇科、方科、匡科、黃科、往科。
> 合此五科以一言，謂之王。王者，皇也；王者，方也；王者，匡也；
> 王者，黃也；王者，往也。是故王意不普大而皇，則道不能正直而
> 方；道不能正直而方，則德不能匡運周徧；德不賦匡運周徧，則美
> 不能黃；美不能黃，則四方不能往，四方不能往，則不能全於王。
> 故曰：天覆無外，地載兼愛，風行令一其威，雨布施而均其德，王
> 術之謂也。（〈深察名號〉）

《春秋繁露》以王字的五個意義來說明對王者的五項基本要求，而且此五項也正是《春秋繁露》對王者必備的條件，或者可謂達成此五項條件即王者必負的責任。這五項責任即是：王意普大而皇，道正直而方，德匡運周徧，美黃，四方往。然此五者之間的關係並非平行互不干涉，而是相互關聯。其意謂王者之意必須要能普大而皇，如此才能使其道正直而方，使其德匡運周徧，使其美黃，使四方往。四方歸往，則可稱爲王。故又曰：「王者，民之所往。」（〈滅國上〉）統而言之，則是如天之覆而無外，如地之載而兼愛，〔註2〕如風行令而一其威，如雨布施而均其德，能如此，則天下歸往，因謂之爲王者。此即以具有含容天下之心，並一威均德使天下萬民歸往，作爲王者的責任。否則不足以爲王者。〔註3〕

至於「君」字，則有元、原、權、溫、群等五個意義。同樣的，此五個意義也即是君者的責任。故曰：

> 深察君號之大意，其中亦有五科：元科、原科、權科、溫科、群科。合此五科以一言，謂之君。君者，元也；君者，原也；君者，權也；君者，溫也；君者，群也。是故君意不比於元，則動而失本；種而失本；則所爲不立；所爲不立，則不效於原；不效於原，則自委舍；自委舍，則化不行；用權於變，則失中適之宜；失中適之宜，則道平、德不溫；道不平、德不溫，則眾不親安；眾不親安，則離散不群；離散不群，則不全於君。（〈深察名號〉）

「君」責任一是意比於元，使動不失本，則所爲能立；二是效於原，而不委舍，化能行；三是不用權於變，而不失中適之宜；四是道平、德溫，使眾親安。五是群不離散。「君」必須能發意比於元，動作效於原，合中適之宜，道平、德溫，使眾親安，而群不離散。得群心，則可謂之君。故又曰：「君者，不失其群者也。」（〈滅國〉）不失其群，即是得眾心，故曰：「以此見得眾心之爲大安也。」（〈玉英〉）又曰：「春秋賢死義且得眾心也。」（〈玉英〉）此以

〔註2〕　盧文弨校作「兼受」。

〔註3〕　《荀子・正論》云：「天下歸之謂之王。」此義在秦漢之際傳者甚多，如《呂氏春秋・下賢》云：「王也者，天下之往也。」《穀梁傳》莊三年曰：「其曰：王者，民之所歸往也。」《韓詩外傳》云：「王者，往也，天下往之謂之王。」《白虎通》曰：「王者，往也，天下所歸往。」《風俗通》引《書大傳》云：「王者，往也，爲天下所歸往。」《乾鑿度》云：「王者，天下所歸往。」《文耀鉤》：「王者，往也，神所歸往，人所向落。」《元命苞》云：「王者，往也，神之所輸向，人之所樂歸。」皆同此說。

不失其群爲「君」的責任。

合君王以爲言，其責任是「能使萬民往之，而得天下之群者」（〈滅國上〉）。也就是指君王應當能凝聚天下萬民之心，獲天下萬民之信賴擁載，欲達此境，則必須安民以德。此德亦即爲天德。

二、體天心——思患而豫防

《春秋繁露》認爲天之意乃無窮極之仁，故曰：「仁，天心。」（〈王道通三〉），而「仁者，愛人之名。」（〈仁義法〉），又「愛人之大者，莫大於思患而豫防之」（〈俞序〉）故以除天下之患爲王者的責任。而曰：「天下者無患，然後性可善，性可善，然後清廉之化流；清廉之化流，然後王道舉、禮樂興」（〈盟會要〉）。「思患豫防」即是《春秋繁露》認爲《春秋》詳記災異的目的，即在「以此見悖亂之徵」（〈王道〉）並進一步防止悖亂發生。

災異是指不正常的現象，而可視爲天之譴告與威嚇。故曰：

> 其大略之類，天地之物，有不常之變者，謂之異，小者謂之災。災常先至，而異乃隨之。災者，天之譴也；異者，天之威也。譴之而不知，乃畏之以威，詩云：「畏天之威。」殆此謂也。（〈必仁且智〉）

天何以降災異？乃基於國家有失。故曰：

> 凡災異之本，盡生於國家之失。國家之失乃始萌芽，而天出災害以譴告之；譴告之而不知變，乃見怪異以驚駭之；驚駭之尚不知畏恐，其殃咎乃至。以此見天意之仁，而不欲陷人也。（〈必仁且智〉）

因此災異是天爲防止國家之失，希望用災異以提醒王者，使王者心生畏懼而內自省，並改正其過失。故曰：

> 欲其省天譴，而畏天威，內動於心志，外見於事情，修身審己，明善心以反道者也。（〈二端〉）

王者內省於心後，外察見事徵，於是可以防患於未然，此即是「貴徹重始，慎終推效」（〈二端〉），因此《春秋繁露》強調「天之不可不畏敬」（〈郊語〉）而王者當接受天的譴告，並誠懇的自省改過內，並感謝天振過救失之意。故曰：

> 故見天意者之於災異也，畏之而不惡也，以爲天欲振吾過，救吾失，故以此報我也。（〈必仁且智〉）

見天意於災異，其實並不是指天有人格式的意識可以透過災異表達，或人可

以經由災異清楚了解天的意識。而是透過內省外驗,才能從中體會天救吾過之意。故曰:

> 災異以見天意。天意有欲也,有不欲也。所欲、所不欲者,人內以
> 自省,宜有懲於心;外以觀其事,宜有驗於國。(〈必仁且智〉)

所以雖說是「災異以見天意」,但並不表示天意昭昭可見,而必須自省外察始可推見。而上比於天意者,只是為了提醒王者莫忘天之明命,即為民除患及行天德以安樂民之責。而且《春秋繁露》也認為《春秋》之記災異,其實乃是「見其指者,不任其辭」(〈竹林〉)《春秋繁露》舉例曰:「凡《春秋》之記災異也,雖畝有數莖,猶謂之無麥苗也。」(〈竹林〉)可見《春秋》之記災異,未必然著重於災異的實情,而是欲藉此異象以明防患除害的重要。故曰:

> ……觀物之動,而先覺其萌,絕亂塞害於將然而未形之時,《春秋》
> 之志也。(〈仁義法〉)

絕亂塞害於將然而未形之時,是《春秋》之志,同時也是《春秋繁露》言災異之志,故曰:

> 吾所以貴微重始是也,因惡夫推災異之象於前,然後圖安危禍亂於
> 後者,非《春秋》所甚貴也。(〈二端〉)

《春秋繁露》言災異之變的目的,並不是「推災異之象於前,然後圖安危禍亂於後」,而是思患而豫防,亦即於災害未生即除之,使天下無害。故曰:「夫求蚤而先之,則害無由起,而天下無害矣。」(〈仁義法〉)使天下無害,乃天心之仁,亦即王者的責任。

三、分天工──化民成德

《春秋繁露》認為「教化」也是王者的責任。故曰:「教,政之本也。」(〈精華〉)王者的重要作為都是為了化民成俗。故曰:

> 是故《春秋》之道,以元之深,正天之端,正王之政;以王之政,
> 正諸侯之即位;以諸侯之即位,正竟內之治。五者俱正,而化大行。
> (〈玉英〉)

正此五者的目的在於使教化大行,此見教化之重要。又,《春秋繁露》重視衣裳制度,上下之倫,其用心也在使教亟行、化易成。故曰:

> 凡衣裳之生也,為蓋形煖身也。然而染五采、飾文章者,非以為益
> 肌膚血氣之情也。將以貴貴尊賢,而明別上下之倫,使教亟行,使

化易成，爲治爲之也。(〈度制〉)

此外，除天下之患也是使性可善、清廉之化流，然後王道舉，禮樂興(〈盟會要〉)。這是因爲《春秋繁露》認爲「聖人之道，不能獨以威勢成政，必有教化」，故曰：「此威勢之不足獨恃，而教化之功不大乎。」(〈爲人者天〉)王者教化萬民必須以身作則，故曰：

> 先之以博愛，教以仁也；難得者，君子不貴，教以義也；雖天子必
> 有尊也，教以孝也；必有先也，教以弟也。(〈爲人者天〉)

王者當修己身之德以爲天下模範，王者能博愛、不貴難得者、有尊、有先，即是教民仁義、孝、悌。此外，《春秋繁露》又以貌、言、視、聽、思等事爲王者修身之要，曰：「夫五事者，人之所受命於天也，而王者所修而治民也。」(〈五行五事〉)若王者不能修此五事，而「與臣無禮，貌不肅敬」「言不從」「視不明」「聽不聰」「心不能容」，則必有五行之變爲應。〔註4〕因此王者的行爲對天下萬民的影響甚大，王者修德，可使萬民生善。故曰：

> 故君民者，貴孝弟而好禮義，重仁廉而輕財利，躬親職此於上而萬
> 民聽，生善於於下矣。故曰：先王見教之可以化民也。此之謂也。(〈爲
> 人者天〉)

先王之教以化民，即生善於民矣。民非不善，唯仍待教而可善。此爲《春秋繁露》獨特的人性論。

《春秋繁露》認爲人天生有善善惡惡之性，故云：

> 人受命於天，有善善惡惡之性，可養而不可改，可豫而不可去，若
> 形體之可肥臞而不可得革也。(〈玉杯〉)

此說肯定了人的善善惡惡之性，而此善善惡惡之性乃得之於天命，故曰：「善善惡惡，好榮憎辱，非人能自生，此天施之在人者也。」又曰：「天施之在人者，使人有廉恥；有廉恥者，不生於大辱。」(〈竹林〉)好榮憎辱、有廉恥，皆是善善惡惡之性的表現。但並不表示人性已善，因爲「凡人之性，莫不善義，然而不能義者，利敗之也」(〈玉英〉)。

《春秋繁露》對人性的看法是源自現實生活的觀察。在現實人世中，人性的表現並非全然善，因此不可說人性已善；但人性又有善善惡惡的傾向，因此又可肯定人有「善質」。亦即人有善質而非已善，必待教而後善。《春秋繁露》舉米與禾的關係爲喻曰：

〔註4〕王者不修五事所引起的五行之變，詳見第五章第二節〈同類相動・五行類動〉。

　　善如米，性如禾。禾雖出米，而禾未可謂米也；性雖出善，而性未

　　可謂善也。……故曰：性有善質，而未能為善也。豈敢美辭，其實

　　然也。（〈實性〉）

以米比喻人之為善，以禾比喻人之性，則禾雖然可能生出米來，但禾畢竟不
可說是米；同樣的，性雖然可能為善，但並不表示性即是善。因此稱性有善
質，即為善的可能性，但並不即是善。《春秋繁露》並解釋這種觀點是基於對
現實的觀察與描述。此外《春秋繁露》又舉麻、繭、禾為喻曰：

　　天之所為，止於繭麻與禾。以麻為布，以繭為絲，以米為飯，以性

　　為善，此皆聖人所繼天而進也，非情性質樸之能至也，故不可謂性。

　　（〈實性〉）

可見《春秋繁露》所謂之善，不是指「為善的可能性」，而是善的實踐。其要
點在於正視「善的可能」與「善的實踐」之間的差異。人性具不具有善質，
即討論人性為善的可能性；而人性之善，乃是在實踐當中才能討論，離開實
踐，只能說是「可能」，而無所謂善不善。因此當有人問以心性既然有發而為
善的可能，是否就可因此說性善？《春秋繁露》以繭和卵為喻說明白：「非也。
繭有絲，而繭非絲也；卵有雛，而卵非雛也。比類率然，有何疑焉。」（〈深
察名號〉）明白的分開了善與善質，即「善」與「善的可能性」有所分別。至
於《春秋繁露》對性的定義，則取一般人的性為標準。因為聖人之為聖，或
者乃其性異於常人，因此不可用作一般人性來討論；而器量特別淺小者的性，
也同樣不可用來作為探論人性的對象；只有「中民之性」才可作為討論的對
象。（〈實性〉）而性的定義，就是指一般人與生俱來的本質。所以說：「性之
名，非生與？如其生之自然之資，謂之性。性者，質也。」（〈深察名號〉）一
般人與生俱來的本質就是性，就本質的內容來說，必然包含為善的可能，因
為事實上有人行善。由於《春秋繁露》以實踐為著眼看待性善，認為只有在
實踐中才有所謂性善。也就是性之善質，若未實踐，則不可謂善。以一般人
民來說，當然並不是每個人都表現出善，雖然可以承認每個人都有行善的可
能，但畢竟非即是善。因此又舉禾米之喻說明曰：「故性比於禾，善比於米；
米出禾中，而禾未可全為米也；善出性中，而性未可全為善也。」（〈深察名
號〉）性未可全為善，是性善並非必然，性是在某些特定條件之下才會為善，
而王者就必須促成這些條件，使人民之性為善。王者的努力即是教化。故曰：
「今萬民之性，有其質而未能覺，譬如瞑者待覺，教之然後善。」（〈深察名

號〉）王者的教化，可使民性爲善，這是天與王的分工。故曰：

> ……善，人之繼天而成於外也，非在天所爲之內也；天所爲有所至
> 而止，止之內謂之天；止之外謂之王教。王教在性外，而性不得不
> 遂。（〈實性〉）

王者有教化天下的責任，此爲王者與天的分工，亦是不可推卸之責。故曰：

> 天生民性有善質而未能善，於是爲之立王以善之，此天意也。民受
> 未能善之性於天，而退受成性之教於王，王承天意以成民之性爲任
> 者也；今案其眞質而謂民性已善者，是失天意而去王任也。萬民之
> 性茍已善，則王者受命尚何任也？（〈深察名號〉）

人民可能行善也可能行惡，除了個人的自覺之外，教化實爲影響人民善惡的
最大力量。如果有些因素會促使人民行善，另一些因素會促使人民行惡，則
王者必須自覺到有責任提供人民趨善的環境和措施，把使人民實踐善作爲不
可旁貸的責任。〔註5〕這是經世觀點的人性論，也是《春秋繁露》賦予王者分
天工而化民成德的責任。

四、法天行──任賢無爲

人主當法天道以治天下，即「人主近天之所近，遠天之所遠，大天之所
大，小天之所小」（〈陽尊陰卑〉）法天、奉天命爲人主的責任，若「天子不能
奉天之命，則廢而稱公」（〈順命〉）人主之王位，乃是在負起奉天命之後才能
存在，因此《春秋繁露》贊成革命除暴，有道伐無道。故曰：

> 故夏無道而殷伐之；殷無道而周伐之；周無道而秦伐之；秦無道而
> 漢伐之。有道伐無道，此天理也，所從來久矣。（〈堯舜不擅移湯武
> 不專殺〉）

此即以「其德足以安樂民者，天予之；其惡足以賊害民者，天奪之」（〈堯舜
不擅移湯武不專殺〉）來解釋歷史上的改朝換代。依此說法，凡無道者，天將
奪之。有道伐無道乃是天理也。而所謂無道，即是不能擔當人主君王之責而
號令天下。如桀紂即不足擔當王者之責，而湯武伐之，即有道代無道。故曰：

> 君也者，掌令者也。令行而禁止也。今桀紂令天下而不行，禁天下
> 而不止，安在其能臣天下也。果不能臣天下，何謂湯武弒？（〈堯舜

〔註5〕 《春秋繁露》並評論孟子的性善說，其目的也是強調王者教化的責任。至於
所論與孟子原意之間的是非評斷，則是另一個問題，茲不及論。

不擅移湯武不專殺〉）

凡令天下而不能行，禁天下而不能止者，即不足以臣天下，即非君王。因此湯武之伐桀紂，即不得謂弒君。

人主奉天命的另一意義，是不可視天下爲私器。即所謂禪讓者，乃是認爲天子可以拋棄責任，將天下視爲可擅移的私器，因此《春秋繁露》並不贊成。《春秋繁露》中關於禪讓的討論並不多，但有段論及堯舜不私傳天下而擅移位曰：

> 孝經之語曰：「事父孝，故事天明。」事天與父同禮也。今父有以重
> 予子，子不敢擅予他人，人心皆然；則王者亦天之子也。天以天下
> 予堯舜，堯舜受命於天而王天下，猶子安敢擅以所重受於天者予他
> 人也。天有不予堯舜漸奪之故，明爲子道，則堯舜之不私傳天下而
> 擅移位也，無所疑也。（〈堯舜不擅移湯武不專殺〉）

此文乃是以子受之於父者，不敢擅予他人，說明天子受命於天，亦必不敢私傳他人。其中關鍵在於「私傳」「擅移」，即天子不可視天下爲私器而私傳擅移，且不可任意拋棄天命之責任。當然，若王者本身不足以擔當重任，則天將命新王伐之，即有道伐無道。然而，若王者知道自己不足以任天子之位，是否可能先行禪讓給有德者呢？此亦不可，因爲天之所命，乃是天賦之責任，應當盡力實現而不可推諉；天命之予奪，亦不可作爲私意授受的藉口。

《春秋繁露》之反對禪讓，固然是爲了反對君王以天下爲私器，且亦強調天命之無常予，君王當勉力法天，修身行德，以奉天命。但仍留下了兩個理論上的缺口。即天命如何認定？及庸君可能爲害的問題。

對天命、天道的尊重，是中國政治文化的特色，而天命、天道的解釋權，也始終歸屬於聖人賢者，即所謂「聖者法天，賢者法聖」（〈楚莊王〉）因此當自天子以至庶人，都服膺法天、奉天的思想時，提出這些思想的眾學者，就能以道的詮釋者的姿態而居政治文化結構中的最高位。所以在政治運作的過程中，對天命及道的解釋，就成了學術引導政治的方式。而如何解釋天道，即是一時代學術的綜合成果。

至於君王的才幹不足所可能造成的危害，只要透過政制的設計，就可以避免其弊。因此《春秋繁露》主張「爲人主者，以無爲爲道，以不私爲寶」（〈離合根〉）無爲、不私正是法天之行。天之行爲何？即：

> 天高其位而下其施，藏其形而見其光；高其位，所以爲尊；下其施，

所以爲仁也；藏其形，所以爲神；見其光，所以爲明。故位尊而施仁，藏神而見光者，天之行也。」（〈離合根〉）

因此爲人主者應當法天之位尊而施仁、藏神而見光，即：

是故內深藏，所以爲神；外博觀，所爲明也；任群賢，所以爲受成，乃不自勞於事，所以爲尊也；汎愛群生，不以喜怒賞罰，所以爲仁也。（〈離合根〉）

由於內深藏、外博觀、任群賢、汎愛群生，因此必須依靠群臣的合作。故曰：

故爲人主者，以無爲爲道，以不私爲寶。立無爲之位，而乘備具之官；足不自動，而相者導進；口不自言，而擯者贊辭；心不自慮，而群臣效當。故莫見其爲之，而功成矣。（〈離合根〉）

顯然如此的君王，乃是虛位元首。其努力，當在於修德，而不在施政。因此雖然君人者有天命的重責，但其實仍是任賢用眾，本身則以無爲爲道，而「志如死灰，形如委衣，安精養神，寂寞無爲，休形無見影，掩聲無出響」（〈立元神〉）君之無爲，是居倡之位，而以和爲德。故曰：

故君人者，國之證也，不可先倡，感而後應，故居倡之位，而不行倡之勢，不居和之職，而以和爲德，常盡其下，故能爲之上也。（〈立元神〉）

君王任賢，「以所任賢，謂之主尊國安；所任非其人，謂之主卑國危」（〈精華〉）因此「建治之術，貴得賢而同心」。而得賢同心，也是法天之道：

天道務盛其精，聖人務眾其賢；盛其精而壹其陽，眾其賢而同其心；壹其陽，然後可以致其神，同其心，然後可以致其功。（〈立元神〉）

任眾賢而同其心，君王居倡位而以和爲德，故可以「功出於臣，名歸於君」也。（〈保位權〉）所以即使君王無才能，只要任眾而同其心，則可使「群臣分職而治，各敬而事，爭進其功，顯廣其名，而人君得載其中」此即「自然致力之術」也。（〈保位權〉）

以尊道爲政治最高原則，加上任賢用眾的無爲之道，則可以避免因反對禪讓而可能產生的弊病。而反對禪讓的正面意義，在於王者不當以天下爲私器，應愼奉天命，法天之道，任眾賢而同其心，居倡位而以和爲德。此亦即君王之責也。

第三節　治道的行使者：群臣

《春秋繁露》主張爲人主者當「以無爲爲道，以不私爲寶。立無爲之位，而乘備具之官；足不自動，而相者導進；口不自言，而擯者贊辭；心不自慮，而群臣效當」（〈離合根〉），又曰：

> 爲人君者，居無爲之位，行不言之教，寂而無聲，靜而無形，執一無端，爲國源泉，因國以爲身，因臣以爲心，以臣言爲聲，以臣事爲形。（〈保位權〉）

人君無爲，因臣爲心，以臣言爲聲，以臣事爲形，因此實際處理天下事務者，乃是虛位元首之下的群臣。即「功出於臣，名歸於君也」（〈保位權〉）。因此要「群臣分職而治，各敬而事，爭進其功，顯廣其名，而人君得載其中，此自然致力之術也，聖人出之」（〈保位權〉）。自然致力之術即是任用群賢，且衆賢臣法地之道，敬事進功。

一、任衆賢而同其心

在虛位元首的制度下，君王之責只在修己以德，率正天下，而實際事務的處理，是群臣的責任。因此任臣的賢與不賢爲天下安危的關鍵，故曰：「以所任賢，謂之主尊國安；所任非其人，謂之主卑國危，萬世必然，無所疑也。」（〈精華〉）《春秋繁露》另以治身爲對照，說明任賢的原則與重要性。治身之要，在積精而使血氣相承受；而治國之要，則在積賢而使百官各得其所。故曰：

> 氣之清者爲精，人之清者爲賢；治身者以積精爲寶，治國者以積賢爲道；身以心爲本，國爲君爲主；精積於其本，則血氣相承受；賢積於其主，則上下相制使；血氣相承受，則形體無所苦；上下相制使，則百官各得其所；形體無所苦，然身可得而安也；百各得其所，然後國可得而守也。（〈通國身〉）

能積賢於其主，而上下相制使，百官各得其所，則國可得而守，此爲治國之要。至於如何致賢，則曰：

> 夫欲致精者，必虛靜其形；欲致賢者，必卑謙其身。形靜志虛者，精氣之所趣也；謙尊自卑者，仁賢之所事也。（〈通國身〉）

卑謙爲致賢之道，故「治國者，務盡卑謙以致賢」，要是能致賢，「則德澤洽而國太平」（〈通國身〉）。

　　然而，舉國政事不是一二賢者就能完成，因此要任眾賢方足以組織整個政治官僚體系。正如「天所以剛者，非一精之力」，同樣的，「聖人所以強者，非一賢之德也」。這是從「天道務盛其精」，而說明法天道的聖人，乃是「務眾其賢」。而眾賢群集若不能同心，則不能發揮眾賢之能。故曰：

> 體國之道，在尊神。……夫欲為尊者，在於任賢；欲為神者，在於同心；賢者備股肱，則君尊嚴而國安；同心相承，則變化若神；莫見其所為，而功德成，是謂尊神也。（〈立元神〉）

任賢而同心，則莫見所為而功德成。因此《春秋繁露》「建治之術，貴得賢而同心」（〈立元神〉）。

二、臣道法地

　　建治之術，貴得眾賢而同其心，此為君王的任賢之道。至於群臣自身，則當法地之道，即「分職而治，各敬而事，爭進其功，顯廣其名」（〈保位權〉），而為君之心，發言以為君王之聲，行事以為君王之形。雖不居倡之位，而行倡之勢，雖居和之職，而不以和為德。因此臣當法地之義，地之義為：

> 地出雲為雨，起氣為風。風雨者，地之所為，地不敢有其功名，必上之於天，命若從天氣者，故曰天風天雨也，莫曰地風地雨也。勤勞在地，名一歸於天，非至有義，其孰能行此。故下事上，如地事天也，可謂大忠矣。（〈五行對〉）

勤勞在地，名一歸於天，此為地之義。臣法地之義，則是「功出於臣，名歸於君」（〈保位權〉）。地之事天，務暴其形，因此為臣者法地，亦「務著其情」（〈天地之行〉）。故曰：

> 為人臣者，法地之道，暴其形，出其情，以示人。高下險易，堅奭剛柔，肥臞美惡，累可就財也。故其形宜不宜，可得而財也。為人臣者，比地貴，而悉見其情于主，主亦得而財之，故王道威而不失，為人臣常竭情悉力，而見其短長，使主上得而器使之，而猶地之竭竟其情也，故其形宜可得而財也。（〈離合根〉）

人臣若能竭情悉力，則君王可以見其短長。君王知道群臣的能力，因此可以任賢而使其同心。

　　然而，地之道又不只如此，地「卑其位而上其氣，暴其形而著其情，受其死而獻其生，成其事而歸其功」（〈天地之行〉）其義為：

卑其位，所以事天也；上其氣，所以養陽也；暴其形，所以爲忠也；
著其情，所以爲信也；受其死，所以藏終也；獻其生，所以助明也；
成其事，所以助化也；歸其功，所以致義也。（〈天地之行〉）

爲人臣者，取象於地，故曰：

朝夕進退，奉職應對，所以事貴也；供設飲食，候視疾疾，所以致
養也；委身致命，事無專制，所以爲忠也；竭愚寫情，不飾其過，
所以爲信也；伏節死難，不惜其命，所以救窮也；推進光榮，褒揚
其善，所以助明也；受命宣恩，輔成君子，所以助化也；功成事就，
歸德於上，所以致義也。（〈天地之行〉）

此即是人臣法地之義的細目，然其要義，則是擔負治理天下的實務工作，即
「分職而治，各敬而事，爭進其功，顯廣其名」（〈保位權〉）。

第四節　治道行使組織：制度

《春秋繁露》主張「春秋應天作新王之事」（〈三代改制質文〉），因此十
分重視《春秋》的改制理論及古先王不易之制。於《春秋繁露》中提及的制
度包括歷制、服制、爵制、官制、財制等物。然而綜其所論，則以改制救弊
爲起始，重新反省舊制度的興革問題，並確立制度的基本精神必須合乎眾人
之情的需要，而制度的原則爲因材位序及相助救失等精神。至於制度確立之
後，內部人員的考核問題，《春秋繁露》則主張建立客觀的量化考績制度。

一、改制除弊

《春秋繁露》有「三代改制」的說法，認爲「王者必受命而後王，王者必
改正朔，易服色，制禮樂，一統於天下，所以明易姓非繼人，通以己受之於天
也」（〈三代改制質文〉）。依此說，則新王改制是爲了表明受命於天，除了突顯
王者受天命的責任之外，也表示與前王有所不同。而其不同之處，固然包括正
朔、服色、禮樂等各方面，實則乃是在「質、文」的差異上，亦即對政風民俗
的改異。王者所以必須改異政風民俗，是認爲國家的整體文化風格與傾向，歷
經動亂或長時期的發展之後會產生流弊，因此必須革除流弊，提振民心。就《春
秋》而言，即是針對周末的弊病，以立新王之道。故曰：

是故孔子立新王之道，明其貴志以反和，見其好誠以滅僞，其有繼

> 周之弊，故若此也。(〈玉杯〉)

新王之道貴志見誠，因爲周乃是「主地法文而王」(〈三代改制質文〉)，其弊即重文之弊。所以新王「承周文而反之質」(〈十指〉)，其義即「春秋之救文以質也」(〈王道〉)。所以《春秋繁露》以春秋救弊爲改制之義。也就是根據當時狀況，而有必須改制以救弊的需要，因此以質文相代的理論來說明。其實《春秋繁露》亦以「文質彬彬」爲最高理想，故曰：「質文兩備，然後禮成。」(〈玉杯〉)又曰：「禮者，庶於仁，文質而成體者也。」(〈竹林〉)然而實際的情形卻是「文質偏行」即「俱不能備，而偏行之」，因此根據當時面臨的周文之弊，提出以質救文的主張，再以三代質文相代的理論說明之。

二、緣情立制

《春秋繁露》認爲「明於情性，乃可與論爲政」(〈正貫〉)。治國者必須明於天地所生之情性，以立尊卑貴賤之制。故曰：

> 故聖人之治國也，因天地之性情、孔竅之所利，以立尊卑之制，以
> 等貴賤之差。(〈保位權〉)

此言尊卑之制與貴賤之差，必須以人民受之於天的性情與孔竅之所利爲制定時的依據。尤其攸關民生的財經制度，更不可不考量眾人之情。何謂眾人之情？即：

> 大富則驕，大貧則憂；憂則爲盜，驕則爲暴。此眾人之情也。(〈度
> 制〉)

治國者欲防盜除暴，則應當使人民不驕不憂。故曰：

> 聖者則於眾人之情，見亂之所從生，故其制人道而差上下也。使富
> 者足以示貴而不至於驕，貧者足以養生而不至於憂，以此爲度而調
> 均之，是以財不匱而上下相安，故易治也。(〈度制〉)

治國者知道盜暴之亂乃是驕、憂所生，因此緣眾人之情以制上下之差。其標準爲：一方面能滿足富者示貴的要求，卻不至於驕；另一方面能滿足貧者養生的需求，而不必憂。基於此標準，人民貧富的差距不至過大，國家較易安定。《春秋繁露》並舉孔子的話：「不患貧而患不均」〔註6〕(〈度制〉)說明治世之難易，並非以財富多寡來判定，而是受財富差距的大小的影響。而認爲

〔註6〕 參見《論語‧季氏》。今本《論語》作「不患貧而患不安」。

財富差距會成爲治世難易的因素，是根據對眾人之情的了解而來。因此與民生相關的制度，必須照顧到人民的基本需求與心態，即緣情以主制。

三、因材序位

　　制度的重要意義之一，爲別嫌疑以正杜亂源。因爲「凡百亂之源，皆出嫌疑纖微，以漸浸稍長，至於大」（〈度制〉）於是「聖人章其疑者，別其微者，絕其纖者，不得嫌，以蚤防之」，而聖人的作法，就如同防亂堤防一樣，而可謂之「度制」「禮節」，其結果是：

> 故貴賤有等，衣服有制，朝廷有位，鄉黨有序，則民有所讓而不敢
> 爭，所以一之也。《書》曰：「轝服有庸，誰敢弗讓，敢不敬應？」
> 此之謂也。（〈度制〉）

制度可別嫌疑以防亂，因此「今欲以亂爲治，以貧爲富，非反之制度不可」（〈度制〉）而禮節度制的作用，是在制定上下貴賤的層級等差，即貴賤、衣服、朝廷、鄉黨皆有其位序等級。

　　客觀的位序等級，可以「貴貴尊賢，而明別上下之倫，使教亟行，使化易成」﹝註7﹞（〈度制〉）此位序原則用於官制與爵制，則成爲客觀的官制結構與爵等級次。而官制結構與爵祿級次的客觀性，《春秋繁露》則以「數字」關係來說明，尤其以「象天」的數字來說明。換言之，官制及爵等的「象天」，乃是以數字象天，也代表制度的客觀化要求。

　　官制象天，是以一年四時、一時三月的數字關係，推論官員的數目及層級關係。即：

> 吾聞聖王所取，儀金天之經，三起而成，四轉而終，官制亦然者，
> 此其儀與。（〈官制象天〉）

三起而成，即一時有三個月；四轉而終，即四時而至年終。官制取象於此，三起而成，則是選三人爲三公；再以三公三倍之數選爲卿，即九卿；再以九卿三倍之數選爲大夫，即二十七大夫；再以二十七大夫三倍之數選爲元士，即八十一元士。如此四次而止，即所謂四轉而終。故曰：

> 王者制官：三公、九卿、二十七大夫、八十一元士，凡百十二人，
> 而列臣備矣。（〈官制象天〉）﹝註8﹞

────────────

﹝註7﹞　此文本指服制而言，然用於其他制度亦然。
﹝註8﹞　三公、九卿、二十七大夫、八十一元士之說，同見於《禮記・王制》《禮記・

此一百二十人之數又可以天數之十和一年十二月的十二之數相乘等等方法求得，因此「中天數也」。〔註9〕這種說法表現出《春秋繁露》對數字的觀念。但更重要的是，當《春秋繁露》解釋何以「四選而止」時，表示了人材分等的觀念，其文曰：

> 人之材固有四選，如天之時固有四變也；聖人為一選，君子為一選，
> 善人為一選，正人為一選，由此而下者，不足選也。（〈官制象天〉）

此說將人分為五等，可用者四，即聖人、君子、善人、正人四等可選。並且以此四等人分居四等職位。即：

> 是故三公之位，聖人之選也；三卿之位，君子之選也；三大夫之位，
> 善人之選也；三士之位，正直之選也。（〈官制象天〉）

將人材分出等級，再依等級序位之高低，此與爵祿制度中的因功受爵、因材任官的思想相同。故曰：

> 有大功德者受大爵土，功德小者受小爵土；大材者執大官位，小材
> 者受小官位。（〈爵國〉）

此為官制爵等的基本原則，雖然《春秋繁露》亦以各種歲時之數來說明爵等的理由，然其要義仍是因功受爵及因材任官的原則，而此亦即《春秋繁露》任賢及差貴賤等思想制度化的結果。

四、相助救失

《春秋繁露》在五行觀中，以五行相生及相勝，表現出相助及救失的制度原則。

五行相生是依木、火、土、金、水的順序，後者為前者所生，而木又為水所生，形成循環的相生關係。《春秋繁露》對此一相生關係，乃是藉司農、司馬、司營、司徒、司寇等五官的關係來說明。即司農之職，有助於司馬；司馬之事須靠司農之助。而司農屬木，司馬屬火，此即木生火，其餘亦然。因此在官制上，相生關係乃是依助關係，前者生後者即是後者依前者之助。以此種相生來解釋五官的依助關係，則認為每個官職都依另一官職之助而能

昏義》《淮南子・泰族》《書大傳》《白虎通・封公侯》《說苑・君道》《公羊傳
解詁》桓八年及《春秋元命苞》。
〔註9〕 甚至以人身有四肢，每肢有三節，合為十二節的十二之數，都與官制有關，
故曰：「以此見天之數，人之形，官之制，相參相得也。」（〈官制象天〉）。

成立和運作，而每一官職也都能幫助另一官職，由此形成互助結構。在這種互相依助的結構下，五官的關係十分緊密，正合乎「任眾賢而同心」的理想。

由《春秋繁露》的五行相勝說中，又可以看出官制的救失原則。五行相勝是以木、土、水、金、火的順序，前者勝後者，而木又勝火，形成循環的相勝關係。這種相勝關係，《春秋繁露》亦也是以司農、司馬、司營、司徒、司寇等五官的關係來說明。即司農屬木，若農民不順而叛，則命司徒誅其率，司徒者金也，故為金勝木。其餘亦是，如火有失，則水之官誅而除其害等等。因此在官制上，相勝關係為除害救失關係，前者有失，則後者救之。同樣的，以相勝關係來解釋五官的相救關係，則認為每個官職皆有另一官職可救其失，而且每一官職也都能救另一官職之失。

在相依助與相救失的關係下，結合成各司其職、各盡其能及相互扶助、相互救失的政制結構，此即「任賢而同心」的任官理想客觀化後，落實在制度上的結果。

五、客觀量化的考績制度

考績是考核各職事者的工作表現，並根據客觀具體的考核以判定每位官員的功過，再以總合計算之後的結果決定賞罰。即：

> 考績絀陟，計事除廢，有益者謂之公，無益者謂之煩。擥名責實，
> 不得虛言，有功者賞，有罪者罰。(〈考功名〉)

《春秋繁露》並且主張要把「賢愚」等個人能力或道德問題與實際的工作表現分開，而考績當是以實際的工作表現為標準，而不是個人的能力或道德。考核之時，亦不可受考核者的喜怒影響，如因才能公正客觀，才不會有循私姦軌的事。故曰：

> 功成者賞顯，罪名者罰重。不能致功，雖有賢名，不予之賞，官職
> 不廢；雖有愚名，不加之罰。賞罰用於實，不用於名；賢愚在於質，
> 不在於文。故是非不能混，喜怒不能傾，姦軌不能弄，萬物各得其
> 冥，則百官勸職，爭進其功。(〈考功名〉)

確定以工作成效為依據的考績原則，再加上考核者客觀公正的立場，則可達到百官勸職，爭進其功的目標。也就是以「百官勸職、爭進其功」為考績制度的目的。

至於考核的方法，則是以「大者緩，小者急；貴者舒，而賤者促」為原

則，即官職高者考核的間隔時期較長，而職位較小的官員則較密集。而考績的算法，是將爵位俸祿、官位品級、年資及實際工作成效分別量化後，給予不同的點數或分數，再總合所有的點數或分數來評量官員的升降進退。故曰：

> 考試之法，合其爵祿，並其秩，積其日，陳其實，計功量罪，以多除少，以名定實。先內弟之，其先比二三分，以為上中下，以考進退。然後外集，通名曰進退。(〈考功名〉)

《春秋繁露》所的考績法，是以各人的資格、資歷和實際功過的整體表現為依據，經過量化之後，成為代表成績的數字，再以這些數字來判定賞罰和升退。

第七章 《春秋繁露》治道思想中的理想世界

　　《春秋繁露》認爲《春秋》之學，乃是「道往而明來者也」（〈精華〉），「往者」是指二百四十二年之史，「明來者」是爲新王立法，也就是爲未來的世界提供理想宏規。因此孔子作《春秋》不是史料的整理，故曰：

> 能說鳥獸之類者，非聖人所欲說也。聖人所欲說，在於說仁義而理之，知其分科條別，貫所附，明其義之所審，勿使嫌疑，是乃聖人所貴而已矣。不然，傳於眾辭，觀於眾物，說不急之言，而以惑後進者，君子之所甚惡也，奚以爲哉。（〈重政〉）

說仁義而理之，知其分科條別，貫所附，明其義之所審，即是藉論史以明大義。故曰：

> 《春秋》論十二世之事，人道浹而王道備，法布二百四十二年之中，相爲左右，以成文采，其居參錯，非襲古也。（〈玉杯〉）

其居參錯，非襲古也，因此「《春秋》多所況，是文約而法明也」（〈楚莊王〉）其用意在明春秋之法，亦即春秋大義。故曰：「《春秋》，大義之所本耶。」（〈正貫〉）《春秋繁露》又引孔子的話：「吾因行事，加吾王心焉，假其位號，以正人倫、明順逆，此亦即是爲表達新王治世的理想。不論《春秋》之意，是否即如《春秋繁露》之所言，乃約文明法之作；然《春秋繁露》的確是本此新王之意，爲治世而作。因此《春秋繁露》實爲藉稱述《春秋》辭例筆法，闡明春秋大義，而此大義又實爲《春秋繁露》成書的旨趣。春秋大義是《春秋繁露》主張的理想世界秩序，但又不只是對此秩序的平面描述。也就是說，春秋大義不僅是理想世界所應尊循的秩序，同時也是到達理想世界的途徑。

只要自天子以至庶人都以春秋大義為生活行事的準繩，即可實現理想的新王世界。春秋大義必須有相當大的彈性空間，不可是固定而僵化的教條，簡單而固定的道德規範是不足因應複雜而多變的世事，更遑論成為達到理想世界的路徑與尊循的準繩。此所以《春秋繁露》一再強調「春秋有經禮，有變禮」（〈玉英〉）及「春秋之道，固有常有變，變用於變，常用於常」（〈竹林〉）禮之變，即是對於經禮常道所無法解決的問題，但是無論經變，都是出自最高的核心思想「春秋大義」中的根本要義。

因此可以透過《春秋繁露》對春秋治世的外在描述及達成春秋治世的春秋大義，來了解《春秋繁露》的治道理想。

第一節　新王治世：理想世界的描述

《春秋繁露》曰：「春秋之道，奉天而法古。」（〈楚莊王〉）是以「奉天」和「法古」作春秋之道的兩大原則，但是法古其實也是效法古先王之奉天，故曰：「天下無二道，故聖人異治同理也；古今通達，故先賢傳其法於後世也」（〈楚莊王〉）由於天下無二道、古今通達，因此「先王之遺道，亦天下之規矩六律已」（〈楚莊王〉），古先王之道，亦是法天之道而來，即「聖者法天，賢者法聖」。法古就是法古先王之法天，也可以說春秋之道即是「法天之道」。

法天之道，即是奉天元以正天下，故曰：

> 是故春秋之道，以元之深，正天之端；以天之端，正王之政；以王之政，正諸侯之即位；以諸侯之即位，正竟內之治，五者俱正，而化大行。（〈玉英〉）

以元為正天下之本，故春秋貴元。而王道之「貴元」，其意乃在正本。因此《春秋繁露・王道》即以「春秋貴元」的王道正本之義貫穿五帝三王之道，以描述出理想的新王治世景象。此理想治世的根本為「貴元正本」，故曰：

> 《春秋》何貴乎元而言之？元者，始也，言本正也；道，王道也；
>
> 王者，人之始也。王正，則元氣和順，風雨時，景星見，黃龍下；
>
> 王不正，則上變天，賊氣并見。（〈王道〉）

於是可依「王正」與「王不正」分別論述王道之世與衰亂之世。

《春秋繁露》中對王正的王道之世是以五帝三王之治為理想範例，且又以桀紂之世為無道之治來對比，敘述了悖亂之世的景象。

　　五帝三王之所以爲王道治世，乃是君王不以天下爲私器，輕稅節用，化民以德。故曰：

　　　　五帝三王之治天下，不敢有君民之心；什一而稅；教以愛，使以忠，

　　　　敬長老，則親而尊尊；不奪民時，使民不過歲三日。（〈王道〉）

不敢有君民之心，是因爲「天之生民，非爲王也；而天立王，以爲民也」（〈堯舜不擅移湯武不專殺〉），即君王之立，乃是以責任而言，非以權利或權力而言。因此不該以爲居於萬民之首的地位，而有宰制天下的私心。然而「不敢有君民之心」也只是說明君王要以責任爲念，以天下爲公。實則君王的確處重要地位，負治天下的重責大任，其重要性與影響的廣大深遠，自然不是任何一位人民所能相比；但另一方面君王又必須奉天命，不可恃勢而起驕妄之心。儘管有「以人隨君，以君隨天」及「屈民而伸君，屈而伸天」（〈玉杯〉）的說法，其意在說明君王的重要性與重責大任。

　　《春秋繁露》解釋「以人隨君，以君隨天」爲「緣民臣之心，不可一日無君」（〈玉杯〉）君王在整個國家及政治體制當中，居最高地位，「發言動作，萬物之樞機。樞機之發，榮辱之端也。失之豪釐，馴不及道」，故又謂：「君人者，國之元。」（〈立元神〉）但是君王應當虛位化，以無爲爲道，「居倡之位，而不行倡之勢；不居和之職，而以和爲德」，於是又可謂：「君人者，國之證也。」（〈立元神〉）因此不必以部分強調君主地位的說法，就以爲《春秋繁露》主張君王的權威和專制地位。否則就無法了解《春秋繁露》對君王職分的完整設計，也無法安頓「不敢有君民之心」、「君不君則臣不臣耳」（〈玉杯〉）、及有道伐無道的革命主張，與貴貴賤賤、屈民伸君之間的關係。又如天子以天爲父之說，也似乎表示天子爲天下之最貴，而居天下人之上。但是《春秋繁露》也說「雖天子必有尊也」（〈爲人者天〉）所尊者何？天子之父母即其所尊。然而如果進一步推論天子爲天之子，除父母之外，天子居群倫之首，人群中必無更尊於天子者，此即爲過當之論。因爲在政治結構中，固然以天子居國元之位，而高於眾臣，但是放在人倫結構中或道德結構中則未必然。如《白虎通》有「王者父天母地，爲天之子」的說法，﹝註1﹞似乎天子爲天下第一人，除生身父母之外似乎無人可比。其實不然，因爲《白虎通》同時有「王者父事三老，兄事五更」的說法，﹝註2﹞則至少三老、五更在有別於

────────────

﹝註1﹞ 見《白虎通・爵》，（台北，臺灣商務書局，《兩京遺編》）。

﹝註2﹞ 同上書，〈鄉射〉。

國家政治結構之外的國家道德結構或國家倫理中，〔註3〕乃居於天子之上。可見至少在漢代思想家的心目中，父天母地與父事三老、兄事五更並無衝突矛盾之處。因此雖然《春秋繁露》在政治結構中天子「父母事天，而子孫畜萬民」（〈郊祭〉）且「居至德之位，操殺生之勢」（〈威德所生〉），但此亦只是就「位」「勢」及「責任」而言，並不妨礙虛位元首的主張與「不敢有君民之心」的說法。

「什一而稅」意謂輕賦稅。《孟子·滕文公》云：「夏后氏五十而貢，殷人七十而助，周人百畝而徹，其實皆什一也。」又曰：「請野九一而助，國中十一使自賦。」《公羊傳宣十五年》何休注云：「聖人制井之法，而口分之，一夫一婦受田百畝，以養父母妻子。五口爲一家。公田十畝，即所謂什一而稅。」皆是以什一而稅代表仁政的賦稅標準。漢代賦稅更輕，《漢書·食貨志》云：「漢興，接秦之敝，諸侯並起，民失作業，而大饑饉。凡米石五千；人相食，死者過半。高祖以是約法省禁，輕田租，十五而稅一。量秦祿，度官用，以賦於民。」又，文帝從晁錯之言，「下詔賜民十二年租稅之半。明年，遂除民田之租稅。後十三歲，孝景二年，令民半出田租，三十而稅一也。」〔註4〕三十而稅一，僅仁政的什一而稅的三分之一，但由於豪門剝削，農民並不見得受惠。故錢穆云：

> 春秋戰國時的田租，大體是十分而稅一。漢代更寬大，折半減收，法定的租額是十五稅一。但實際徵收又減一半，只是三十稅一。而有些豪門的私租額，最高到十稅五。因此政府的寬政，有些處達不到民間，而轉增了豪門的剝削。〔註5〕

因此《春秋繁露》此處雖亦說「什一而稅」，其意不在什一究竟高或不高，而是表示君王輕賦低稅使農民生活得以保障，能安養自足。

農民對國家的義務，除納租之外即是服役。而「不奪民時，使民不過歲三日」，即是孔子「使民以時」〔註6〕之意。因爲公共事務必須大量人力投入，讓人民義務參與公共事務，一方面是基於經濟考量，可避免政府財政負擔過

〔註3〕 國家成員（如君、臣、民）當不必然只是政治結構關係，而同時有道德結構關係或倫理結構關係。如王者父事三老、兄事五更，即是以倫理結構來看待王者與三老、五更之間的關係。

〔註4〕 《漢書·食貨志》，（台北，洪氏出版社）。

〔註5〕 錢穆《國史新論·中國社會演變》，（台北，東大圖書公司國）。

〔註6〕 《論語·學而》。

重，同時也加強人民的參與感和同心力，正符合「不失其群」之義。但人民畢竟有生活上的現實問題，即生產的需要。以佔絕大多數的農民來說，合乎節氣的耕種耘耔，才能不影響基本收成。如果錯過了時節，則整年的收入都受影響。因此農民的役期不可過長，且應該避開農忙時期，否則不僅影響稅收，也將遭致民怨。所以如何適時征集民力，並使提高人民服役的意願，便是政治上的大問題。所以孔子曰：「上好禮，則民易使也。」〔註7〕又曰：「小人學道則易使也。」〔註8〕都是針對如何使民「易使」的問題。又，孔子曰：「使民如承大祭。」〔註9〕則是說明不可有奴役人民之念，必須小心從事，如承大祭一般的謹慎。因此「不奪民時」是不使人民因服役而妨礙生產和生活的安排，「使民不過歲三日」則指儘量減輕人民服役的負擔。固然，如何不奪民時？或使民歲三日是否過多或不足？此等問題，因時因事而異。然而其精神為使民而不擾民，則無容置疑。

此外，《春秋繁露》亦主張均富與遺利於民。故引孔子曰：「不患貧而患不均。」〔註10〕並論之云：

> 故有所積重，則有所空虛矣。大富則驕，大貧則憂，憂則為盜，驕則為暴，此眾人之情也。聖者則於眾人之情，見亂之所從生，故其制人道而差上下也，使富者足以示貴而不至於驕，貧者足以養生而不至於憂，以此為度而調均之，是以財不匱而上下相安，故易治也。（〈度制〉）

調均貧富之度為「使富者足以示貴而不至於驕，貧者足以養生而不至於憂」，一方面合乎富者示貴、貧者養生的基本心理與需求，另一方面則又不使富者驕和貧者憂，其結果乃是財不匱而上下相安。

至於遺利於民，即「天常以愛利為意，以養長為事，春秋冬夏皆其用也；王者亦常以愛利天下為意，以安樂一世為事，好惡喜怒而備用也」。（〈王道通三〉）王者既以愛利天下為意，則當遺利於民。故引孔子曰：「君子不盡利以遺民。」並論之云：

> 故君子仕則不稼，田則不漁，食時不力珍，大夫不坐羊，士不坐犬。（〈度制〉）

〔註7〕 《論語‧子路》。
〔註8〕 《論語‧陽貨》。
〔註9〕 《論語‧顏淵》。
〔註10〕 見《論語‧季氏》。今本論語作「不患貧而患不安」。

此即不與民爭利對之意也。

「教以愛，使以忠，敬長老，親親而尊尊」是指王者的教化責任與教化方向。

王者有教化之責，即「王承天意以成民之性爲任者也」（〈深察名號〉）教化的原則可從兩方面來說。一是除天下之患，亦即是使人民生活無患。因爲「天下者無患，然後性可善；性可善，然後清廉之化流；清廉之化流，然後王道舉，禮樂興」（〈盟會要〉）。此是保障人民有向善的環境。另一原則是「顯德示民」，即王者奉天命，修己正人。故曰：「上奉天施，而下正人，然後可以爲王也云爾。」（〈竹林〉）王者顯德示民，則民化若自然矣。故曰：

> 先王顯德以示民，民樂而歌之以爲詩，說而化之以爲俗，故不令而自行，不禁而自止，從上之意，不待使之，若自然矣。（〈身之養重於義〉）

此即「君之所好，民必從之」，即：

> 故君民者，貴孝弟而好禮義，重仁廉而輕財利，躬親職此於上而萬民聽，生善於下矣。（〈爲人者天〉）

此文不但說明了「君顯德而民生善」的教化原則，同時也提示了教化的具體方向，即「貴孝弟、好禮義、重仁廉、輕財利」。另外，《春秋繁露》論王者的教化亦曰：「君者，將使民孝於父母，順於長老，守丘墓，承宗廟，世世祀其先。」（〈王道〉）這些和「教以愛，使以忠，敬長老，親親而尊尊」都表示教化當以「春秋大義」化民成俗。〔註11〕

由於王者無君民之心，輕稅不擾民，於是人民生活無慮，從化修德。故〈王道〉繼續論王正的治世景象曰：

> 民家給人足，無怨望忿怒之患、強弱之難，無讒賊妒疾之人，民修德而美好。

人民家給人足，而無怨望忿怒之患、強弱之難，亦無讒賊妒疾之人，於是人民可修德而至於美好之境：

> 被髮銜哺而游，不慕富貴，恥惡不犯。

被髮銜哺而游是人民閒適安樂之貌；不慕富貴，乃是「重仁廉而輕財利」；恥惡不犯，是發揮人民「善善惡惡之性」（〈玉杯〉），亦即民「生善於下矣」（〈爲人者天〉），此即是人民從王教之化，而同修其德。

〔註11〕春秋大義的內容將於本章次節中詳論。

　　在君民同修其後之後，無短命夭亡之人，蟲獸草木、風雨泉露均有和德之應：

> 父不哭子，兄不哭弟；毒蟲不螫，猛獸不搏，抵蟲不觸。故天為之下甘露，朱草生，醴泉出，風雨時，嘉禾興，鳳凰麒麟遊於郊。

父不哭子、兄不哭弟，即是人民生活安樂，各享天命之壽，子無早於父而死，兄無送弟之終。因為《春秋繁露》認為人的壽命如果沒有其他因素，則有一定的長短，則壽命的長短乃是受之於天。故曰：

> 短長之質，人之所由受於天也，是故壽有短長，養有得失，及至其末之，大卒而必離於此，莫之得離。故壽之為言猶離也。天下之人雖眾，不得不各離其所生。（〈循天之道〉）

人的壽命長短雖是受之於天，但養有得失，因此人的養傷，也會影響壽命短長。故曰：

> 而壽夭於其所自行，自行可久之道者，其壽離於內，自行不可久之道者，其壽亦離於不久，久與不久之情，各離其生平之所行。（〈循天之道〉）

而可久之道即是得天地泰。故曰：

> 是故男女體其盛，臭味取其勝，居處就其和，勞佚居其中，寒煖無失適，饑飽無過平，欲惡度理，動靜順性，喜怒止於中，憂懼反之正，此中和常在乎其身，謂之得天地泰。得天地泰者，其壽引而長；不得天地泰者，其壽傷而短。（〈循天之道〉）

父不哭子、兄不哭弟之說，是指在理想治世之中，人人得天地泰而安養其身。也由於德類所召，蟲獸同披其化，皆有和樂之象；天候草木受德所感，亦有祥瑞之應。此太平之象也。於是《春秋繁露》接著又以民情善樸、四方安來、封禪祀先等穩定的秩序，歸結於天下奉元之應。曰：

> 囹圄空虛，畫衣裳而民不犯；四夷傳譯而朝，民性至樸而不文；郊天祀地，秩山川；以時至封於泰山，禪於梁父，立明堂，宗祀先帝，以祖配天；天下諸侯各以其職來祭，貢土地所有。先以入宗廟，端冕盛服，而後見先，德恩之報，奉元〔註12〕之應也。

《春秋繁露・王道》以奉元正本為中心，說明了五帝三王以天德化萬民，所形成的治世景象。若再與桀紂和周末的亂世相比較，就更可以顯現有道與無

〔註12〕　「元」，蘇輿本作「先」。

道的分別。

　　桀紂雖亦皆聖王之後，但不能修德愛民，反而驕溢妄行，以天下之資供一己淫佚。終至殺君亡國，奔走不得保社稷。故曰：

> 桀紂皆聖王之後，驕溢妄行，侈宮室，廣苑囿，窮五采之變，極飭材之工，困野獸之足，竭山澤之利，食類惡之獸，奪民財食。高雕文刻鏤之觀，盡金玉骨象之工，盛羽旄之飾，窮白黑之變。深刑妄殺以陵下，聽鄭衛之音，充傾宮之志，靈虎兕文采之獸，以希見之意，賞佞賜讒；以糟為邱，以酒為池；孤貧不養，殺聖賢而剖其心，生燔人，聞其臭，剔孕婦，見其化。斷朝涉之足，察其拇；殺梅伯以為醢；刑鬼侯之女，取其環。誅求無己，天下空虛；群臣畏恐，莫敢盡忠，紂愈自賢，周發兵，不期會於孟津者，八百諸侯，其誅紂，大亡天下。

聖王不敢有君民之心，桀紂則驕溢妄行；聖王什一而稅，不奪民時，使民不過歲三日，桀紂則奪民財食；聖王教以愛，使以忠，敬長老，親親而尊尊，桀紂則賞佞賜讒，孤貧不養，殺聖賢而剖其心，生燔人，聞其臭，剔孕婦，見其化。其殘暴不仁如是，而群臣畏恐，莫敢盡忠，紂卻愈自賢，以至於亡。

　　至於周之衰，則又是另一種情況即是天子微弱，不能行度制法文之禮：

> 周衰，天子微弱，諸侯力政，大夫專國，士專邑，不能行度制法文之禮；諸侯背叛，莫修貢聘奉獻天子；臣弒其君，子弒其父，孽殺其宗；不能統理，更相伐銼以廣地，以強相脅；不能制屬，強奄弱，眾暴寡；富使貧，並兼無已；臣下上僭，不能禁止。

度制法文之禮不行，使天下失序，不但政治體制瓦解，而諸侯背叛，大夫、士專其政，臣下上僭不能禁止；而且道德、人倫秩序亦崩壞，而有子弒其父，孽殺其宗，強奄弱，眾暴寡之事。於是更有災異之變，如日食、星霣、雨螽等等。《春秋繁露》認為孔子針對周末之弊，而作《春秋》以「明得失，差貴賤，反王道之本，譏天王以致太平」。〔註13〕

　　五帝三王是否如此聖明，桀紂是否如此驕溢，周末是否如此衰亂等問題，並非〈王道〉一文的重點，其要義乃是《春秋繁露》藉此提出了理想治世與衰亡亂世的典型，並顯現其「明得失，差貴賤，反王道之本，譏天王以致太平」的主張。理想治世的典型，於政制上強調以責任為中心君臣的分工，而

〔註13〕以上引文皆出自《春秋繁露‧王道》。

非權力為中心的制衡關係；並且著眼於政制結構之外，以人倫和道德為主體的國家人倫結構和道德結構。經由國家結構的人倫化和道德化之後，天君臣民分別有人倫結構上和道德結構上的相對關係。因此維繫國家整體的，不只是權力的單一力量，而是政制、人倫、道德複合式的有機結構。天君臣民的相互關係也不只是政制運作上的指揮與附屬關係，而有人倫之親與道德之義。在經濟上則是國家財政、公共事務與人民家庭生活兼顧，但當中又以維護人民生活為第一要務。然而《春秋繁露》用來作為治世目標的，仍是教化大行之後的樸善民德。因為民德樸善，必須以政制、財經等作為先決條件；而國家的整體成果，也是以民德為呈顯所。此所以《春秋繁露》引孔子之言曰：「治民者，先富之而後加教。」（〈仁義法〉）〔註 14〕之義。然而若問如何才是王道之本、教化之則？或者如何才是奉行天德？即是《春秋繁露》反復論述的「春秋大義」。提出春秋大義，或可視為《春秋繁露》立論的終極目的。

第二節　春秋大義：理想世界的途徑與目標

　　《春秋繁露》認為「《春秋》之辭多所況，是文約而法明也」。（〈楚莊王〉）因此明法為孔子了作《春秋》之意。亦即《春秋》之作「非襲古也」（〈玉杯〉），而是「視人所惑，為立說以大明之」（〈玉杯〉），而有大義立於文辭之間。故曰：「《春秋》，大義之所本耶。」（〈正貫〉）至於文辭，只是為了表達義旨，不可執著，即「見其指者，不任其辭；不任其辭，然後可與適道矣」（〈竹林〉）。由於文辭只是用以表達大義，因此有常辭而無通辭。有常辭是指在一般情況下，《春秋》褒貶之辭有特定的用法；無通辭是因為在特殊情況下，《春秋》不免改變褒貶的一般用法，以突顯大義。所以不論常辭或變辭，都是出自春秋大義；或亦可說是以春秋大義為新王之制的根本。此為《春秋繁露》的春秋學主張。〔註15〕

　　春秋大義不僅是理想的人倫秩序或道德規範，而是國之為國，家之為家，或天下之為天下的根本大法，其優先性乃在國家的政制規模、律法措施、禮樂服色之前。故曰：

　　　　《春秋》，大義之所本耶。六者之科，六者之恉之謂也。然後援天端，

〔註14〕此《春秋繁露》節取《論語・子路》文意。
〔註15〕此無關乎《春秋》是否有大義存於辭例筆法之間，或是否為新王立法。

　　　布流物，而貫通其理，則事變散其辭矣。（〈正貫〉）
大義本於天端，其理貫通。至於布於流物，因事之變而散其辭，則成爲政制律法、禮樂教化的種種措施。也就是說，政制律法、禮樂教化等種種措施乃是根據春秋大義而產生。同時，春秋大義也是達到理想治世的途徑，即：

　　　孔子明得失，差貴賤，反王道之本，譏天王以致太平。（〈王道〉）
孔子以明得失、差貴賤、譏天王，以達反王道之本，以致太平的目的。

　　春秋大義既同時是途徑也是目的，其內容自不可只是幾條法則或規範，而必須足以爲立國根本又是確實可行，且能適時變。儘管《春秋繁露》之中屢稱「春秋之法」「春秋之道」，然其中又有要義與衍義之分。要義爲眾衍義之本，而應乎時變之眾衍義，又都衍自於要義。此即「春秋之道博而要，詳而反一」（〈玉英〉）。要與一者即指春秋之要義，博而詳者即是由要義衍生的眾義。因此《春秋繁露》一方面說：「是故讓者，春秋之所善。」（〈玉英〉）另一方面卻又說：「君子之道，有貴於讓者也。」（〈竹林〉）因爲讓之義雖可貴，然而與春秋根本要義「重人」相違，則雖不讓亦可。足見春秋之義，確有要衍之別；討論春秋大義，也當以根本要義爲主。

　　春秋的根本要義，就天下國家存有的本質而言爲「重人」，就客觀化實踐的要求上而言爲「別嫌疑」。

一、春秋重人

　　《春秋繁露》引子夏言曰：「春秋重人，諸譏皆本此。」（〈俞序〉）「重人」是《春秋繁露》諸譏之本，亦即是春秋大義之本。春秋重人不僅因爲人超然萬物之上，而最爲天下貴，而且也是因爲《春秋繁露》的治道思想是以「人」爲出發點，認爲天下國家的存在，乃是爲天下國家當中的「人」而存在。因此假如天下之所重，不在「人」的本身，而在「人」以外的事物上，則對於天下國家存在的意義而言，乃是根本上的取消。以安天下而言，「重人」即是尊重人民。故曰：

　　　故子夏言：「春秋重人，諸譏皆本此；或奢侈使人憤怨，或暴虐賊害
　　　人，終皆禍及身。」故子池言：「魯莊築臺，丹楹刻桷；晉靈之刑刻
　　　意者；皆不得以壽終。」上奢侈，刑又急，皆不內恕，求備於人。
　　　故次以春秋，緣人情，赦小過。（〈俞序〉）
君王奢侈將使人民憤怨，君王暴虐賊害人民，會禍及其身。即是君王不能自

我要求，卻苛求於人民。因此《春秋》緣人之常情，赦他人之小過。此即人重於君也。由重人之義，又可推衍出春秋尚仁、除患、反戰之大義。

（一）尚　仁

春秋重人，對君王而言，則必須尚仁。故曰：「霸王之道，皆本於仁。仁，天心。」（〈俞序〉）《春秋繁露》認爲不論成霸爲王，都必須本之於仁，方可成其功，而仁亦正是天心。《春秋繁露》的治道法天之說，即是指王者當法天之仁以愛民。而天之仁，即天之道也。故曰：

> 是故王者唯天之施，施其時而成之，法其命而循之諸人，法其數而以起事，治其道而以出法，治其志而歸之於仁。仁之美者在於天，天仁也。天覆育萬物，既化而生之，有養而成之，事功無已，終而復始，凡舉歸之以奉人。察天之意，無窮極之仁也。（〈王道通三〉）

仁不僅是天之心、天之意，實亦即人道。故曰：

> 人之受命於天也，取仁於天而仁也。是故人之受命天之尊，父兄子弟親，有忠信慈惠之心，有禮義廉讓之行，有是非逆順之治，文理燦然而厚，知廣大有而博，唯人道爲可以參天。（〈王道通三〉）

人道之參天必以仁，王道之通三亦以仁，而天之意乃無窮極之仁，此《春秋繁露》尚仁之主張也。然而何謂「仁」？即「愛人之名也」（〈仁義法〉）故曰：

> 何謂仁？仁者，憯怛愛人，謹翕不爭，好惡敦倫；無傷惡之心，無隱忌之志，無嫉妒之氣，無感愁之欲，無險詖之事，無辟違之行；故其心舒，其志平，其氣和，其欲節，其事易，其行道；故能平易和理而無爭也。如此者，謂之仁。（〈必仁且智〉）

愛人而能平易和理而無爭，謂之仁。而此之謂仁乃是愛人，非指自我的修養功夫而言。《春秋繁露》主張「義與仁殊」（〈仁義法〉）。義乃是用以正我，正人者不得稱爲義，唯正我、正己才是義，故曰：「義之法在正我，不在正人；我不自正，雖能正人，弗予爲義。」（〈仁義法〉）而仁乃是愛人，不在愛己。

《春秋繁露》的仁義之分，是與以教化的中心的人性論結合成實踐爲導向的道德觀。因爲善唯在實踐中才有意義，存在本性中的「善質」不同於善性，所以「善念」「善心」之說也不是「善」。因此「仁」也不可以只是自我修養，而是把善質向外推去，成爲善的行爲，方可稱爲仁。也就是必須在愛人的實踐中才有所謂仁。

（二）思患而豫防

愛人，又以思患而豫防為先。故曰：

> 愛人之大者，莫大於思患而豫防之。故蔡得意於吳，魯得意於齊，
> 而《春秋》皆不告。故次以言：怨人不可適，敵國不可狎，攘竊之
> 國不可使久親，皆防患、為民除患之意也。（〈俞序〉）

「愛人」也不只是心情或意念，而是愛人的實踐。而實踐的方法就不是實踐
者的態度或觀念問題，當是實本身如何進行。《春秋繁露》的立場，是以天下
整體為考量，因此愛天下的當務，即是為天下除患。此所以《春秋》徧書天
下之患：

> 蓋聖人者，貴除天下之患；貴除天下之患，故《春秋》重而書天下
> 之患徧矣，以為本於見天下之所以致患，其意欲以除天下之患。何
> 謂哉？天下者無患，然後性可善；善可善，然後清廉之化流；清廉
> 之化流，然後王道舉，禮樂興，其心在比矣。（〈盟會要〉）

以除患為王道舉、禮樂興的先決條件，可見「王道」「禮樂」，是以「愛人」
為基礎；或更進一步說，天子聖人行王道制禮樂，其出發的基點乃是「愛人」。
因此若在行王道、制禮樂的過程中，傷害了「愛人」的原則，即是自斫其根。

《春秋繁露》重視災異，也是基於愛人，欲為民除患也。故曰：

> 故書日蝕、星隕、有蜮、山崩、地震、夏大雨水、冬大雨雹、隕霜
> 不殺草、自正月不雨、至於秋七月有鸛鴝來巢，《春秋》異之，以此
> 見悖亂之徵。（〈二端〉）

因此《春秋》記災異，以見悖亂之徵；見悖亂之徵是為除悖亂。然而《春秋》
之所貴，卻不是為了救此悖亂禍患；而是希望找出悖亂禍患出現的原因，使
悖亂禍患不再發生。即：

> 因惡夫推災異之象於前，然後圖安危禍亂於後者，非《春秋》之
> 所甚貴也。然而《春秋》舉之以一端者，亦欲其省天譴，而畏天
> 威，內動於心志，外見事情，修身審己，明善心以反道者也。（〈二
> 端〉）

能修身審己，明善心以反道，則悖亂禍患無由生，則是愛人之大者也。故曰：

> ……觀物之動，而先覺其萌，絕亂塞害於將然而未形之時，春秋之
> 志也。（〈仁義法〉）

絕亂塞害於將然而未形之時，則是除患於未有患之先，此春秋愛人之志也。

（三）春秋無義戰

春秋重人愛人，以人民的生命爲重，因此反對戰爭，而曰「春秋無義戰」。故曰：

> 春秋之法，凶年不修舊，意在無苦民爾；苦民尚惡之，況傷民乎！傷民尚痛之，況殺民乎！故曰：凶年修舊則譏，造邑則諱，是害民之小者，惡之小也；害民之大者，惡之大也。今戰伐之於民，其爲害幾何。……夫德不足以親近，而文不足以來遠，而斷斷以戰伐爲之者，此固《春秋》所甚疾己，皆非義也。（〈竹林〉）

苦民尚惡之，何況殺民的戰爭。尤其當文德不足以親近而來遠，卻一意以戰爭爲事，《春秋》十分疾惡，認爲皆非義戰。然而有人認爲《春秋》並非全然否定戰爭：

> 《春秋》之書戰伐也，有惡有善也，惡詐擊而善偏戰，恥伐喪而榮復讎，奈何以《春秋》爲無義戰而盡惡之也？（〈竹林〉）

其問題是，《春秋》之文並非全然否定戰爭，同樣是戰爭，亦有贊許與反對的不同，可見《春秋》並未反對所有戰爭，也不可說所有的戰爭都是不義的。《春秋繁露》則著眼於大多數情形。〔註16〕即使有少數出於義的戰爭，也要說成無義戰。而且爲了表明何者爲善與義，《春秋》會在不善之中挑出較善者，在不義之中找出較義者。但若論到戰爭的手段，必然要殺人，於是基本上《春秋》反對戰爭。即：「《春秋》愛人，而戰者殺人，君子奚說善殺其所愛哉。」（〈竹林〉）

反對戰爭的根本義於重視人民生命。以人命爲重，是春秋的根本要義，其優先性高於其他道德原則或禮法。如春秋楚莊王伐宋，司馬子反奉命入宋城探敵情，司馬子反卻把楚軍僅餘七日餘糧的事告訴對方，使楚宋和談。有人據此事而問曰：

> 司馬子反爲君使，廢君命，與敵情，從其所請，與宋。是內專政，而外擅名也。專政則輕君，擅名則不臣，而春秋大之，奚由哉。（〈竹林〉）

以春秋之義應當是惡輕君不臣之事，但春秋反而大之，因此另人感到不解。而且據春秋之法，「卿不憂諸侯，政不在大夫。子反爲楚臣，而恤宋民，是憂諸侯也；不復其君，而與敵平，是政在大夫也」（〈竹林〉），凡是違反這些原

〔註16〕即如：「凡《春秋》之記災異也，雖敝有數莖，猶謂之無麥苗也。」見〈竹林〉。

則的，《春秋》都會刺之，而對司馬子反卻反而大之，似乎並不合春秋之法。

《春秋繁露》則解釋曰：

> 春秋之道，固有常有變，變用於變，常用於常，各止其科，非相妨
> 也。今諸子所稱，皆天下之常，雷同之義也；子反之行，一曲之變，
> 獨修之意也。（〈竹林〉）

子反之行，是應變之行，也合乎春秋之道。其理由是：

> 今子反往視宋，聞人相食，大驚而哀之，不意之至於此也。是以心
> 駭目動，而違常禮。禮者，庶於仁，文質而成體者也。今使入相食，
> 大失其仁，安著其禮；方救其質，奚恤其文。……今讓者，春秋之
> 所貴，雖然，見人相食，驚人相爨，救之忘其讓，君子之道，有貴
> 於讓者也。（〈竹林〉）

見人相食，驚人相爨，其仁大失，其當務在救人，當然不可拘於禮讓之節。因爲「重人」乃春秋要義，所以救人貴於讓。司馬子反爲救人而平息戰爭，正合乎「春秋重人」之義。

二、春秋別嫌疑

《春秋繁露》曰：「春秋之道，視人所惑，爲立說以大明之。」（〈玉杯〉）有所惑則禮法制度無從立，是非善惡不得分，乃爲亂源。故曰：「別嫌疑，異同類，則是非著矣。」（〈十指〉）別嫌疑，異同類，把事物之理分條別目，以使事理不相混雜，客觀的知識可由此而產生，禮法制度客觀性也可由此而建立。故曰：

> 凡百亂之源，皆出嫌疑纖微，以漸寖稍長，至於大。聖人章其疑者，
> 別其微者，絕其纖者，不得嫌，以蚤防之。聖人之道，眾隄防之類
> 也，謂之度制，謂之禮節，故貴賤有等衣服有制，朝延有位，鄉黨
> 有序，則民有所讓而不敢爭，所一之也。（〈度制〉）

別嫌疑以絕亂之源，以立禮節制度，而且也是認識事物的方法。故曰：「春秋理百物，辨品類，別嫌微，修本末者也。」（〈玉英〉）聖人立說之所貴即在確立客觀制度的基礎。故曰：「聖人所欲說，在於說仁義而理之，知其分科條別，貫所附，明其義之所審，勿使嫌疑，是乃聖人所貴而已矣。」（〈重政〉）聖人貴別嫌疑，明其義之所審，亦「以明正世之義」（〈盟會要〉）。推而廣之，凡貴賤、重輕、厚薄、善惡之間都要嚴加判分。即：

> 吾以其近而近遠遠、親親而疏疏也，亦知其貴貴而賤賤、重重而輕
> 輕也，有知其厚厚而薄薄、善善而惡惡也，有知其陽陽而陰陰、白
> 白而黑黑也。（〈楚莊王〉）

近近而遠遠、親親而疏疏、貴貴而賤賤、重重而輕輕、厚厚而薄薄、善善而
惡惡、陽陽而陰陰、白白而黑黑即是別嫌疑，不使相互混淆。不相混淆，則
天下得其倫。故曰：

> 志得失之所從生，而後差貴賤之所始矣。論罪源深淺定法誅，然後
> 絕屬之分別矣；立義定尊卑之序，而後君臣之職明矣；載天下之賢
> 方，表謙義之所在，則見後正焉耳；幽隱不相踰，而近之則密矣，
> 而後萬變之應無窮者，故可施其用於人，而不悖其倫矣。（〈正貫〉）

此應萬變而無窮，即本於別嫌疑。

（一）正　名

別嫌疑首在正名，別名之嫌疑，亦是以名別嫌疑。即「名倫等物，不失
其理」（〈盟會要〉）不失其倫，則可治天下，故曰：

> 治天下之端，在審辨大；辨大之端，在深察名號。名者，大理之首
> 章也，錄其首章之意，以窺其中之事，則是非可知，逆順自著，其
> 幾通於天地矣。（〈深察名號〉）

深察名號則可知是非，著順逆，而通天地之幾。因為名號之定，乃是「聖人
之所以真物也」（〈深察名號〉）聖人以名號真物，因此謹於正名，蓋名不正則
無以真物。即：

> 春秋辨物之理，以正其名，名物如其真，不失秋毫之末。故名賓石，
> 則後其五；言退鶂，則先其六。聖人之謹於正名如此，君子於其言，
> 無所苟而已，五石六鶂之辭是也。（〈深察名號〉）

聖人謹於正名以真物，因此可由名號以審明是非，別嫌疑。故曰：

> 欲審曲直，莫如引繩；欲審是非，莫如引名。名之審於是非也，猶
> 繩之審於曲直也。詰其名實，觀其離合，則是非之情不可以相讕已。
> （〈深察名號〉）

名號要能用以審是非，則是必須基於辨物之理所正之名。其審於正名，即「春
秋慎辭，謹於名倫等物」（〈精華〉），故曰：

> 名者，所以別物也，親者重，疏者輕，尊者文，卑者質，近者詳，
> 遠者略，文辭不隱情，明情不遺文，人心從之而不逆，古今通貫而

不亂，名之義也。（〈天道施〉）

以名別嫌疑，即是春秋之義。

（二）正是非

《春秋繁露》論六藝之長曰：「春秋正是非，故長於治人。」（〈玉杯〉）即是以正是非爲治人的方法。正是非有二義，一是論斷某事之是非；一是定立是非標準，彰顯是之爲是，與非爲之爲非。然而二義之用，又有關聯，即以論斷某事之是非以彰顯是非之別，於是二義乃可合於一。故曰：

> 仲尼之作春秋也，上探正天端，王公之位，萬民之所欲，下明得失，起賢才，以待後聖。故引史記，理往事，正是非，見王公。史記十二公之間，皆衰世之事，故門人惑，孔子曰：「吾因其事，而加乎王心焉，以爲見之空言，不如行事博深切明。」（〈俞序〉）

引史記，理往事，而因其事加乎王心，以正是非，見王之公。此即是以評論某事的是非以表現是非的標準。故又曰：「吾因行事，加吾王心焉。假其位號，以正人倫。因其成敗，以明順逆。」（〈俞序〉）也就是以正人倫、明順逆爲目的。因此《春秋》「記天下之得失」（〈竹林〉）其意乃是「視人所惑，爲立說以大明之」（〈玉杯〉）在使人無惑於是非。因此《春秋》特別強調是與非之不同，著其是，明其非，「以矯枉世而直之」（〈玉杯〉）

（三）差貴賤

《春秋繁露》以別嫌疑爲禮節制度的基礎，認爲「大小不踰等，貴賤如其倫，義之正也」（〈精華〉）因此禮節制度必須能差貴賤，故曰：

> 聖人之道，眾隄防之類也，謂之度制，謂之禮節，故貴賤有等，衣服有制，朝廷有位，鄉黨有序，則民有所讓而不敢爭，所以一也。（〈度制〉）

能夠使貴賤之等差分別明顯，則人倫上下即十分清楚，而民化於禮義之教矣：

> 將以貴貴賤賤，而明別上下之倫，使教亟行，使化易成，爲治爲之也。（〈度制〉）

貴貴賤賤差是分判貴與賤的差別，使人知何者爲貴，何者爲賤，由此以建立國家的人倫及道德結構。因爲國家的構成，不只是依靠政治力量所形成的政制結構，還有以人倫道德所構成的人倫乃道德結構，所以貴賤等級之差，不僅以政治地位爲標準，亦須以人倫及道德爲標準。即禮制中的貴賤等級應當

「以德多爲象」：

> 禮者，繼天地，體陰陽，而愼主客、序尊卑、貴賤、大小之位，而
> 差外內、遠近、新故之級者也，以德多爲象。(〈奉本〉)

貴賤之差與尊卑之序、大小之位、內外之差、遠近新故之級，都是禮制之等次。其等次級別已不僅與民之教化難易有關，也關係一世之治亂，天下之得失。故曰：

> 春秋明得失，差貴賤，本天王之所失天下者，使諸侯得以大亂之說，
> 而後引而反之。(〈重政〉)

貴賤無差，將失其國而致大亂，甚至喪其生。《春秋繁露》舉宋閔公與大夫萬博之例說明曰：

> 宋閔冶矜婦人而心妒，與大夫萬博，萬譽魯莊公曰：「天下諸侯宜爲
> 君者，唯魯侯爾。」閔公妒其言，曰：「此虜也。爾虜焉故？魯侯之
> 美惡乎至。」萬惡，搏閔公，絕脰。(〈王道〉)

宋閔公和萬在婦人之前搏鬥爲樂，此貴賤無差，君臣無別，不僅不得率令天下，連生命都不保。故《春秋繁露》評之曰：

> 古者，人君立於陰，大夫立於陽，所以別位，明貴賤。今與臣相對
> 而博，置婦人在側，此君臣無別也。故使萬稱他國，卑閔公之意；
> 閔公藉萬，而身與之博，下君自置；有辱之婦人之房，俱而矜婦人，
> 獨得殺死之道。(〈王道〉)

閔公下其位而與大夫萬博，以至喪生，固是歷史上的特例及偶發事件。但是君臣相對而博戲，又置婦人在側，則臣之無貴君之心，也是難免的。因此《春秋繁露》重視君臣之間的等差級別，認爲如果君王要率群臣以奉天命，必須擔負爲君之責，自覺其責重於群臣，而扮演好爲人君的角色。不然，則天下不聽號令，即所謂「君不君則臣不臣」(〈玉杯〉)。不能號令天下，則天奪其君之位矣。此以貴賤混而致喪命失位也，若能「引而反之」，則差貴賤可爲治天下之本。

第八章 結 論

一、《春秋繁露》天道觀與治道思想要義

康有爲評論《春秋繁露》爲：「探本天元，著達陰陽，明人物生生之始，推聖人制作之源。揚綱紀，白性命，本仁誼，貫天人，本數本度，莫不兼運。」〔註1〕可謂深得《春秋繁露》之旨。《春秋繁露》通貫天人，明人物生生之始，推聖人制作之源，其意乃以天道爲核心，開展出治道宏規。本文即以《春秋繁露》天道觀爲中心所開展出的治道思想爲主要關切論題。

所謂的「以天道觀爲中心」並不表示在治道思想之外別有天道觀，或在天道觀之外別有治道思想。而是就理論包含的範圍而言，治道思想是天道觀中屬人類群體部分的理論；然而以《春秋繁露》成書的旨趣與立論的目的來說，則天道觀的建立只是治道思想的基石。當《春秋繁露》討論治道時，乃是以天道觀原則；而討論天道時，又以治道爲實際內涵。此即是《春秋繁露》「即天道即治道」的天道觀與治道思想。但是在理論建構的次序上，仍以天道觀的優先，包含治道在內的種種思想者必須合乎天道原則。

天道，在《春秋繁露》中結合了兩個面向。即統一和諧的結構與規律，及此結構與規律的尊生貴德趨向。

統一和諧的結構是以「元」爲天地宇宙共同的中心，此中心發展爲「天、地、陰、陽、木、火、土、金、水、人」等十端，再顯用於萬物萬象。由於天地宇宙乃同出一元，因此有統一的規律。而此統一的規律即以天、地、人、陰

〔註1〕 康有爲《春秋董氏學・自序》，（臺灣商務印書館，民國58年）。

陽、五行爲代表。因此《春秋繁露》的天道觀，乃是以天地之道、人道、陰陽之道、五行之道爲內涵。而諸道又相互統一，且陰陽五行的理論性較高，因此實際上天道觀的理論大多藉由陰陽之道與五行之道表現。《春秋繁露》即藉由陰陽的對反相成、溉濟調和及貴陽賤陰等原則，說明了兼合相成、調和濟助及貴德重生的主張；又以五行的相生、相勝及不相干等原則，說明了互助、相救以德及分職敬事的主張。亦即以陰陽五行的關係表達出尊生貴德的趨向。

　　《春秋繁露》在由天道觀開展到治道思想時，蘊含了一項基本假設，即天人同類，且同類相動。天人同類是由於天人都本於同一元，因此有統一的規律。而同類相動則是以當時對自然界物理現象的觀察之後得出的原理，認爲同類之物必能相互影響。而所謂的相互影響，是依「陰陽」「五行」及由二者結合成的「四時」爲分類，同類者會相應相動。因此治道的原則即與天道的「陰陽」「五行」「四時」等原理相應且相動，即是治道也必合乎天道之尊生貴德，而有貴德重人原則。於是天人同類，同樣必須尊生貴德，就成爲《春秋繁露》治道思想取自天道觀的最基本原則。基此原則，《春秋繁露》開展出君王法天德，正己安民，無爲而治；群臣法地德，眾賢同心，分職敬事；改制救弊，緣情立制，因材序位等治道思想。並根據尊生的天心之仁及客觀化的實踐需求，提出以「重人」及「別嫌疑」爲內涵的春秋大義，作爲理想的根本大法及實現途徑。而完成以天道觀爲中心所開展出的治道思想。

二、《春秋繁露》天道觀治道思想的歷史定位

　　《春秋繁露》與《春秋公羊傳何休解詁》是現存依直接闡述漢代公羊思想最重要的兩部著作。〔註2〕《史記・儒林傳》云：「言《春秋》於魯自胡毋生，於趙自董仲舒。」〔註3〕何休《公羊解詁・序》曰：「往略依朝毋生條例多得其正。」是何休乃傳胡毋生之學。則由此二書可見漢初之《春秋》學。〔註4〕

　　此二書各有所長，而魏源認爲《春秋繁露》價值遠在胡毋生及何休之上，曰：

〔註2〕　熊十力謂：「使兩漢無董何，則公羊之學遂絕。」見《讀經示要》卷三，（台北，廣文，民國49年），頁139。

〔註3〕　《史記・儒林傳》。另據《漢書・藝文志》漢初傳《春秋》者有五家。《史記》所言，蓋指《春秋公羊傳》。

〔註4〕　當然今本《春秋繁露》是否全爲董仲舒舊作之文，尚無定論，但論者多謂其中多有極根理之言，非後人所能依託，則至少有部分屬董氏之作。

其書三科九旨，燦然大備。且宏通精淼，內聖而外王，蟠天而際地，
遠在胡毋生、何邵公章句之上。蓋彼猶泥文，此優柔而饜飫矣；彼
專析例，此則曲暢而旁通矣。故抉經之心，執聖之權，冒天下之道
者，莫如董生。〔註5〕

何休書未必專析例，然謂《春秋繁露》曲暢而旁通，並不爲通。只是《春秋
繁露》的價值，除了以「宏通精淼，內聖而外王，蟠天而際地」等數語含括
之外，尚可由其「天道觀」與「治道思想」的理路及精義中所見。

　　《春秋繁露》的天道觀及治道思想以尊生貴德精神貫串，尊生貴德即是
《春秋繁露》一書的精義。然此精義表現在天道觀及治道思想中又代表著不
同意義。

　　《春秋繁露》的天道觀結合了統一和諧的規律及此規律尊生的趨向兩個
面向。此統一規律與尊生趨向的提出代表作者自然觀的總合，也就是對客觀
世界及人與客觀世界互爲主體關係的理解和說明。因此《春秋繁露》天道觀
是以陰陽、五行及同類相動理論說明客觀世界，表示客觀世界是可理解的，
並非「神」或其他神祕不可思議的力量造成。所以雖然《春秋繁露》昌言災
異譴告及同類相動，但這其實正是《春秋繁露》企圖以合理的解釋來說明這
些現象都不是「神」的力量。至於人與客觀世界的相互主體性，是建立在天
人之間的互動性，人可以類動天，天亦以類應人。就人在天地之間的地位言，
可說是突顯人的主動性。〔註6〕

　　《春秋繁露》的治道思想則以分職互助的官制，及別嫌疑以正是非、差
貴賤的春秋大義，表現出客觀化的趨向；又以重人之義呈顯尊生之義。而賦
予君王道德上的責任而不是君王一人，使賢能政治及士人政府成爲可能，也
可避免君主專制獨裁。因此當晚清諸儒企圖重新爲儒家思想找尋足以開拓經
世宏規的學脈而宗公羊學時，即以《春秋繁露》爲牖戶。故使《春秋繁露》
在晚清普受重視。

　　當然，《春秋繁露》的對客觀化的要求、突顯人的主動性、虛位元首及賢
臣分職的制度精神、通貫天人的尊生貴德思想，都只提出基本原則，仍有其

〔註5〕 魏源〈董子春秋發微序〉，見蘇輿《春秋繁露義證・春秋繁露攷證》，（台北，
　　　　河洛圖書出版社，民國63年）。

〔註6〕 金春峰認爲《春秋繁露》的天人感應思想的正面意義在強調人的主觀能動作
　　　　用，及以非神論反對迷信，其說甚是。見《漢代思想史》，（北京，中國社會
　　　　科學出版社，1987），頁170。但言及「地主階級」云云則爲戲論。

發展的可能與必要。也因此自《春秋繁露》散佚之後，〔註7〕陰陽五行用於醫藥術數者多，繼《春秋繁露》以陰陽五行顯德尊生者卻不可尋，且由玄思替代客觀精神；治道方面不僅君王虛位化的地位亦未能以制度明定之，此種思想也沒有進一步發展，春秋大義亦隨即固定僵化而不再與時偕進。反倒是後世腐儒拘尊陽等義，使《春秋繁露》爲「吃人禮教」背負罵名；又野心政客竊取貴君之名，使《春秋繁露》蒙擁護專制的不白之冤。此亦可說是《春秋繁露》在歷史上所發生的影響，然而若將之視爲《春秋繁露》未發生應有影響所造成的結果，或者更恰當些。

三、《春秋繁露》的天道觀與治道思想評述

（一）以陰陽五行說重新詮釋儒家思想

　　由於《春秋繁露》當中使用了許多的陰陽、五行等學說及用語，因此《春秋繁露》是否屬雜陰陽家思想，遂成爲研究者爭論的重點。梁啓超、錢穆認爲《春秋繁露》思想的主要淵源，乃是戰國晚年的陰陽家，〔註8〕而勞思光更批評爲「僞託儒學之災異妖言」。〔註9〕陰陽五行是否本爲儒家所有，固然值得分辨；然而以陰陽五行爲「僞託儒學之災異妖言」，恐怕未必恰當。

　　一時化有一時代風行的語言，亦各有其普徧關注的論題。《春秋繁露》使用了當時風行的語言，也參與了當時普徧關注論題的討論，但是經由這些語言及論題所表達的內涵，才是《春秋繁露》的思想本身。即是除了「《春秋繁露》如何說？」的問題之外，也應該探討「《春秋繁露》說了什麼？」。〔註10〕

　　《春秋繁露》雖然使用了陰陽五行的語言，也參與陰陽五行的討論，並

〔註7〕　蘇輿謂：「蓋東漢古學盛而今學微，故董書與之散佚。」見註5引書，〈例言〉，頁5。

〔註8〕　見梁啓超〈陰陽五行說之來歷〉，見《古史辨》第五冊，（台北，藍燈文化，民國76年），頁360。及錢穆《中國思想史·鄒衍與董仲舒》，（台北，學生書局，民國69年），頁110。

〔註9〕　勞思光云：「漢儒思想受陰陽五行之支配，實爲普遍趨勢；並非始自董仲舒。陰陽五行之說，本非儒學所有，而漢儒取此種立場以解經，亦非一人一派之事。然董仲舒論『天人相應』特詳，且以此作爲儒學之精義；又倡罷黜百家之議，由此，使中國思想界在一段極長時間中，受僞託儒學之災異妖言所支配。」見勞思光《中國哲學史》第二卷，（香港，香港中文大學，1980），頁24。

〔註10〕　此二者不可完全劃分，表達的形式已經代表很多意義，形式的選擇已經決定部分的內涵了。但是同形式之中亦可以有極大的不同，此不同之處往往才是思想家用心之處。

以陰陽五行建構了天道觀的基本理論。但是《春秋繁露》使用陰陽五行理論，並非基於建構理論的學術趣味，或神學唯心主義目的論，〔註11〕或爲漢家政權尋找正當性〔註12〕等等理由。如藉陰陽理論提出的，對在天地萬物而言，乃是對生機的尊重與肯定；在天下國家存在的本質義上則是「重人」的春秋大義；於治道實踐上則是重德尙仁的主張，與分判貴錢序位等別嫌疑的客觀化要求。而《春秋繁露》五行理論所呈顯的，是物象結構間的依助、互救關係與個別分立的分析精神；在治道上則爲重德思想與分立互助的官制原則。

因此《春秋繁露》的陰陽五行說，是基於儒家重德尙仁的基本精神與治國安天下的理想上，並且更深化其內涵以及向實踐層面推進。絕不因爲所使用的論述語言或論題爲儒家原來所無，就是僞託的妖言。亦不可將同樣用陰陽五行術語或論題的眾多學派，全部都判定受陰陽家影響，必須從中再細分出不同的思想脈絡。

使用當時風行的語言及論題的另一項意義，是《春秋繁露》以儒家的本色與諸家對話和交流。與其他學派及學理對話本是任何學術思想都難以避免，尤其在秦統一天下之後，各家學說接觸對話的機會快速增加，學說間的競爭與融合也隨之加遽。經由對話所產生理論內部的轉化及理論間的交流融合，使各家學說所使用的語言和論題的重疊性加大，因此使秦漢的思想潮流呈現「混合」趨向。然而混合的實況，其實並不是單純的如色彩三原色相加成各種顏色，而是各學者本著各自承繼的學統，面對當前的課題，以新的語言重新展示自己的主張與思想，並且接受各不同學說的挑戰與切磋。在不斷的競爭與嘗試的過程中，各學說乃有發展與修正。以這樣的角度來看待《春秋繁露》，所謂「陰陽家化」，或「法家化」、「道家化」、「名家化」的說法，恐怕是對學術的演變給予太簡化的概括性評斷，並無深刻意義。

（二）尊君思想與擁護專制之比較

「擁護專制」是學者對《春秋繁露》所判定的最大罪惡，不僅大陸學者多抱此看法，〔註13〕徐復觀也認爲董仲舒〔註14〕「肯定了大一統的專制政體」，

〔註11〕如北京大學樓宇烈等人編著的《中國哲學史》有此說。見北京大學哲學系中國哲學史教研室編寫《中國哲學史》上冊，（北京，中華書局，1985），頁203。
〔註12〕如韋政通即有此說。見《董仲舒》第八章，（台北，東大圖書公司，民國75年），頁171。
〔註13〕如註11引書。及劉澤華《中國傳統政治思想反思・董仲舒的天人合一與君主專制主義理論》，（北京，三聯書店，1987），頁217～224。及任繼愈主編《中

但是希以天的哲學把當時的政治方向「改途易轍，尚德而不尚形」，只可惜並未成功。徐氏努力爲董仲舒脫罪，並認爲以董氏的品格決不至於「助成專制政體」。〔註15〕這樣的看法，其實是糾葛了現代人對「專制政體」畏懼與厭惡的心理因素。對《春秋繁露》而言，決不會爲避諱或贊成「專制」而改變尊君卑臣、貴君賤臣之說。因爲《春秋繁露》對君王的責任，爲治道整體規劃中的一環，而規劃時也必然不以現代學者心目中的「民主」爲參考依據。

在《春秋繁露》的治道思想中，治道的發動根源在於天命，而天命的實質內涵即爲「以德安樂民」。君王乃是天命的代表，亦爲治道行使的主導者，而君王的作爲在於修己之德以奉天命，並任用賢臣而使同心使天命得以實現。至於治道的實際行使，則是政治組織中的眾臣。因此《春秋繁露》治道思想中的君王乃接近於虛位元首，雖然居於主導政治的地位，反而一切順於群臣，因臣之心爲君心，以臣之言爲君之聲，以臣之事爲君之形。君王只是作爲政治組織在名義上的主導者，而百官群臣在治道的行使上，乃是服膺制度的規範與宰相的領導。即所謂：「百官同望異路，一之者在主，率之者在相」（〈符瑞〉）。因此雖在君臣關係上有尊君之說，但《春秋繁露》給予君王的尊重，並不是權力上的賦予，而是在政制結構中君王處於元首地位，代表天命而有號召天下責任。

在君民關係上，亦有「屈民而伸君」的說法，與孟子「民貴君輕」的主張相較似乎《春秋繁露》離「民主」或「民本」的距離較遠。然而從字面上泛泛的比較實在無甚意義，必須進一步說明君如何尊或如何輕，民又如何貴或如何輕等等。因爲當我們以民主或民本爲政治主張優劣的判準時，應當是肯定民主或民本的價值而非某種特定的形式。以春秋大義中的「春秋重人」來說，已從根本上指出了《春秋繁露》主張人民爲天下國家存在本質上的憑藉，又以「天之生民，非爲王也，而天之立王，以爲民也」釐清了君民之間的輕重分別。《春秋繁露》的治道思想中，政治目的集中於人民身上，立王定

<hr>

國哲學史》第二冊，（北京，人民出版社，1963），頁 73。

〔註14〕此處所指的「董仲舒」實依《春秋繁露》而言。見徐復觀《兩漢思想史》卷二，（台北，學生書局，民國 78 年），頁 295。

〔註15〕徐氏云：「……但結果，專制政治的自身，只能爲專制而專制，必澈底否定他由天的哲學所表現的理想，使他成爲第一個受了專制政治的大欺騙，而自身在客觀上也成了助成專制政治的歷史中的罪人；實則他的動機、目的，乃至他的品格，決不是如此。」同上，頁 298。

制、分職施政都是「以天德安樂人民」爲目標。也因此理想的君主不敢有君民之心，不可以天下爲私器，更別提「專制」了。〔註16〕至於是否合乎「民主」或「民本」的精神，只是現代人特有的心理需求，《春秋繁露》所討論的不是這樣的論題，也不會回答這樣的問題。反過來說，《春秋繁露》所提出的論點與問題，可給予我們反省深思的卻是不少。例如對君王角色的規劃與責任的賦予，治道的根本精神與目標，及制度定立的原則與客觀化的要求，都可提供後世學者的參考。

（三）同類相動理論評議

　　同類相動是《春秋繁露》統一天道理論的基礎理論，也使得《春秋繁露》能以天道原理來類推治道原則。而同類相動的理論在中國文化的發展過程中，也產生了重大影響。以醫學理論爲例，《黃帝內經》有以人之陰陽應天之陰陽的說法，〔註17〕及四時、五行類動說多處〔註18〕如：

> 人與天地相參，故五藏各以治時，感於寒則受病，微則爲欬，甚則爲泄爲痛，乘秋則肺先受邪，乘春則肝先受邪，乘夏則心先受之，乘至陰則脾先受之，乘冬則腎先受之。〔註19〕

此種以陰陽五行的類動關係來論斷病理，自可成爲一套醫學理論。然而陰陽五行理論畢竟以詮釋的功用爲主，若用以推論，則必須避免「分類錯誤」及對互動現象的過度詮釋。〔註20〕

〔註16〕當然，這僅是就《春秋繁露》的治道理論來說，至於歷史上的君王遵不遵守這套遊戲規則，則另當別論。但並不減損這些理論本身的價值。

〔註17〕《黃帝內經》中有多處天人陰陽相應說，如〈素問・金匱眞言論〉即云人之「陰陽表裡，內外雌雄相輸應也，故以應天之陰陽也」。見張隱菴《黃帝內經素問集注》，（台南，王家出版社，民國72年），頁16。

〔註18〕《黃帝內經》中關於四時及五行分類與相動的理論甚多，如〈藏氣法時論〉〈宣明五氣〉等等。見前揭書。

〔註19〕同前書，〈欬論〉，頁148。又如漢張仲景所著之《金匱要略》也以同類相動的理論結合味與臟的關係來治病。見《御纂醫宗金鑑・訂正金匱要略注》，（台北，宏業書局，民國71年）。

〔註20〕如清代陳修園在所著〈婦人陰挺論〉中分析「陰挺證」的病因曰：「北俗日坐濕地，夜臥土炕。寒濕漸積，固不待言，男子勞動而散洩，婦人則靜而常伏。至春夏以及長夏，濕得暑氣之蒸，上騰有如蒸飯，婦女值經水之適來，血海空虛。虛則善受，且終日坐於濕地，而勤女紅，土得人氣而漸乾，濕隨人氣氣以內入，即金匱胞門寒傷之義。更有甚者，長夏乾土，得雨之後，則土中之蟲無不蠕動，一聞血腥之氣，蟲頭上仰，噓吸其氣，蟲爲陰類，血爲陰汁，以陰從陰，毒氣併之，即爲陰挺之病根。凡婦女不用馬桶，蹲於廁中而便溺，

同類相動的理論發展到後來產生極大問題，即以理論玄思代替科學實證。但是同類相動理論的建立，卻在根據對物理現象的觀察而來。《春秋繁露》以「平地注水，去燥就濕」「均薪施火，去濕就燥」及「鼓宮而他宮應之，鼓商而他商應之」等三項物理現象說明「同類相動」的結論。「平地注水，去燥就濕」是因為水的表面張力原理；「均薪施火，去濕就燥」是因為燃燒為劇烈的氧化作用，必須是可燃物的溫度在燃點以上，並擁有足量的氧氣，才能燃燒。而乾薪的溫度可較快達到燃點，因此燃燒得快；至於「鼓宮而他宮應之，鼓商而他商應之」乃是聲音振動的共鳴現象。《春秋繁露》對這些物理現象的觀察十分清楚而正確，尤其聲音的共鳴現象，《春秋繁露》認為：「其動以聲而無形，人不見其動之形，則謂之自鳴也，又相動無形，則謂之自然，其實非自然也，有使之然者矣。物固有實使之，其使之無形。」（〈同類相動〉）已經了解到共鳴現象並非弦自己會振動發聲，而是有看不見的東西使弦振動，並且再三聲明「非自鳴也」「非自然也」，而且「非有神」。因此《春秋繁露》用同類相動的理論來說明求雨及止雨時，也強調「非神也」，因為《春秋繁露》的求雨止求方法，不是建立在宗教巫祝的信仰上，而是以當時的「科學原理」同類相動。

當然，同類相動理論的有效性並不充分，因為同類的「相動」並非毫無條件與限制。即要將特殊條件的相動關係，擴大成為普徧的相動關係，其間必須要有更多的理論說明，而《春秋繁露》並未就此問題深論。然而儘管「同類相動」有許多理論上的缺口，對其重理性、非神論的始出點仍應肯定，且亦無礙於成為以提出治道理想的基礎理論。因為《春秋繁露》在以同類相動說明天人關係時，主要還是在強調人的主動性，以及人的內外在世界的和諧關係。

（四）春秋大義與尊道傳統的建立

春秋大義是《春秋繁露》天道觀與治道思想的焦點。《春秋繁露》努力自《春秋》中抽絲剝繭、多連博貫所欲說明者，即是春秋大義。

皮錫瑞云：「春秋有大義，有微言。所謂大義者，誅討亂賊，以戒後世是也；所謂微言者，改立法制，以致太平是也。」〔註21〕然而所謂微言大義之

廁中為污穢幽隱之處，更多濕蟲之潛伏，其毒氣皆能隨其血腥之氣而上乘之也。」這是以想像中的屬陰類之蟲噓吸陰氣，或蟲的毒氣隨血腥之氣而上來推論陰挺證的病因。所謂「以陰從陰，毒氣併之」，本不違背「陰陽類動」的原理，但如此用來說明病證，則十分可笑了。見陳修園《金匱要略淺註》附錄，（台南，綜合出版社，民國72年），頁201。
〔註21〕皮錫瑞《經學通論》卷四，（台北，河洛出版社），頁1。

分，對《春秋繁露》而言乃是不必要的分法，因爲戒後世與致太平可以同出一源，即改立法制與誅討亂賊未必二分。至於「尊王」「攘夷」「譏世卿」「貶天子」「退諸侯」「討太夫」或三科九旨等議題，亦有其特殊的時間背景。因此《春秋繁露》固然論及，但總是強調春秋之道有「常」與「變」之分，春秋之常道如尊王貴臣等，是第二序的道，在必要的時機可以違背。所謂必要的時機就是「變」之時，違背春秋之常道即是春秋的變道。然而春秋之變道反而是爲了保存維護春秋的根本要義，此根本要義才是春秋大義的眞正核心精神。因此《春秋繁露》以「重人」與「別嫌疑」爲春秋大義之根本，而尊王、攘夷、譏世卿等等只是此根本要義在特定時空間的表現，如今時空環境已不相同，自然不可再拘泥。反倒是在變義之中往往可顯現春秋之道的眞精神，如司馬子反內專政而外擅名，本是違反春秋君臣之義與貴讓之義，但是司馬子反的作爲是爲了救人的性命，因此比君臣之義與讓之義重要，才眞正合乎春秋大義精神，所以春秋重之。〔註22〕所謂「君子之道，有貴於讓者」，就是指在「讓」等春秋所貴之義之上，尚有更重要的用心，此用心才是春秋大義之本。由重人之義發展施用，則有「尚仁」「防患」與「反戰」等義。這是從天下國家存在的本質上著眼。而別嫌疑之義，是《春秋繁露》對春秋大義的保障，也就是在提出春秋大義之後，以別嫌疑之義判分大義與非義的差別。

所謂大義與非義的嫌疑，是指提出春秋大義之後，若不能標示出其特殊精義，而與不義之間的距離不大，不能確定其重要地位。而分判大義與非義，也就是「正是非」。經由正是非，可以突顯春秋重人的主張。而別嫌疑也同時符合《春秋繁露》建構客觀政制架構的需求。從別嫌疑出發，則貴賤等差的序位及官職分立的客觀制度都可以確立。於是尊王、華夷之辨、遠近之別等等眾義，即可由別嫌疑的精神中衍譯而出。

《春秋繁露》以春秋大義爲天道行於治道的內涵，並建構統攝天道與治道的尊道思想，而使儒家的尊道傳統更進一步落實。儒家的尊道傳統，認爲「道尊於勢」。儒者所代表的是「道」，當尊於君王所代表的「勢」。然而儒者眞能與君王之勢相抗衡的，除了人格與學術的尊嚴之外，只有自己的生命。《春秋繁露》卻試圖建構含括天地萬物的天道理論，標舉出高於一切的道，而君臣民都必須服膺此道。因此雖然在天道理論之中給予天子極尊貴的地位，而

〔註22〕參見第七章〈《春秋繁露》治道思想中的理想世界〉第二節〈春秋大義〉。

此尊貴卻是在天道的籠罩之人中，且必須經由學者的詮釋才能彰顯。所以凡是接受此理論與安排者，都必須接受學者的詮釋權。學者即可以精心設計的理論，安頓理想的人世秩序。於是道之尊於勢，就不再是與勢抗衡，反而是以道之尊來保障勢。此即《春秋繁露》強調天道的用意，也是《春秋繁露》天道觀與治道思想的要義。

四、結　語

　　清儒淩曙在《春秋繁露注》的〈序〉中說：「至於是書之善，正誼明道，貫通天人，非予膚淺之識所能推見。」〔註 23〕這也正是我寫作本論文時的感受，且用力愈久感觸愈深。

　　釐清《春秋繁露》的理路實在不是我的能力可以作得好，更何況天道觀和治道思想分屬不同的學科領域，非借用這兩學科的研究成果無法處理。然而現化的學術思潮又與《春秋繁露》的時代有相當大的不同，時常為確定一二詞句的涵義和往哲立論的苦心，反復斟酌，久久不能下筆。所幸周師志文總是在我最需要幫助的時候給予指點，從題目的訂定、問題的釐清、資料的處理到寫作的布局章法，都使我受益匪淺。但是學力不足的窘況仍使我在處理問題時備感吃力，想必在文中留下不少誤謬疏漏。而諸如《春秋繁露》與何休公羊學、或與《白虎通》經今文學的比較，及《春秋繁露》與漢代政治的相關性，和清代「董子春秋學」研究等等，都是與本文相關而未處理的課題，也是我接續本論文之後的研究方向。

〔註23〕淩曙《春秋繁露注・序》見注 5 書，頁 31。

參考書目舉要

1. 《春秋繁露》，董仲舒，沈氏花齋刊本，中國子學名著。
2. 《春秋繁露》，凌曙，皇清經解續編，世界書局。
3. 《春秋繁露義證》，蘇輿，宣統庚戌刊本，河洛圖書出版社。
4. 《春秋繁露今註今譯》，賴炎元，臺灣商務印書館。
5. 《春秋董氏學》，康有為，臺灣商務印書館。
6. 《董仲舒政治思想之研究》，賴慶鴻，文史哲出版社。
7. 《董仲舒天道觀》，王孺松，教育文物出版社。
8. 《董學探微》，周桂鈿，北京師範大學。
9. 《董仲舒》，韋政通，東大圖書公司。
10. 《董仲舒》，林麗雪，臺灣商務印書館。
11. 《十三經注疏》，藝文印書館。
12. 《公羊義疏》，陳立，臺灣商務印書館。
13. 《春秋公羊傳要義》，李新霖，文津出版社。
14. 《從公羊學論春秋的性質》，阮芝生，臺大文學院文史叢刊。
15. 《公羊家哲學》，陳柱，臺灣中華書局。
16. 《清末公羊思想》，孫春在，臺灣商務印書館。
17. 《四書集注》，朱熹，世界書局。
18. 《論語正義》，劉寶楠，世界書局。
19. 《荀子集解》，王先謙，《中國思想名著》，世界書局。
20. 《呂氏春秋集釋》，許維遹，《中國思想名著》，世界書局。
21. 《淮南子注》，高誘，《中國思想名著》，世界書局。
22. 《新語》，陸賈，《中國思想名著》，世界書局。

23. 《新書》，賈誼，《中國思想名著》，世界書局。

24. 《鹽鐵論》，桓寬，《中國思想名著》，世界書局。

25. 《法言義疏》，汪榮寶，《中國思想名著》，世界書局。

26. 《新序》，劉向，《中國思想名著》，世界書局。

27. 《說苑校證》，向宗魯，北京中華書局。

28. 《兩漢思想史》，徐復觀，學生書局。

29. 《漢代思想史》，金春峰，北京中國社會科學出版社。

30. 《經學歷史》，皮錫瑞，臺灣商務印書館。

31. 《中國人性論史》，徐復觀，臺灣商務印書館。

32. 《中國思想史》，錢穆，學生書局。

33. 《中國哲學史》，勞思光，香港中文大學。

34. 《中國哲學史》，北京大學哲學系，北京中華書局。

35. 《中國哲學史》，任繼愈，北京人民出版社。

36. 《兩漢經學今古文評議》，錢穆，東大圖書公司。

37. 《史記》，司馬遷，鼎文書局。

38. 《漢書》，班固，鼎文書局。

39. 《國史大綱》，錢穆，臺灣商務印書館。

40. 《國史新論》，錢穆，東大圖書公司。

41. 《中國歷代政治得失》，錢穆，東大圖書公司。

42. 《讀經示要》，熊十力，廣文書局。

43. 《政道與治道》，牟宗三，學生書局。

44. 《中國史學上之正統論》，饒宗頤，宗青圖書出版公司。

45. 《古史辨》，顧頡剛等，藍燈文化事業。

46. 《梅園論學集》，戴君仁，臺灣開明書店。

47. 《鄒衍遺說考》，王夢鷗，臺灣商務印書館。

48. 《兩漢尚書學及其對當時政治的影響》，李偉泰，臺灣大學文史叢刊。

49. 《漢初學術及王充論衡述論稿》，李偉泰，長安出版社。

50. 《從災異到玄學》，謝大寧，師大國研所博士論文。

51. 《歷史與思想》，余英時，聯經出版事業公司。

52. 《中國傳統政治思想反思》，劉澤華，北京三聯書店。

53. 《物理學之後》，沈清松，牛頓出版社。

54. 《中國農業經濟史》，陳安仁，華世出版社。

55. 《御纂醫宗金鑑》，吳謙，宏業書局。

56. 《黃帝內經今義》，陳九如，國立編譯館。

57. 《黃帝內經素問集注》，張隱菴，王家出版社。

58. 《金匱要略淺註》，陳修園，綜合出版社。

59. 《董仲舒道德論研究》，李增，政大學報，58 期。

60. 《董仲舒春秋學方法論試探》，孫長祥，華岡文科學報，17 期。

61. 《評海峽兩岸的董仲舒思想研究》，李宗桂，哲學研究，1990，2 期。

62. 《春秋大義》，李匡郎，哲學與文化，十三卷 9 期。

63. 《春秋公羊傳思想中道德抉擇的問題》，林義正，國際中國哲學研討會論文集。